Allerlei zum Besprechen

Allerlei zum Besprechen

Herman Teichert
Western Michigan University

Gabriele Hahn
Western Michigan University

HOUGHTON MIFFLIN COMPANY   Boston   New York

Director, Modern Language Programs: E. Kristina Baer
Associate Sponsoring Editor: Hélène de Portu
Production / Design Coordinator: Jill Haber
Director of Manufacturing: Michael O'Dea
Marketing Manager: Elaine Uzan Leary

Cover Image: Erich Lessing / Art Resource, New York, NY
Cover Design: Robert Dustin

Library of Congress Card Catalog Number: 96-76966

ISBN: 0-669-34200-9   (Student Text)
      0-669-34201-7   (Instructor's Edition)

5 6 7 8 9 - CS - 07

*In Dankbarkeit unseren
Ehepartnern
Lovey and Robert
gewidmet*

Inhalt

4

Horoskope, Aberglauben und Märchen 66

5

Partnerschaft und Familie 89

6

Sport und Fitneß 114

7

Schule und Universität 135

8

Ausländer

9

Aus der Vergangenheit

Preface

Allerlei zum Besprechen is a conversation textbook intended for intermediate level college students (fifth or sixth semester) or fourth-year high school students. Each of the nine chapters in this book focuses on a different theme: travel and vacation, acquaintances and friendships, festivals and holidays, superstitions and fairy tales, partnership and family, sports and fitness, school and university, prejudice and foreigners, and recent history. All of the dialogues, articles, and short stories were selected on the basis of current news value, interest, and readability and include authors from the Federal Republic of Germany, the former German Democratic Republic, and Austria. The articles, some of which have been shortened, are from original sources. The short stories are by established literary figures such as Ludwig Thoma, the Grimm brothers, and Günter Wallraff, as well as newer authors of popular fiction and non-fiction. Most of these short stories have not yet appeared in American readers, textbooks, or anthologies and thus offer the instructor and student fresh material.

Allerlei zum Besprechen may be used for a conversation course of one semester or an entire year. Its main goal is to facilitate communication and improve grammatical accuracy through small group discussions, role-plays, conversations, and debates. The combination of authentic, practical dialogues from everyday life, newspapers and magazine articles, and literary texts offers students and instructors something meaningful and purposeful to talk about. For each selection, pre-listening or pre-reading activities develop vocabulary and allow students to anticipate the main events of the dialogue, article, or story. The textbook also includes several follow-up activities ranging from true/false, multiple-choice, straight-answer, and personal opinion questions to activities which include role-plays, discussions, and debates. Some grammar activities have been added as a means of review.

The special features of this conversation book are its emphasis on listening and the acquisition of vocabulary in context; its use of illustrations as advance organizers; and its integration of video, realia, and texts to provide visual images, and cultural information.

Components

Allerlei zum Besprechen is accompanied by an audiocassette and a videotape. Filmed in Berlin, the *Neue Horizonte* video enables students to see and hear native German speakers in natural settings. The main characters are students whose conversations are semiscripted to ensure the natural flow and authenticity of the language. The dialogues in four of the eight episodes are used in the **Gespräch** sections of *Allerlei zum Besprechen*. The time code for each episode is given in the text to make it easier to find on the videotape.

The audiocassette contains all of the dialogues in the **Gespräch** sections, including the soundtrack of the video conversations. All nine dialogues or scripts are spoken by native speakers of German at a natural pace.

The Instructor's Edition of *Allerlei zum Besprechen* contains an Instructor's Guide, a script for the audio and video selections, and an answer key to the activities.

Organization of the Textbook

Each of the nine chapters is divided into three major sections: **Gespräch, Aus der Presse,** and **Aus der Literatur.**

Gespräch.   Each chapter opens with a conversation accompanied by pre- and post-listening activities. The dynamic videos and conversations serve to motivate students to participate in simulations, dialogues, and personalized skits.

Aus der Presse.   The second component of each chapter is a cultural reading from a German newspaper or magazine that treats a topic of current interest. This article is preceded by vocabulary application and pre-reading exercises. A grammar exercise, which follows the article, provides an opportunity for improving grammatical accuracy.

Aus der Literatur.   The third component is a short story which has been selected to provide a challenge for the more advanced intermediate students. Two of the stories were published in the last decade and support topics which are frequently in the news. Each story is followed by discussion and interpretation questions.

A final capstone activity for each chapter may be a role-play, a speech, a discussion, a game, or a debate. This final activity is meant to pull all of the new vocabulary and information together into an integrated whole.

Prelistening and Prereading Activities

- The illustrations and questions (**Einführung**) that precede each selection aim to activate background knowledge and stimulate speculation as to the selection's contents. This enables students to speak and share what they already know in an informal and unrehearsed conversation.
- An active vocabulary (**Aktiver Wortschatz**) lists the words from the story that are high frequency and/or necessary to understand and discuss the selection. About 1000 new words are introduced in the nine chapters of this book. Active words are grouped alphabetically into nouns, verbs, adjectives and adverbs, and other expressions. Passive vocabulary, low-frequency idiomatic expressions, and other difficult expressions are glossed in English to facilitate students' comprehension of the selection.
- The **Lückenübung** or **Wortschatzanwendung** sections provide immediate practice with active vocabulary in context so that students become familiar with it and other related words.
- The **Wer-Wo-Wie** questions and the **Was stimmt?** activity provide scanning and skimming opportunities for students to get an overview of the article or story.
- An introduction (**Über den Autor**) in German provides key information about each author's background, ideas, and works. The goal of these vignettes is to offer students information which may help them comprehend the short stories better.
- Chapters 8 and 9 open with a **Historischer Hintergrund** section in English that sup-

plies more detailed background information to set the historical context for the chapter selections.

Postlistening and Postreading Activities

- **Fragen zum Text** provide a convenient comprehension check of dialogues or reading selections.
- **Was meinen Sie?** gives students an opportunity to react to the ideas presented in the selection and to internalize the new vocabulary.
- **Grammatik** provides a quick review of an important grammatical topic related to the chapter. Approximately twenty exercise-sentences have been written for each chapter.
- **Aktivitäten** provide the capstone for each chapter. Suggestions include role-plays as well as speeches based on the material in each chapter. Ideas for discussions, debates, games, and other problem solving group activities are also included.

Additional Features

- A list of the principal parts of strong and irregular verbs appears before the German-English end vocabulary.
- A comprehensive German-English end vocabulary is also provided. The glossary contains all of the words that appear in the text except the top 1,000 high-frequency words used in spoken German.

Use of the Textbook

The exercises in *Allerlei zum Besprechen* can be used in a variety of ways. Some (**Lücken-übungen, Fragen zum Text,** and **Grammatik**) are best assigned as homework, while others (**Einführung, Was stimmt?, Was meinen Sie?,** and **Aktivitäten**), which promote interaction and speaking, are more suitable for small group work or class discussion. Nine chapters will provide more than sufficient material for the usual semester, which allows the teacher or instructor to skip some of the material which may deal with topics covered in previous courses.

This book can be used at different levels according to the ACTFL/ETS guidelines. At the low-intermediate level, attention can be focused on everyday situations, i.e., the video series and the cultural readings, while at the high-intermediate level, more emphasis can be placed on the literary texts and discussions.

Speaking and listening are essentially interactive activities which require students to be creative and informed. By working with a number of different texts, students will improve their listening comprehension, acquire new vocabulary, improve their grammar, and be able to communicate about a number of topics.

Acknowledgments

We would like to express special thanks to Senior Acquisitions Editor Denise St. Jean, Senior Development Editor Katherine Gilbert, Development Editor/Copyeditor Karen Hohner, Associate Sponsoring Editor Hélène de Portu, and Permissions Editor Craig

Mertens. In addition, we want to extend our thanks to Peter Blickle, Norbert Böcker, Martin A. Heide, Anne-Kathrin Hill, Johannes Kissel, and Albrecht Pütter for their careful reading of the manuscript, and to Herb Nolan, who handled the production of this book.

We would also like to thank the following colleagues who reviewed the manuscript during its various stages of development:

Claudia A. Becker, University of Illinois at Chicago
Sigrid Berka, Barnard College
Maurice W. Conner, University of Nebraska at Omaha
Christopher Eykman, Boston College
Erich A. Frey, Occidental College
Doris Kirchner, University of Rhode Island
John F. Lalande II, University of Illinois at Urbana-Champaign
Kriemhilde I. R. Livingston, The University of Akron
Beverly Moser, University of Tennessee, Knoxville
Arthur D. Mosher, University of South Carolina-Columbia
Christel Helene Ortmann, Northwest Missouri State University
Anthony W. Riley, Queen's University
Richard J. Rundell, New Mexico State University Main Campus
Christian P. Stehr, Oregon State University
Adam Stiener, Salem College
Gretchen Van Galder-Janis, Johnson County Community College
Helga B. Van Iten, Iowa State University

                                        Herman Teichert and Gabriele Hahn
                                        Western Michigan University

Allerlei zum Besprechen

KAPITEL 1

Der deutsche Hochgeschwindigkeitszug ICE

Reisen und Ferienziele

Gespräch:	*Fährst du mit in die Schweiz? (27:35)*
Aus der Presse:	*Die geheime Sprache der Reisekataloge: Zwischen Dichtung und Wahrheit* (tina)
Grammatik:	Imperativformen
Aus der Literatur:	*Warm und kalt* (Peter Fabrizius)

1

GESPRÄCH

Wo soll die Reise denn hingehen?

A. Einführung: Fährst du mit in die Schweiz?

1. Was sehen Sie auf dem Foto?
2. Reisen Sie gern? Womit reisen Sie gern? Warum?
3. Verreisen Sie lieber allein oder mit anderen zusammen? Warum (nicht)?
4. Wohin würden Sie reisen, wenn Sie genug Zeit und Geld hätten?
5. Mit wem besprechen Sie die Reise vorher, wenn Sie eine Reise planen? Mit Ihrer Familie? Mit Freunden?
6. Gehen Sie zu einem Reisebüro, um sich beraten zu lassen? Warum?
7. Lokalisieren Sie Bern, Zürich, Genf, Luzern und Basel auf einer Landkarte. Lokalisieren Sie außerdem den Bodensee, den Vierwaldstättersee und den Rhein.

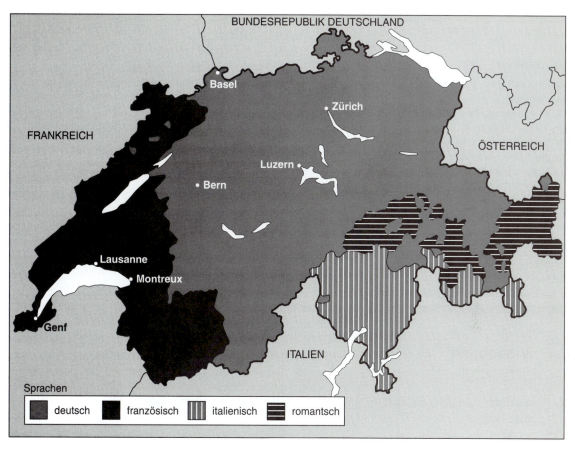

BUNDESREPUBLIK DEUTSCHLAND

FRANKREICH

ÖSTERREICH

Basel

Zürich

Luzern

Bern

Lausanne

Montreux

Genf

ITALIEN

Sprachen

deutsch   französisch   italienisch   romantsch

Die Schweiz

Aktiver Wortschatz

Substantive

die Auskunft, ¨e information
das Bargeld cash
die Ermäßigung, -en reduction
die Geduld patience
die Jugendherberge, -n youth hostel
der Jugendherbergsplatz, ¨e youth hostel
 accommodation
die Semesterferien *(pl.)* semester break
die Sonderfahrkarte, -n special train ticket
die Unterkunft, ¨e accommodation

Verben

empfehlen (ie), a, o + *dat.* to recommend
gucken *(dial.)* to look
sich etwas überlegen to think about sth.

Adjektive und Adverbien

toll *(coll.)* terrific; fantastic
zunächst first of all

Redewendungen und andere Ausdrücke

auf alle Fälle in any case
Das wär's. That's all.
Einen Moment mal bitte! Just a moment, please!
Ja, das geht! Yes, it is OK.

Videoband[1]: *Eine deutsche Studentin möchte in die Schweiz fahren und geht zum Reisebüro. (27:35)*

B. Hauptthemen: Sehen Sie sich das Videoband an und beantworten Sie kurz die folgenden Fragen!

1. Wer will in die Schweiz fahren?
2. Wann fährt Katrin in die Schweiz?
3. Wo will Katrin übernachten?
4. Warum fährt Katrin in die Schweiz?
5. Womit fährt Katrin in die Schweiz?

C. Richtig oder falsch? Sehen Sie sich das Videoband ein zweites Mal an und kreuzen Sie die richtigen Aussagen an. Korrigieren Sie außerdem die falschen Aussagen.

1. Katrin geht ins Reisebüro, um Geld zu wechseln.
2. Katrin möchte Süddeutschland kennenlernen.
3. Die Angestellte empfiehlt das Berner Oberland.
4. Der Vierwaldstättersee liegt in der Nähe von Luzern.
5. Katrin wird mit dem Bus dahin reisen.
6. Eine Bahnfahrt ist mit Studentenermäßigung preiswert.

---

1. The sound track of the video is included on the student audio cassette for your convenience.

7. Um eine Jugendherberge auszusuchen, braucht Katrin einen Jugendherbergsführer.

8. Katrin bestellt die Karten nicht sofort, weil sie kein Geld bei sich hat.

9. Reiseschecks sind sicherer als Bargeld.

10. Katrin ruft ihren Freund an, nachdem sie im Reisebüro war.

D. Lückenübung: Sehen Sie sich noch einmal das Videoband an und ergänzen Sie dann den Dialog mit den passenden Wörtern aus dem *Aktiven Wortschatz!*

Fährst du mit in die Schweiz?

Erster Teil (27:35)

ANGESTELLTE: OK, danke. Wiederhören.

KATRIN: Darf ich Sie um eine _____ bitten?

ANGESTELLTE: Ja, bitte.

5 KATRIN: Ich möchte in den _____ in die Schweiz fahren.

ANGESTELLTE: Ja, und wo möchten Sie hin?

KATRIN: Ich fahre zunächst zu meiner Tante nach Zürich. Und danach würd' ich gern das Schweizer Alpenland kennenlernen. Können Sie _____ da was _____?

10 ANGESTELLTE: Ja, ich zeig' es Ihnen am besten mal auf der Karte.

KATRIN: Ja, haben Sie vielleicht was zu schreiben?

ANGESTELLTE: Ja, bitte schön, mal gucken ...

KATRIN: Danke ... ein Stift ...

ANGESTELLTE: Hier ist Zürich ...

15 KATRIN: Ja ...

ANGESTELLTE: ... und hier unten ist das Schweizer Berner Oberland, ja, zum Wandern sehr geeignet.

KATRIN: Mhh.

ANGESTELLTE: Ja, dann ist hier halt° Luzern, von da aus kann man zum Vier
20 waldstättersee° gelangen.

KATRIN: Ja, und kann man das alles mit dem Zug erreichen?

ANGESTELLTE: Ja, _____ _____.

(dial.) you know
Lake Lucerne

KATRIN:	Gibt es da _____ für den Zug?
ANGESTELLTE:	Ja, da gibt's hier für Studenten _____. Sie können das mal mitnehmen.
KATRIN:	Ja, das nehm' ich dann mit.
ANGESTELLTE:	Und brauchen Sie Hotelunterkünfte?
KATRIN:	Nein. Ich würde gern, ehh, einen _____ buchen. Das ist wirklich preiswert.
ANGESTELLTE:	Ja, genau. Da braucht man dann einen internationalen Jugendherbergs-führer[2] ...
KATRIN:	Ja, und wo kann ich den bekommen?
ANGESTELLTE:	Den bekommen Sie auch hier.
KATRIN:	Den bekomme ich auch hier. Gut.
KUNDE:	Entschuldigung, ehh, meine Flugkarten nach Olbia, sind die schon da?
ANGESTELLTE:	Ja, kleinen _____ Geduld mal bitte, ja?
KATRIN:	Ja, _____ _____ dann eigentlich. Ach, sagen Sie: Spricht man da Deutsch oder Französisch?
ANGESTELLTE:	Deutsch – Schweizerdeutsch.
KATRIN:	Na, Gott sei Dank. Ja, das war's dann. Ich hab' dann eigentlich keine weiteren Fragen.
ANGESTELLTE:	Fahrkarten, soll ich die schon bestellen?
KATRIN:	Nein. Ich muß dann mich noch mit einer Freundin konsultieren. Vielleicht kommt sie mit.
ANGESTELLTE:	Ja, ... ist OK, ... gut.
KATRIN:	Ich komme dann _____ _____ _____ wieder.
ANGESTELLTE:	Ja, ... ich würde Ihnen empfehlen, Reiseschecks mitzunehmen und kein _____. Das ist sicherer, wenn man mit dem Zug fährt.
KATRIN:	Danke.
ANGESTELLTE:	Ja ... Bitteschön.
KATRIN:	Wiedersehen.
ANGESTELLTE:	Wiedersehen.
KATRIN:	Schönen Tag, noch.
ANGESTELLTE:	Danke, gleichfalls.
KUNDE:	Tag. Meine Flugkarten nach Olbia?
ANGESTELLTE:	Ja, wie war Ihr Name bitte?
KUNDE:	Meuser.

2. youth hostel guide book

Im zweiten Teil des Dialogs hören Sie nur Katrin sprechen. Sie spricht von einem Telefonhäuschen aus mit Su-Sin. Ergänzen Sie den Dialog und erfinden Sie die Sätze, die Su-Sin spricht.

Zweiter Teil (30:33)

KATRIN: Hallo, Su-Sin? Hier ist Katrin! Entschuldige. Ich hab' mich etwas verspätet.

SU-SIN: _____

_____

KATRIN: Ich war im Reisebüro.

SU-SIN: _____

_____

KATRIN: Ja, natürlich. Fährst du mit in die Schweiz? Ich möchte zu meiner Tante nach Zürich fahren. Später fahre ich nach Luzern und danach wandere ich in den Bergen.

SU-SIN: _____

_____

KATRIN: Nein, es ist bestimmt nicht teuer. Wir übernachten in den Jugendherbergen und fahren mit dem Zug.

SU-SIN: _____

_____

KATRIN: Ach, überleg's dir doch! Es macht bestimmt Spaß.

SU-SIN: _____

KATRIN: Ja, tschüß. Ruf mich morgen an. Tschüß.

(Als Katrin nach Hause kommt, findet sie einen Zettel von ihrer Wirtin an ihrer Zimmertür.)

KATRIN: *(liest den Zettel):* „Hallo, Katrin, Su-Sin hat angerufen. Sie fährt mit in die Schweiz." Toll! Packen, packen, packen …

E. Was meinen Sie? Beantworten Sie die folgenden Fragen:

1. Informieren Sie sich vorher über Ihre Ferienziele? Warum ist das ratsam? Wo kann man diese Informationen bekommen?

2. Was wissen Sie über Jugendherbergen? Haben Sie schon einmal in einer Jugendherberge übernachtet? Wann? Wo? Hat es Spaß gemacht?

3. Wandern Sie gern? Im Wald? Auf flachem Land? In den Bergen? Warum tun Sie das (nicht)?

4. Benutzen Sie Reiseschecks, Kreditkarten oder Bargeld, wenn Sie reisen? Begründen Sie Ihre Antwort.

5. Was wissen Sie über die Schweiz? Woher wissen Sie das?

F. **Rollenspiel:** Entwerfen Sie zusammen mit einem Partner ein Gespräch in einem Reisebüro. Einer spielt die Rolle des Angestellten und der andere ist der Reisende. Es können auch zwei Reisende sein, und der Angestellte muß auf die Wünsche der beiden verwöhnten Studenten eingehen. Verwenden Sie mindestens fünf Wörter oder Redewendungen aus dem *Aktiven Wortschatz.*

G. **Gruppenarbeit/Hausarbeit:** Gruppen von je drei bis vier Studenten suchen Antworten auf die folgenden Fragen und teilen nachher der Klasse mit, was sie herausgefunden haben:

1. Welche Sprachen spricht man in der Schweiz?

2. In welchen Gegenden wird Deutsch gesprochen? Welcher Prozentsatz der Bevölkerung spricht Deutsch? Wo spricht man andere Sprachen?

3. Wie heißt die Hauptstadt der Schweiz? Wo genau liegt sie?

4. Finden Sie noch einige weitere interessante Details über die Schweiz heraus.

H. **Referate:** Wählen Sie eines der folgenden Themen und sprechen Sie fünf bis zehn Minuten darüber.

1. Wilhelm Tell

2. Wintersport

3. Bankwesen

4. Freie Wahl

REISEKATALOGE

Viele Menschen planen jetzt ihre Ferien.

A. Einführung: Die geheime Sprache der Reisekataloge

1. Sind Sie schon einmal verreist? Wohin?
2. Haben Sie die Reise gründlich vorbereitet? Wie?
3. Wurden Ihre Erwartungen an Ihr Reiseziel erfüllt? Beschreiben Sie Ihre Gefühle!
4. Welche Probleme können bei einer Reise ins Ausland entstehen?
5. Was machen die Leute auf dem Bild? Wohin wollen sie reisen?

Aktiver Wortschatz

Substantive

die Bezeichnung, -en description
die Enttäuschung, -en disappointment
der Mangel, ⁀ defect
der Ort, -e place; location; village; town
die Überraschung, -en surprise
das Übertreiben, -/die Übertreibung, -en exaggeration
die Verstimmung, -en discord; bad mood

Verben

jmdn. ab•setzen to let sb. out (of a vehicle)
an•kündigen to announce
beschweren to complain
entscheiden, entschied, entschieden to decide
sich entschließen, entschloß, entschlossen to decide;
   to make up one's mind
rechnen to calculate
vergleichen, verglich, verglichen to compare
verschweigen, verschwieg, verschwiegen to conceal;
   to pass over in silence
verzögern to delay; to postpone

Adjektive und Adverbien

angenehm pleasant
erheblich considerable

Redewendungen und andere Ausdrücke

alle Hände voll zu tun haben to have much work to
   do
**etw. für bare Münze nehmen (nimmt), nahm,
   genommen** to take sth. at face value
jmdn. stutzig machen to make sb. suspicious; to
   startle sb.
jmdn. verschaukeln (*fig.*) to take sb. for a ride
mit jmdm. (in etw.) überein•stimmen to agree with
   sb. (about sth.)
sich gewaltig täuschen to be very much mistaken

B. Worschatzanwendung. Wie sieht es in Wirklichkeit aus? Welche Floskel aus dem
   Katalog (Spalte A) soll laut Text die tatsächliche Situation (Spalte B) beschreiben?

A	B
1. „Transfer dauert nur wenige Minuten"	a. viel Verkehrslärm
2. „alle Zimmer liegen zum Meer"	b. wirkliche Sicht aufs Meer
3. „internationales Publikum"	c. wenig Natur, sondern Baulärm
4. „zentral gelegen und verkehrsgünstig"	d. trinkfreudige Kegelbrüder aus aller Welt
5. „naturbelassener Strand"	e. Das Meer liegt weit weg in derselben Richtung
6. „aufstrebender Badeort"	f. Abfall und Seetang werden nicht entfernt
7. „fröhlich und lebhaft"	g. man hat keine Ahnung, wann man ankommen wird
8. „Meerblick"	h. Lärm rund um die Uhr

C. Hauptthemen: Überfliegen Sie den folgenden Text und ordnen Sie dann die Hauptthemen in der richtigen Reihenfolge. (Nummer 1 ist schon angegeben.)

___ a. „Reiseveranstalter vermeiden Lügen."

___ b. „Müll und Seetang bedecken den schmalen Strand."

___ c. „Der Transfer dauert nur wenige Minuten."

___ d. „Der Start verzögerte sich um vier Stunden."

___ e. „Das Hotel ist ein kalter Betonbau."

___ f. „Das Meer liegt weit weg in derselben Richtung."

___ g. „Das Portemonnaie muß auch leiden."

___ h. „Trinkfreudige Kegelbrüder kommen ins Hotel."

_1_ i. „Die Vorfreude war das Schönste."

___ j. „Disco-Rhythmen hört man bis in die späte Nacht"

DIE GEHEIME SPRACHE DER REISEKATALOGE: ZWISCHEN DICHTUNG UND WAHRHEIT

*T*agelang hatte Sylvia W. (37) Kataloge gewälzt°, Hotels und Preise miteinander verglichen, immer wieder hin- und hergerechnet. Dann präsentierte sie ihrem Mann und ihren Kindern das Urlaubsziel. Und was das Beste daran war: Alle zeigten sich begeistert, und man entschied zusammen: „Das wird gebucht!"

⁵ Leider war die Vorfreude das Schönste am ganzen Urlaub. Schon am Flughafen begann nämlich der Ärger. Erst verzögerte sich der Start aus „technischen" Gründen um vier Stunden. Der im Katalog angekündigte Direktflug wurde zur endlosen Geschichte. Bei der zweiten Zwischenlandung mußten die Passagiere das Flugzeug verlassen und saßen mehrere Stunden in einer öden°, ¹⁰ verwahrlosten° Wartehalle fest. Sylvia W. hatte alle Hände voll damit zu tun, ihre übermüdeten und demzufolge quengeligen° Kinder zu beruhigen.

Am Ferienort schließlich verebbte° die Vorfreude vollends. Laut° Prospekt sollte der Transfer vom Flughafen nur wenige Minuten dauern. Leider entschloß sich der Fahrer des Busses aus unerfindlichen Gründen, erst die Gäste der ¹⁵ entfernteren Hotels abzusetzen.

Nach eineinhalb Stunden kam Familie W. endlich ans Ziel, und hier erwartete sie der nächste Schock: Das Hotel, im Katalog als „lauschig unter Palmen gelegen" beschrieben, entpuppte° sich als kahler Betonbau. Die Zimmer waren klein und schmuddelig°. Als Sylvia W. beim Mann an der Rezeption den ²⁰ angekündigten Meeresblick monierte°, zeigte er stolz auf einen Spiegel auf dem Balkon, in dem tatsächlich in weiter Ferne so etwas wie Strand zu sehen war.

(coll.) studied

deserted; dreary
dilapidated
whining
subsided / according to

turned out to be
dirty, grimy
criticized

Manfred W. tröstete seine Frau damit, daß sie sich sowieso mehr an dem „herrlichen Sandstrand" aufhalten würden. Auch der war aber eine derbe° Enttäuschung. Seetang°, Plastikmüll° und Steine bedeckten den schmalen Strand.
25 Das Bild, das der Katalog vorgegaukelt hatte°, stimmte überhaupt nicht mit der Wirklichkeit überein.

So wie Familie W. fühlen sich Urlauber immer wieder verschaukelt. Zwar vermeiden die Reiseveranstalter° aus Furcht vor Regreßansprüchen° Falschangaben und echte Lügen. Dafür üben sich die Katalogverfasser° in Wortakrobatik
30 und werden zu wahren Dichtern, die es mit der Wahrheit nicht so genau nehmen. Da kuscheln° sich schneeweiße Hotels verschwiegen in Palmenparks, natürlich alle in Meeresnähe und mit großen Pools versehen …

Die Katalog-„Poeten" üben sich im Übertreiben und Verschweigen und präsentieren sämtliche Urlaubsziele und Hotels von ihrer Schokoladenseite°.
35 Damit erwecken sie Träume, die häufig in Verstimmung und Ärger enden. Um sich vor unliebsamen Überraschungen zu schützen, muß man bei der Urlaubsplanung bei aller Euphorie kühlen Kopf bewahren und die Katalog-„Poesie" nicht stets für bare Münze nehmen. Wer zwischen den Zeilen liest, wird zum Beispiel ahnen, daß die Ankündigung, „alle Zimmer liegen zum Meer" nur bedeutet, daß
40 das Meer in dieser Richtung liegt. Wie weit es tatsächlich entfernt ist, steht nicht im Katalog. Wirkliche Sicht aufs Meer heißt „Meerblick".

Bei der Bezeichnung „naturbelassener Strand" dreht es sich um eine Umschreibung dafür, daß er oft ungepflegt° ist und Tang und Abfall nicht geräumt werden.

45 Wenn Urlauber die Ruhe lieben, sollten sie bei Redewendungen wie „zentral gelegen", „verkehrsgünstig" oder gar „belebt", vorsichtig sein. In allen Fällen erwartet sie dann eine Unterkunft, in der erheblicher Verkehrslärm stört. Regelmäßigen Fluglärm muß man bei Hotels erwarten, zu denen der Transfer vom Flughafen nur wenige Minuten dauert. Auch die Floskeln° „fröhlich" und
50 „lebhaft", die so positiv klingen, deuten nicht so sehr auf die angenehme Atmosphäre hin als auf einen erheblichen Lärm rund um die Uhr, womöglich noch mit Disco-Rhythmen bis in die späte Nacht.

Die Bezeichnung „aufstrebender Badeort" sollte ebenfalls stutzig machen, denn hier erwartet den Gast meist wenig Grün, dafür um so mehr Baulärm.

55 Besonders vorsichtig muß man bei der Ankündigung von „internationalem Publikum" sein. Der Ausdruck steht für trinkfreudige Kegelbrüder° aus aller Welt.

Wer nun meint, man könnte sich wenigstens auf die Aussagekraft von Fotos verlassen, täuscht sich gewaltig. So werden Pools und Strände oft mit extremem Weitwinkel° und ohne Gäste abgebildet, damit sie größer, weiter und nahezu
60 menschenleer erscheinen.

Selbst wer all diese Haken und Ösen kennt°: Völlig absichern kann man sich vor Enttäuschungen nie. In solchen Fällen und bei gravierenden Mängeln sollte man sich umgehend° bei der Reiseleitung vor Ort beschweren oder den Veranstalter informieren und sich auf diese Weise die Möglichkeit für Re-
65 greßansprüche wahren. Fachleute raten, die Mängel zu fotografieren. Reisemängelansprüche müssen bis spätestens einen Monat nach Urlaubsende beim Veranstalter geltend gemacht werden.

Margin glosses:

harsh

seaweed / plastic trash

vorgegaukelt... conjured up

travel agent or company / compensation claims / writer of a (travel) catalogue

cuddle up

ihrer... one's best side

neglected

flowery language

bowling buddies

wide-angle lens

all... knows all the snags or catches

immediately

Denn wenn einem schon die schönsten Wochen des Jahres vermiest° werden,   spoiled
muß nicht auch noch das Portemonnaie darunter leiden.

–von Florian Brauer aus *tina*

D. Was stimmt? Kreuzen Sie alle richtigen Antworten an. Mehr als eine Antwort kann richtig sein!

1. Was passierte Familie W. während ihres Urlaubs?

    a. Es regnete.
    b. Sie mußten mehrere Stunden auf einen Flug warten.
    c. Sie mußten am Beginn der Reise gleich vier Stunden warten.
    d. Der Busfahrer setzte sie zuletzt ab.

2. Wie sah das eigentliche Urlaubsziel aus?

    a. Es war sehr schön.
    b. Es war „lauschig unter Palmen gelegen".
    c. Es war ein kalter, kahler Betonbau.
    d. Das Meer lag in weiter Ferne.

3. Wieso glaubte die Familie, daß dieser Ort einen „herrlichen Sandstrand" hätte?

    a. Er war im Katalog abgebildet.
    b. Der Reiseveranstalter hatte es versprochen.
    c. Sie konnten ihn im Spiegel sehen.
    d. Die Frau hatte es im Fernsehen gehört.

4. Welche anderen Überraschungen standen den Urlaubern bevor?

    a. Sie bekamen Schokolade zu essen.
    b. Der Strand war mit Tang und Müll beschmutzt.
    c. Man konnte regelmäßigen Fluglärm erwarten.
    d. Laute Kegelbrüder zogen ins Hotel.

5. Warum glauben viele Urlauber, was im Reisekatalog steht?

    a. Die Katalogverfasser übertreiben.
    b. Die schönen, farbigen Bildern überzeugen.
    c. Sie haben oft von einem schönen Urlaub geträumt.
    d. Traum und Wirklichkeit sind dasselbe.

E. Was meinen Sie? Beantworten Sie die folgenden Fragen!

1. Welche von den genannten Problemen würden Sie besonders ärgern?
2. Wie kann man solche Probleme und Mißverständnisse vermeiden?
3. Unter welchen Umständen würden Sie ins Ausland reisen?
4. Warum übertreiben die Katalogverfasser?
5. Wann muß man Regreßansprüche geltend machen? Wie macht man das?

F. Grammatik—Imperative: Die folgenden Sätze sind dem Text entnommen. Schreiben Sie die Sätze in die folgenden Imperativformen um. Achten Sie auch auf die Possessivpronomen!

BEISPIEL: Sie sollen das Hotel buchen! → **Sie**-Form: Buchen Sie das Hotel! **Du**-Form: Buch(e) das Hotel! **Ihr**-Form: Bucht das Hotel!

1. Sie sollen Hotels und Preise miteinander vergleichen!
2. Sie sollen über das Urlaubsziel zusammen entscheiden!
3. Sie sollen das Flugzeug sofort verlassen!
4. Sie sollen sich entschließen, uns zuerst beim Hotel abzusetzen!
5. Sie sollen Ihre Frau damit trösten!
6. Sie sollen die Falschangaben und Lügen der Reiseveranstalter meiden!
7. Sie sollen es mit der Wahrheit ganz genau nehmen!
8. Sie sollen die Palmenparks und die großen Pools verschweigen.
9. Sie sollen einen kühlen Kopf bewahren!
10. Sie sollen sorgfältig zwischen den Zeilen lesen!

G. Rollenspiel (2–4 Studenten)**:** Sprechen Sie über Ihre Reise nach Florida oder Cancun. Jeder soll mindestens drei Mängel nennen und erklären, warum diese Mängel besonders lästig waren. Das Gespräch soll zwei bis drei Minuten dauern. Verwenden Sie mindestens fünf Wörter oder Redewendungen aus dem *Aktiven Wortschatz*.

H. Klassenwettbewerb: Packen Sie den Koffer!

Zwei Mannschaften spielen im Wettkampf gegeneinander. Der Professor zieht einen Buchstaben aus einem Karton und fragt Mannschaft A, ob sie einen Gegenstand nennen kann, der in den Koffer paßt und mit diesem Buchstaben anfängt. Wenn Mannschaft A nach 30 Sekunden nichts weiß, darf Mannschaft B die Antwort geben. Der Mannschaft, die die Antwort gewußt hat, wird die nächste Frage gestellt. Der Professor macht an der Tafel für jede richtige Antwort unter A oder B einen Strich. Das Team, das am Ende des Spiels die meisten Striche hat, hat gewonnen.

„Unerträglich—diese Hitze!"

A. Einführung: Warm und kalt

1. Beschreiben Sie das Bild! Wie sehen die beiden Männer aus? Worüber sprechen sie?

2. Früher gab es in Amerika viel mehr Eisenbahnen als heute. Warum gibt es heute so wenige Züge? Warum fahren die Menschen in Amerika lieber mit dem Auto? Was sind die Vor- und Nachteile?

3. Glauben Sie, daß es gut wäre, wenn wir in Amerika wieder mehr Züge hätten? Warum (nicht)?

4. In Deutschland fährt man viel öfter mit der Bahn als in Amerika. Welche Gründe können Sie dafür nennen?

5. Welche Verkehrsmittel sind am wenigsten schädlich für die Umwelt?

Aktiver Wortschatz

Substantive

das Einverständnis, -se agreement; understanding
der Frieden *(no pl.)* peace
der Gegner, -/die Gegnerin, -nen opponent
das Gepäcknetz, -e luggage rack
der Held, -en, -en/die Heldin, -nen hero/heroine
der Kerl, -e fellow; guy
die Notbremse, -n *[current usage]* emergency brake
die Notleine, -n *[old-fashioned]* emergency cord
der Schaffner, -/die Schaffnerin, -nen conductor
der Sieg, -e victory
die Vergiftung, -en poisoning
der Zug, ⁼e train; draft

Verben

ab•stellen to turn off
acht•geben (i), a, e to watch out
auf•regen to irritate; annoy
sich auf•regen to get upset
beschließen, beschloß, beschlossen to decide; resolve
blasen (ä), ie, a to blow
(sich) einigen to agree
erschlagen (ä), u, a to kill; strike dead
frieren, o, o *(aux. sein)* to freeze

knurren to growl
(sich) stürzen (auf + *acc.*) to rush (at sth./sb.)
wagen to dare
zittern to tremble; shiver

Adjektive und Adverbien

bissig biting
(un)erträglich (in)tolerable; (in)sufferable
unschuldig innocent
unverschämt brazen; impertinent

Redewendungen und andere Ausdrücke

Das lasse ich mir nicht gefallen! I will not stand for that!
Mir reißt (riß, gerissen) die Geduld! I am losing my patience!
jemandem keine Ruhe lassen (ä), ie, a to constantly bother sb.
jemandem eine Lehre erteilen to teach sb. a lesson
(sich) eine Zigarette an•zünden to light a cigarette
sich lustig machen über + *acc.* to make fun of (sth./sb.)
sich unschuldig stellen to pretend to be innocent

B. **Wortschatzanwendung:** Ergänzen Sie den Text mit einem passenden Wort oder Ausdruck aus der folgenden Liste:

sich an•zünden
sich auf•regen
Gepäcknetz
(keine) Ruhe lassen
Kerl

sich lustig machen
Schaffner
unerträglich
zittern

Mit der Bahn zur Freundin

Ein junger Mann, ein sehr netter _____, (1) wollte mit der Bahn fahren, um

seine Freundin zu besuchen. Erst mußte er _____ (2) lange am

Fahrkartenschalter warten. Dann hatte der Zug auch noch Verspätung. Er

_____ _____ eine Zigarette _____ (3) und ging

5   ungeduldig auf dem Bahnsteig auf und ab.

Als der Zug endlich eintraf, stürzte er schnell in einen Wagen, denn er fror

ganz schrecklich und _____ (4) am ganzen Körper. Der

Gedanke, seine Freundin wiederzusehen _____ ihm keine _____ (5).

Sie war nämlich gerade von einem längeren Studienaufenthalt im Ausland zurück-

10 gekommen. Ob sie sich wohl sehr verändert hatte?

Im Abteil legte er seinen alten Koffer ins _____ (6). Bald

kam der _____ (7) und verlangte die Fahrkarte. Der Schaffner

_____ _____ _____ (8), weil der junge Mann in ein Abteil

erster Klasse eingestiegen war, obwohl er nur eine Fahrkarte für die zweite Klasse

15 besaß. Als der junge Mann sich unschuldig stellte, riß dem Schaffner die Geduld, und

er verlangte, daß der junge Mann in ein anderes Abteil umsteige. Der junge Mann

setzte sich in ein anderes Abteil, aber dann _____ er _____ darüber

_____ (9), daß der Schaffner ihn so angeknurrt hatte. Wie sehr freute er sich,

als er seine Freundin endlich wiedersah und sie noch genau so nett und freundlich zu

20 ihm war wie früher!

Über den Autor: *Peter Fabrizius (*1909)*

Der Name Peter Fabrizius ist das Pseudonym für zwei Autoren, die den größten Teil
ihres Lebens gemeinsam geschrieben und veröffentlicht haben.

Joe Fabry (*1909) und Max Knight (1909–1993) stammen beide aus Österreich.
Sie lernten sich während ihres Studiums in Wien kennen und fingen an zusammen-
zuarbeiten, nachdem sie 1933 dort ihren Doktortitel erworben hatten. Ihre leichte
Unterhaltungsliteratur ist so beliebt, daß die Geschichten in Zeitschriften in 26 Län-
dern erschienen sind: von Estland bis Sri Lanka, und von China bis Belgien. Ihre
Werke sind in 17 Sprachen übersetzt worden.

Die Autoren Fabry und Knight sind als Herausgeber in England und im Fernen
Osten tätig gewesen. Später haben sie an der Universität von Kalifornien in Berke-
ley gearbeitet.

In „Warm und Kalt" streiten sich zwei Männer in einem Eisenbahnabteil. Der
eine will rauchen, aber den anderen stört das. Einer will das Fenster aufmachen,
dem anderen ist es zu kalt. Sie können sich über nichts einigen. Fabrizius erzählt
die Geschichte mit Humor und beendet den Konflikt mit einer überraschenden Lösung.

C. Hauptthemen: Überfliegen Sie den folgenden Text und schreiben Sie dann in Stichworten fünf Punkte auf, worüber die beiden Männer sich streiten.

WARM UND KALT

*H*err Bichler saß gutgelaunt in der Eisenbahn auf seinem Fensterplatz. Er hatte das ganze Abteil für sich, konnte die Beine auf den gegenüberliegenden Sitz legen (obwohl das verboten war), brauchte mit niemandem zu sprechen und hatte seinen Frieden.

5 Da blieb der Zug stehen, und Herr Knoll stieg ein. Er ging erst durch den Zug, und als er das fast leere Abteil des Herrn Bichler sah, beschloß er, dort Platz zu nehmen.

Herr Bichler ärgerte sich.

Als Knoll seinen Handkoffer in das Gepäcknetz legen wollte, machte der
10 Zug eine Kurve, der Koffer glitt° herab und fiel Herrn Bichler auf die Füße.   slid

„Können Sie nicht achtgeben?" rief dieser erbost°. „Ein solcher Koffer kann   angrily
einen Menschen erschlagen!" Obwohl der Koffer ganz leicht war, rieb sich Bichler die Beine, wie einer, der einen schweren Hieb° bekommen hat.   blow

„Ein unangenehmer Kerl", dachte Knoll und setzte sich auf seinen Sitz. Eine
15 Weile sahen sich die beiden Feinde stumm an. Dann nahm Knoll eine Zigarre aus
der Tasche und fragte mit geheuchelter° Höflichkeit: feigned

„Haben Sie etwas dagegen, wenn ich rauche?"

„Ja", sagte der andere.

„Das macht fast gar nichts", lächelte Knoll und zündete sich langsam seine
20 Zigarre an.

„Ich sagte, daß mich Rauchen stört", knurrte Bichler.

„Dann müssen Sie in ein Nichtraucher-Abteil gehen", meinte Knoll. „Hier
darf jeder Mensch rauchen."

„Warum haben Sie mich dann gefragt?"
25 „Weil ich ein höflicher Mann bin," erwiderte Knoll. „Manche Menschen
sind sehr unhöflich", setzte er hinzu.

Bichler merkte, daß sich der andere über ihn lustig machte, aber er konnte
nichts dagegen tun. „In einer solchen rauchigen Atmosphäre kann man Nikotin-
vergiftung bekommen", murmelte er bloß, „und daran kann ein Mensch zugrunde
30 gehen°." Er zog eine Zeitung aus der Tasche und verkroch sich° hinter ihr. Nur   **zugrunde...** perish / **verkroch...** hid
sein Kopf und seine Hände waren sichtbar. „Wie eine Schildkröte°", dachte   turtle
Knoll. „Nur bissiger."

Sie fuhren durch eine ebene Gegend. Der Himmel war leicht bewölkt, es war
nicht zu warm, nicht zu kalt. Das Fenster stand offen, und ein sanfter Wind blies
35 in das Abteil.

„Dieser Zug ist schrecklich", brummte Bichler plötzlich, warf die Zeitung
auf den Boden und schloß das Fenster.

„Ich finde, dieser Zug ist ausgezeichnet", antwortete Knoll, indem er sich
unschuldig stellte. „Er fährt ruhig und angenehm, und außerdem schnell . . ."
40 „Ich möchte diesem Brummbären° gern eine Lehre geben", dachte Knoll   old grump
nach einer Weile. „Warum haben Sie das Fenster geschlossen?" sagte er laut. „Es
ist jetzt zu heiß hier. Machen Sie es wieder auf!"

„Ich denke nicht daran", rief der andere. „Mich stört der Luftzug°. Ich bin   draft of air
nämlich erkältet. Durch einen solchen Zug kann sich ein Mensch eine Krankheit
45 holen und daran sterben."

„Ihr Leben scheint in Gefahr zu schweben°", erwiderte Knoll ironisch. „Die Hitze ist zu groß, und ich wünsche, daß Sie das Fenster öffnen."

in... to be in constant danger

„Ich werde es nicht öffnen!" schrie der Mann, der so um sein Leben besorgt war. „Ich sitze hier in der Ecke, das Fenster gehört zu meinem Platz, und ich habe 50 zu bestimmen, ob es offen oder geschlossen zu sein hat!"

Herr Knoll ärgerte sich nun auch. Er brauchte sich eine solche Behandlung von dem unverschämten Kerl nicht gefallen zu lassen. Er sprang auf – und da fiel sein Blick auf die Heizung, die gerade über seinem Sitz angebracht° war. Der Hebel war auf WARM gestellt.

installed

55   „Aha!" rief er. „Das ist der Grund, weshalb es hier so heiß ist!" Ohne seinen Reisegenossen zu fragen, stellte er den Hebel mit einem Ruck° auf KALT.

mit... with one tug

Bichler wurde weiß vor Zorn: „Wie können Sie es wagen, die Heizung abzustellen? Hier ist es nicht heiß. Sie können die Heizung nicht ohne mein Einverständnis abstellen. Sie ist für alle Reisenden da."

60   „Die Heizung ist über meinem Sitz," schrie nun auch Knoll, „geradeso wie das Fenster neben Ihrem ist. Hier habe *ich* zu bestimmen, ob sie offen oder geschlossen sein soll!"

Der Feind sah ihn giftig° an, machte aber den Mund nicht mehr auf, sondern schaute wieder in die Zeitung.

spitefully

65   Aber die Sache ließ ihm keine Ruhe. Man konnte sehen, wie ihn der Sieg des Gegners ärgerte. Er begann zu zittern, um zu zeigen, daß er fror. Als Knoll dies nicht zu bemerken schien, stand er auf und zog sich umständlich° seinen Mantel an. Knoll dagegen zog sich seinen Rock aus und saß in Hemdsärmeln da.

ceremoniously

Da riß Bichler die Geduld. Er sprang auf, stürzte sich auf die Heizung und 70 drehte den Hebel zurück auf WARM. „Ich erfriere", fügte er hinzu.

„Ich verbrenne …" brüllte Knoll und riß den Hebel wieder in die frühere Stellung.

„Lebensgefährlich – diese Kälte!"

„Unerträglich – diese Hitze!"

75   Sie rissen den Hebel hin und her und konnten sich nicht einigen. Wenige Sekunden später balgten sie sich° auf den Sitzen herum. Da machte der Zug eine scharfe Kurve, und beide Helden landeten auf dem Fußboden.

balgten... scuffled

Sie erhoben sich, klopften den Schmutz von ihren Anzügen, und sahen einander feindselig und unversöhnt° an.

unreconciled

80   „Ich werde den Schaffner holen", keuchte° der eine und richtete sich seine verrutschte Krawatte. „Der wird Ordnung schaffen."

gasped

„Oho, *ich* werde den Schaffner holen", zischte° der andere.

hissed

Da sie sich auch in diesem Punkt nicht einigen konnten, gingen sie schließlich beide, um den Schaffner zu holen. An der Tür des Abteils gab es noch 85 einige Schwierigkeiten, weil keiner den anderen vorgehen lassen wollte; aber zum Glück erwies sich° die Tür als breit genug, um beide zugleich durchzu-lassen.

erwies ... proved to be

Sie liefen durch den halben Zug, bis sie den Schaffner fanden. Dieser sah sich plötzlich zwei aufgeregten Menschen gegenüber, beide zerrauft°, mit 90 zerkratzten° Gesichtern und unordentlichen, teilweise beschmutzten Kleidern, den einen im Mantel, den anderen in Hemdsärmeln.

disheveled
scratched

„Ist ein Unglück geschehen?" rief der Schaffner und wollte die Notleine° ziehen. Sie hielten ihn noch rechtzeitig zurück. Dann erzählten sie durcheinander

emergency brake

ihren Streit, einer den anderen unterbrechend, ohne den erstaunten Schaffner
95 auch nur eine Sekunde lang zu Wort kommen zu lassen.

„Man erfriert vor Kälte, wenn der Hebel auf KALT steht“, wimmerte der eine.

„Man vergeht° vor Hitze, wenn der Hebel auf WARM steht“, winselte der an-   dies
dere.

„Meine Herren“, gelang es dem Schaffner doch endlich einzuwerfen.
100 „Wovon reden Sie eigentlich? Die Heizungen in den Abteilen funktionieren doch
gar nicht … !“

–aus *Wer zuletzt lacht … lacht am besten*

D. Fragen zum Text: Beantworten Sie die folgenden Fragen!

1. Warum beschloß Herr Knoll, in dem Abteil von Herrn Bichler Platz zu nehmen?

2. Warum ärgerte sich Herr Bichler darüber?

3. Warum konnte Herr Bichler nichts dagegen tun, daß Herr Knoll sich über ihn lustig machte?

4. Das Wort „Zug“ hat zwei Bedeutungen. Erklären Sie das Wortspiel in den Sätzen: „Dieser Zug ist schrecklich“, „Dieser Zug ist ausgezeichnet.“

5. Was tat Herr Knoll, nachdem Herr Bichler das Fenster geschlossen hatte?

6. Wie wollten die beiden Männer den Konflikt lösen?

7. Warum war der ganze Streit sinnlos?

E. Was meinen Sie? Beantworten Sie die folgenden Fragen:

1. Was hätten Sie getan, wenn Sie Herr Bichler oder Herr Knoll gewesen wären?

2. Was tun Sie, wenn Sie mit der Meinung eines anderen Menschen nicht einverstanden sind? Schweigen Sie? Schreien Sie ihn an? Schlagen Sie ihn? Fragen Sie eine dritte Person um Rat? Gehen Sie einfach weg?

F. Rollenspiel: Spielen Sie die Rollen dieser beiden Männer und des Schaffners nach. Verwenden Sie mindestens fünf Wörter oder Redewendungen aus dem *Aktiven Wortschatz!*

G. Rollenspiel: Spielen Sie die Rollen der beiden Männer und des Schaffners nach, aber erfinden Sie ein neues Ende für Ihr Rollenspiel. Verwenden Sie mindestens fünf Wörter oder Redewendungen aus dem *Aktiven Wortschatz!*

Vokabelhilfe	
Get off (the train) immediately!	**Steigen Sie sofort aus!**
Leave this compartment!	**Verlassen Sie dieses Abteil!**
Why don't you leave me alone?	**Warum lassen Sie mich nicht in Ruhe?**

H. Gruppenarbeit/Hausarbeit: Sie sind schon eine Woche in Frankfurt und Sie wollen nun nach Wien reisen. Planen Sie in Gruppen von drei bis vier Studenten eine Reise mit dem Zug nach Wien. Wie kommen Sie dahin? Was gibt es zu sehen? Was wollen Sie dort besichtigen? Wie lange bleiben Sie dort?

KAPITEL 2

Was möchtest Du essen?

Bekanntschaft, Freundschaft und Liebe

Gespräch:	Ich *bezahle das Abendessen (32:35)*
Aus der Presse:	*Zeit zum Heiraten?* (Bonner Anzeiger)
Grammatik:	Konjunktionen
Aus der Literatur:	*Meine erste Liebe* (Ludwig Thoma)

GESPRÄCH

Essen und Trinken halten Leib und Seele zusammen.

A. Einführung: *Ich* bezahle das Abendessen

1. Was sehen Sie auf dem Foto?
2. Warum geht man ins Restaurant?
3. Wie ruft man die Bedienung und wonach fragt man, wenn man etwas bestellen will?
4. Nennen Sie deutsche Gerichte, die Sie kennen. Woher kennen Sie sie?
5. Was macht man, wenn man mit dem Essen fertig ist? Gibt man in Deutschland Trinkgeld wie in Amerika?

Aktiver Wortschatz

Substantive

der Apfelstrudel, - apple-filled pastry
der Ausländer, -/die Ausländerin, -nen foreigner
der Gastarbeiter, -/die Gastarbeiterin, -nen foreign worker
das Getränk, -e drink, beverage
die Nachspeise, -n dessert
der Ober, -/die Frau Ober (head) waiter/waitress
die Rechnung, -en bill
die Speise, -n food, fare
der Urlaub, -e vacation (from work)

Verben

auf•passen to watch; to pay attention; to be careful
sich aus•kennen, a, a to know one's way around; to understand
empfehlen (ie), a, o + *dat.* to recommend
sich erinnern to remember
erstaunen (über + *acc.***)** to astonish, surprise; to be astonished about
übernachten to stay overnight
versprechen (i), a, o to promise
wählen to choose

Adjektive und Adverbien

anschließend afterwards
ehemalig former
getrennt separate
jedenfalls in any case

Redewendungen und andere Ausdrücke

(Es) tut mir leid. I'm sorry; I regret.
Guten Appetit! Enjoy your meal!
im Urlaub during vacation; on vacation
In Ordnung! Okay! Correct! Right! Settled!
Prost! Cheers!
überhaupt nicht not at all
Was darf's (denn) sein? What would you like?
Wie kommt das? What is the explanation for that?

⌨ **Videoband[1]** *Sie hören ein Gespräch zwischen Stefan, einem Studenten aus Berlin, und Katrin aus der ehemaligen DDR,[2] die jetzt auch in Berlin studiert.* (32:35)

B. Hauptthemen. Sehen Sie sich das Videoband an und beantworten Sie dann kurz die folgenden Fragen.

1. <u>Wer</u> bleibt in der Bundesrepublik?
2. <u>Was</u> haben Stefan und Katrin bestellt?
3. <u>Wann</u> war Katrin auf dem türkischen Basar?
4. <u>Wo</u> sind Stefan und Katrin?
5. <u>Warum</u> haben Stefan und Katrin den Apfelstrudel bestellt?

---

1. The sound portion of the video selection is recorded on the student audio cassette for your convenience.

2. now often referred to as „die neuen Bundesländer"

C. **Richtig oder falsch?** Sehen Sie sich das Videoband ein zweites Mal an und kreuzen Sie die richtigen Aussagen an. Korrigieren Sie außerdem die falschen Aussagen.

1. Stefan hat Katrin einen Apfelstrudel geschenkt.
2. Der türkische Verkäufer auf dem Basar kann nicht sehr gut Deutsch sprechen.
3. Die meisten Gastarbeiter in Kreuzberg wollen wieder zurück in die Türkei.
4. Katrin findet es richtig, daß eine Mutter, wie in der Türkei üblich, zu Hause bei den Kindern bleibt und der Mann arbeiten geht.
5. Stefan glaubt, daß die Mutter zu Hause bei den Kindern bleiben soll.
6. Katrins Mutter hat den ganzen Tag gearbeitet.
7. Katrin hat als Kind den Kindergarten besucht.
8. Katrin und Stefan wollen beide das Abendessen bezahlen.
9. Stefan bezahlt das Abendessen.
10. Der Ober bekommt kein Trinkgeld.

D. **Lückenübung.** Sehen Sie sich noch einmal das Videoband an und ergänzen Sie den Dialog mit den passenden Wörtern aus dem *Aktiven Wortschatz*.

Ich bezahle das Abendessen

Erster Teil (32:35)

KATRIN: Vielen Dank, Stefan, für das Tuch. Es gefällt mir wirklich sehr gut. Reine Seide, nicht wahr?

STEFAN: Ja. Nichts zu danken.

KATRIN: Weißt du, was mich _____? Gestern, der

5   Verkäufer auf dem türkischen Basar, als _____ hat

er sehr gut Deutsch gesprochen. Wie kommt das?

STEFAN: Ja, er lebt bestimmt schon seit zehn Jahren in Berlin. Er kennt sich hier aus. Bestimmt will er gar nicht mehr zurück in die Türkei.

KATRIN: Meinst du? Viele _____ bleiben in der

10   Bundesrepublik, nicht wahr?

STEFAN: Mhh, die meisten hier in Kreuzberg jedenfalls.

KATRIN: Weißt du was, ich bekomme langsam Hunger.

Zweiter Teil (33:58)

STEFAN: Ach, Herr Ober.

OBER: Guten Tag.

15	STEFAN/KATRIN:	Guten Tag.
	OBER:	Na, was _____ denn _____? Getränke vielleicht erstmal?
	STEFAN:	Ja, für mich eine Cola. Und du?
	OBER:	Eine Cola...
	KATRIN:	Ich nehme ein Glas Selterwasser!
20	OBER:	Apollinaris, oder...
	KATRIN:	Apollinaris, ja.
	OBER:	Apollinaris.
	STEFAN:	Das letzte Mal...
	OBER:	Speisen haben Sie schon gewählt?
25	STEFAN:	Das letzte Mal hatte ich hier Eisbein[3] mit Sauerkraut; das war ganz gut.
	OBER:	Das kann ich nur _____. Das ist heut' sehr gut.
	STEFAN:	Ja.
	KATRIN:	Ich nehme[4] bitte kein Eisbein. Ich nehme gebackenen Camembert mit Preiselbeeren.
30	OBER:	Camembert mit Preiselbeeren.[5]
	STEFAN:	Ich nehme ein Knoblauchrippchen[6] mit Salat und Zwiebelbrot.
	OBER:	Ja.
	STEFAN:	Und als _____? Eine rote Grütze[7] mit Vanillesauce?
35	KATRIN:	Ja?
	OBER:	Ja, ich würd' den _____ empfehlen. Der ist heut' sehr gut.
	STEFAN:	Mh? Ja, gut. Dann nehmen wir zwei warme Apfelstrudel.
	KATRIN:	Ja.
40	OBER:	Gut. Zwei Apfelstrudel.
	STEFAN:	Mhh.
	KATRIN:	Netter Kellner, nicht wahr?
	STEFAN:	Mhh.
	KATRIN:	Gefällt mir gut.
45	KATRIN:	_____!

3. pork's knuckle

4. usually used: **möchte**

5. berries that resemble *cranberries*

6. pork rib seasoned with garlic

7. type of fruit pudding

STEFAN: Prost. _____ _____.

KATRIN: Guten Appetit. Sieht gut aus.

STEFAN: Mhh.

Dritter Teil (35:11)

KATRIN: Erinnerst du dich gestern an die türkische Mutter auf dem Basar? Sie hatte vier Kinder und bestimmt keine Zeit für sich.

STEFAN: Ja, ja. In der Türkei bleiben die Frauen zu Hause bei den Kindern, während die Männer arbeiten.

KATRIN: Das mag ja sein, aber ich könnte das nicht.

STEFAN: Ach komm, das ist doch nicht so schlimm!

KATRIN: Ich stell' mir das so vor: Die Frau geht vormittags arbeiten und jemand anderes _____ auf die Kinder _____. Kannst du mir folgen?

STEFAN: Mhh.

KATRIN: Ja?

STEFAN: Ja, aber ich finde es normal, wenn die Mutter zu Hause bei den Kindern bleibt.

KATRIN: Meine Mutter hat den ganzen Tag gearbeitet und ich war im Kindergarten. Findest du mich etwa nicht normal? ... Es ist spät. Ich hab' _____, nicht all zu spät zu kommen.

STEFAN: Ja.

KATRIN: Wollen wir zahlen?

STEFAN: Herr Ober? Die _____ bitte!

OBER: Ja. Ehh, geht es zusammen?

STEFAN: Ja, ich zahle das.

KATRIN: Ich zahle.

STEFAN: Nein, ich lade dich ein, zum Semesterabschluß.

KATRIN: *Ich* bezahle das Abendessen!

STEFAN: Gut, wenn du willst.

OBER: Also, das war eine Cola, ein Apollinaris, ein Camembert...

STEFAN: Mhh.

OBER: Eh, was hatten Sie gleich?

STEFAN: Eh, Knoblauchrippchen.

OBER: Knoblauchrippchen, ja, zwei Apfelstrudel, zwei Kaffee. Das sind drei, acht, vier, sieben, eins gemerkt, ... dreiunddreißig fünfundachtzig, bitte.

80   KATRIN: Fünfunddreißig.

         OBER: Oh, haben Sie's nicht kleiner?

      KATRIN: Nein, _____ _____ _____.

         OBER: Da muß ich erst mal nach hinten gehen, wechseln, ja, ich komm' gleich
                  wieder.

85   KATRIN: In Ordnung.

– aus Neue Horizonte

E.   Was meinen Sie? Beantworten Sie die folgenden Fragen.

1. Woher kommt Katrin?

2. In welchem bekannten Film singt Julie Andrews ein Lied über Apfelstrudel? Wie heißt das Lied?

3. Glauben Sie, daß es für kleine Kinder wichtig ist, daß die Mutter zu Hause bleibt? Oder können die Kinder genauso gut aufwachsen, wenn die Mutter zur Arbeit geht?

4. Warum ist das Gespräch über die türkische Mutter für Katrin interessant?

5. Welche Szenen machen es besonders klar, daß Stefan und Katrin sich füreinander interessieren? Kann man das aus dem Text herauslesen, oder kann man das besser verstehen, wenn man sich die Videokassette ansieht?

6. Kennen Sie die Speisen, von denen der Ober, Stefan und Katrin sprechen? Welche davon haben Sie schon gegessen?

7. In den Sätzen **„Ich würd' den Apfelstrudel empfehlen. Der ist heut' sehr gut"** und in mehreren anderen Sätzen wird ein Apostroph gebraucht, um anzuzeigen, daß etwas weggelassen ist. Finden Sie andere Beispiele dafür im Text, und erklären Sie, was dort weggelassen wurde. In welchen Situationen sprechen die Menschen so?

F.   Rollenspiel. Schreiben Sie ein Rollenspiel, in dem sich der Gast beim Kellner über eine Fliege in der Suppe oder etwas anderes beklagt, was ihm am Essen nicht gefällt. Verwenden Sie mindestens fünf Wörter oder Redewendungen aus dem *Aktiven Wortschatz.*

Vokabelhilfe

It is salty.	**Es ist salzig.**
It is spicy.	**Es ist scharf.**
The meat is not done.	**Das Fleisch ist nicht ganz durch/gar.**
There is not enough food.	**Die Portion ist zu klein.**

G. **Gruppenarbeit.** (Für 2–4 Studenten.) Sie wohnen zusammen, und drei Gäste kommen zum Wochenende zu Besuch. Planen Sie sechs Mahlzeiten (Frühstück, Mittagessen, Abendessen) für zwei Tage für alle Personen. Was werden Sie während des Fußballspiels im Fernsehen zum Knabbern anbieten?

Bis daß der Tod Euch scheidet!

A. Einführung: Zeit zum Heiraten?

1. Beschreiben Sie das Foto. Wo hat diese Hochzeit stattgefunden?
2. Wo kann man Leute am besten kennenlernen?
3. Worüber kann man mit Leuten sprechen, die man gerade kennengelernt hat?
4. Wie kann man jemanden wissen lassen, daß man sie/ihn wiedersehen möchte?
5. Was halten Sie von „blind dates"?

Aktiver Wortschatz

Substantive

die Eigenschaft, -en   quality, attribute, characteristic
das Gefühl, -e   feeling
das Gehirn, -e   brains, intellect
die Heimat, -en   native land, homeland
die Umgebung, -en   surroundings; environment

Verben

erlauben   to permit
sich nieder•lassen (ä), ie, a   to settle down; to sit down

Adjektive und Adverbien

begeistert (von)   enthusiastic (about)
bescheiden   modest
ehrlich   honest
fröhlich   cheerful; merry

schlank   slim, slender
selbständig   self-supporting, self-reliant, independent
vielseitig   versatile

Redewendungen und andere Ausdrücke

aus Versehen   through oversight or inadvertently; by mistake
etw. dem Zufall überlassen (ä), ie, a   to leave sth. to chance
gut zu jemandem passen   to be well-matched with sb., go well together
jemandem den Kopf verdrehen   to make sb. fall for someone
Lust haben (auf + *acc.*)   to be disposed, feel like doing (sth.)
Mir fehlt etwas.   I am missing sth.; I am not well.

B. Wortschatzanwendung. Ergänzen Sie das folgende Kreuzworträtsel.

Waagerecht

4. heart
5. simple
7. independent
12. modest
13. slim, slender
14. feeling
15. honest

Senkrecht

1. surroundings, environment
2. brain, intellect
3. soft, gentle
6. cheerful, merry
8. healthy
9. versatile
10. native land, homeland
11. to lose

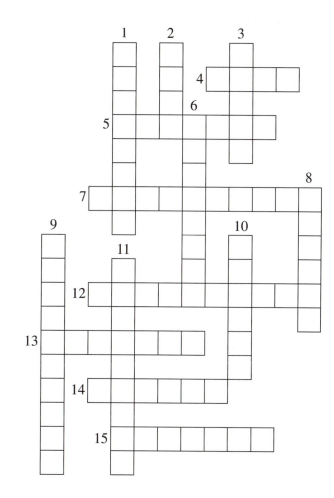

C. Hauptthemen. Überfliegen Sie die folgenden Heiratsanzeigen und schreiben Sie dann in Stichworten, was die erste Person sucht, die zweite usw. Vergleichen Sie mit einem anderen Studenten, was Sie festgestellt haben.

BEISPIEL: Mit mir kann man Pferdestehlen

1. „Pferdestehlen"

2. voller Übermut

3. sie tanzt gern

4. ist ein Wandervogel

5. möchte in die süddeutsche Heimat zurück

ZEIT ZUM HEIRATEN?

–aus dem Bonner Anzeiger *vom 1. April 1996*

♀

Mit mir kann man Pferde stehlen,[8]

ich kann aber auch ganz Lady sein! 36, und doch noch voller Übermut, lache und tanze ich gerne, finde aber, daß auch für einen Wandervogel einmal die Zeit kommt, sich niederzulassen. Z. Zt.[9] arbeite ich an einer amerikanischen Universität, möchte aber gerne wieder in meine süddeutsche Heimat zurückkehren. Wer Lust hat, mir zu schreiben, wende sich bitte an Chiffre[10] BA 7305, Postf. 1500, 53113 Bonn.

♀

Raum 53113-53179

Geborgenheit und Freiheit gehen mir über alles. Ich, stets unkonventionell, finanziell abgesichert, 42, ganz Frau (93, 70, 94), mal Jeans, mal Couture,[11] blond, bin ein an sich[12] zufriedener Mensch. Ich liebe Reisen, klassische Musik, Theater, Bücher, Essen, Golf, Tennis, Schi und Wasserschi.[13] Was mir fehlt ist ein liebevoller Partner. Über Ihren Brief mit Foto würde ich mich freuen. BA 5786, Postf. 1500, 53113 Bonn.

Großraum Köln-Bonn

Endlich geschafft,[14] Ärztin, 29. Nach Examensstreß und AiP[15] möchte ich keine Zeit mehr verlieren. Suche schnellstmöglichst liebevollen Lebenspartner da Kinderwunsch. Bin 1,70m, schlank, humorvoll, allem Schönen aufgeschlossen.[16] Warum das Lebensglück nur dem Zufall überlassen? Zuschriften möglichst mit Telefonnummer. BA 5763, Postf. 1500, 53113 Bonn.

Mann her!

Mir laufen nur die Männer nach, die ich nicht will und auch nicht mag! Trotzdem wünsche ich mir einen möglichst adäquaten Partner selbstverständlich auch Akademiker, für alles und auf ewig! Ich bin unabhängig, selbständig, trotz 6 jähr. Sohn, seit über 40 Jahren blond und blauäugig—engelhaft aber mit einem kräftigen Schuß Teufel. Da wesentlich jünger aussehend, bitte keine Angebote über $49^{3}/_{4}$ aber auch nicht unter $39^{1}/_{2}$. Mögl. Raum Bonn. BA 5865, Postf. 1500, 53113 Bonn.

---

8. man… I am daring

9. zur Zeit

10. identity code

11. high-fashion clothes   14. accomplished

12. **ein…** basically   15. **Arzt im Praktikum**

13. skiing and water skiing   16. (*fig.*) open to

♂

Raum HH[17]

Ich, Mann, Ende dreißig, 1,81, Moralist, Gourmet, Nichtraucher, suche eine schöne und intelligente Frau zum Heiraten. Ich sehe recht gut aus sagt meine Sekretärin; bin durchaus solvent sagt mein Bankier; echt albern sagt mein kleiner Sohn (5); ein Trabbi[18]-Typ sagt mein Porsche-Mechaniker; zu intellektuell sagte meine erste Ehefrau; zu sentimental sagte die zweite. Ein Schnäppchen[19] sage ich. Chiffre BA 7072, Postf. 1500, 53113 Bonn.

WIE SOLL SIE SEIN?

1. GROSS   soll sie sein
2. SCHÖN   soll sie sein
3. JUNG   soll sie sein
4. REICH   soll sie sein
5. KLEIN   soll sie sein
6. ARM   soll sie sein
7. ALT   soll sie sein
8. WEICH   soll sie sein
9. MEIN   soll sie sein

zu 1: an Herz und Geist
zu 2: in ihrem Charakter, ihrer Ausstrahlung und ihrem Äußerlichen
zu 3: ca. 26-32 Jahre
zu 4: an Kultur, Neugierde und Erfahrung (Geld schadet auch nicht!)
zu 5: an Eigensinn und Selbstsucht
zu 6: an Intoleranz und Engstirnigkeit[25]
zu 7: und (k)ein bißchen leise/weise
zu 8: nur für mich
zu 9: im Raum Bad Godesberg, ca. 1,85, schl.[26] und stud.[27]
Bildzuschriften bitte unter BA 3796, Postf. 1500, 53113 Bonn.

♂

Posaunist[20] sucht Gespielin

Die Frau, die zu mir, einem festangestellten[21] Posaunisten der Bonner Oper (32 J./1,80 m/schlank) passen würde, müßte folgende Eigenschaften haben: Bis 28 J. alt und voller Sehnsucht nach einer liebevollen, intensiven Zweisamkeit. Gesund bis sportlich und natürlich sollte sie sein, treu, katholisch, ehrlich und sensibel, gern[22] auch mädchenhaft naiv mit offenem Blick,[23] gefühlvoll und romantisch, bescheiden, einen Sinn fürs Künstlerische haben und für (Lebens-)Qualität. Schreibe mir bitte auch, wenn Du nicht alle meine Vorstellungen ganz triffst. (Bild gar.[24] zurück). Chiffre BA 5329, Postf. 1500, 53113 Bonn.

Akademiker sucht reiselustige Wasserratte

Ich suche Dich—eine attraktive, sehr intelligente und selbständige Frau. Du bist sehr sportlich, begeisterungsfähig und nicht älter als 36. Ich möchte mir von Dir den Kopf verdrehen lassen, mit Dir in die Ägäis[28] und nach Marokko segeln, mit Dir reden, mit Dir... Du findest einen politisch und kulturell interessierten Mann mit geisteswissenschaftlichem Studium (Hochschulprofessor); begeisterter Segler, Ende vierzig, schlank, 1,80. Du erreichst mich mit Deinem Brief (bitte mit Bild) im R. Siegburg/Voreifel unter BA 9636. Postf. 1500, 53113 Bonn.

---

17. **Hansestadt Hamburg**

18. **Trabant:** well-known East German car

19. easy catch

20. trombone player

21. having a permanent job

22. preferably

23. **mit...** with an open mind

24. **garantiert**

25. narrow-mindedness

26. schlank

27. studiert

28. Aegean sea

D. Fragen zum Text. Beantworten Sie die folgenden Fragen.

1. Was für Eigenschaften wünschen sich die Männer in diesen Anzeigen bei ihren Wunschpartnerinnen?

2. Welche Eigenschaften suchen die Frauen in diesen Anzeigen in ihren Partnern? Gibt es Unterschiede zwischen den Wünschen der Männer und der Frauen? Welche?

E. Was meinen Sie? Beantworten Sie die folgenden Fragen.

1. Welche Eigenschaften suchen Sie in einem (zukünftigen) Ehepartner? Warum?

2. Glauben Sie, daß alle Ihre Wünsche in bezug auf Ihren Partner in Erfüllung gehen können? Auf welchem Gebiet sind Sie bereit, Kompromisse zu schließen?

3. Welche Anzeigen haben Ihnen besonders gut gefallen? Warum?

4. Warum geben die Männer und Frauen, die einen Partner suchen, immer wieder den Raum an? Warum ist das so wichtig?

5. Meinen Sie, daß es eine gute Idee ist, einen Partner fürs Leben durch die Zeitung zu finden? Welche Vor- und Nachteile kann das haben?

F. Grammatik: Konjunktionen (I). Bilden Sie *einen* Satz aus den zwei Sätzen und benutzen Sie die Konjunktionen in den Klammern.

1. Die Frau will in ihre Heimat zurück. Die Zeit ist gekommen sich niederzulassen. (weil)

2. Die Frau schreibt. Sie arbeitet an einer Universität. (daß)

3. Diese Frau war voller Übermut. Sie war jung. (als)

4. Ein Mann aus Bonn schrieb einen Brief an sie. Er wollte sie sofort kennenlernen. (denn)

G. Grammatik: Konjunktionen (II). Nun schreiben Sie dieselben Sätze noch einmal und stellen Sie den Nebensatz an den Anfang des Satzes. [Gebrauchen Sie nicht Satz 4, weil „denn" eine koordinierende Konjunktion ist.]

BEISPIEL: Der Student lernt Deutsch, weil es ihm Spaß macht.
Weil es ihm Spaß macht, lernt der Student Deutsch.

H. Grammatik: Konjunktionen (III). Bilden Sie Sätze aus den folgenden Stichwörtern in den angegebenen Zeiten. Fügen Sie, wenn nötig, den Artikel hinzu und beachten Sie die richtige Wortstellung, besonders im Nebensatz.

1. Mann / suchen / schöne Frau // weil / er / wollen / sein / nicht / mehr / allein. [Imperfekt]

2. Seine Putzfrau / meinen // daß / er / aussehen / gut / und / sprechen / die Wahrheit. [Präsens]

3. Sein Steuerberater / fragen // ob / Mann / bezahlen / seine Steuern. [Perfekt]

4. Mann / sein / sehr / albern // als / er / sein / ein kleines Kind. [Imperfekt]

5. Als / er / sein / jung // er / sich trauen / nicht // ein wohlriechendes Parfüm / zu kaufen. [Imperfekt]

6. Der Automechaniker / sagen / zu / Mann // daß er / sollen / kaufen / Mercedes 420. [Präsens]

7. Die erste Frau / meinen // daß / Mann / sein / zu intellektuell. [Imperfekt]

8. Mann / sehen / jeden / Morgen / eine junge Dame // wenn / er / gehen / zur Arbeit. [Imperfekt]

9. Sein bester Freund / warnen / Mann // daß / er / heiraten / sollen / die erste Frau / nicht. [Imperfekt]

10. Der sentimentale Mann / heiraten / zweite Frau // da / die erste Frau / finden / einen anderen Mann. [Perfekt]

I. Gruppenreferat. Zwei bis vier Studenten arbeiten zusammen. Suchen Sie in Zeitungen geeignete amerikanische Anzeigen, die Sie in die Klasse mitbringen und dann besprechen.

J. Minireferat. Vergleichen Sie die deutschen Anzeigen in diesem Buch mit amerikanischen, die Sie von zu Hause mitgebracht haben. Was ist im allgemeinen ähnlich? Was ist im allgemeinen anders?

K. Gruppenarbeit. Stellen Sie sich vor, daß Sie älter sind, vielleicht über 35 Jahre alt, und noch keinen Ehepartner haben oder geschieden sind. Schreiben Sie als Gruppe eine Anzeige, in der Sie eine(n) Partner/in suchen. Schreiben Sie auch eine Antwort auf eine Anzeige. Ein(e) Student/in liest der Klasse die Anzeige vor.

„Ich nahm mir vor, sie anzureden."

A. Einführung: Meine erste Liebe

1. Was sehen Sie auf dem Bild?

2. Scheint das Mädchen an jemanden oder etwas zu denken? Oder wartet es vielleicht auf jemanden?

3. Woran denkt der Junge vielleicht?

4. Wie alt ist man gewöhnlich, wenn man anfängt, sich für das andere Geschlecht zu interessieren?

5. Wie zeigen Jungen ihr Interesse an Mädchen? Wie zeigen Mädchen ihr Interesse an Jungen?

6. Wie behandeln Lehrer die Schüler in den unteren Klassen?

7. Welche Strafen werden heutzutage von den Lehrern verhängt?

8. Sollen Mädchen und Jungen auf getrennte Schulen gehen? Warum (nicht)?

Aktiver Wortschatz

Substantive

die Aussprache, -n   pronunciation
der Bub(e), -en, -en   *(dial.)* boy
der Kerl, -e   guy, fellow
die Strafe, -n   punishment, penalty, fine
der Verdacht   suspicion, distrust

Verben

acht•geben (i), a, e (auf + *acc.*)   to pay attention to (sb./sth.)
(sich) ärgern (über + *acc.*)   to be or feel angry (about sb./sth.)
auf•heben, o, o   to pick up
begegnen + *dat.*   to meet, meet with, come across or upon (sb.)
behandeln   to treat, deal with
beleidigen   to offend, give offense to, insult
(sich) bücken   to bend over
ein•laden (ä), u, a   to invite
ein•sehen (ie), a, e   *(fig.)* to see, realize, understand
sich entschließen, entschloß, entschlossen   to make up one's mind, decide
erwischen   *(coll.)* to get or catch hold of, lay hands on
sich fürchten (vor + *dat.*)   to be afraid of (sb./sth.)
gestehen, a, a   to admit, confess

probieren   *(coll.)* to attempt, try
sich räuspern   to clear one's throat
sich trauen   to be so bold as (to do), dare
vertragen (ä), u, a   to tolerate, bear, stand

Adjektive und Adverbien

anständig   decent
feig   timid; cowardly
zornig   angry

Redewendungen und andere Ausdrücke

auf eine gute Idee kommen (kam, gekommen) *(aux. sein)*   to have a good idea
Das geht dich nichts an.   It is none of your business.
Es ist (war, ist gewesen) mir wurscht.   *(coll.)* I don't care; it does not matter to me.
Es liegt (lag, gelegen) mir nichts daran.   It does not matter to me.
Es macht mir nichts aus.   I don't care or mind.
jemandem etwas (zu)flüstern   to whisper sth. to sb.
jemanden zur Rede stellen   to take sb. to task

B.   **Wortschatzanwendung**. Ergänzen Sie den Text mit einem passenden Wort oder Ausdruck aus der folgenden Liste:

sich ärgern	beleidigen	sich fürchten vor
auf eine Idee kommen	ein•laden	gestehen
begegnen	flüstern	

Hans und Heidi

Hans konnte sich in der achten Klasse nicht konzentrieren, denn er war verliebt,

aber er konnte es dem Mädchen nicht _____ (1). Doch eines Tages entschloß er sich, dieses hübsche, blonde Mädchen anzusprechen.

In der nächsten Woche _____ (2) Hans dem Mädchen vor der Bäckerei auf dem Weg zur Schule. Er begrüßte das Mädchen und stellte sich vor. Sie hieß Heidi. Seine Stimme zitterte und seine Knie schlotterten. Er

_____ (3) Heidi ins Ohr, daß er sie gerne zum Tanz

_____ (4) würde. Das Mädchen wollte den Jungen nicht

_____ (5), deshalb sagte sie, sie müsse erst mit ihren Eltern darüber sprechen. Außerdem würde sie auch ein passendes Kleid brauchen. Heidi meinte, Hans solle _____ nicht _____ (6), falls ihre Eltern „nein" sagen würden, weil sie ihn nicht kannten. Daraufhin _____

Hans _____ eine gute _____ (7) und erklärte Heidi, daß er sich traue, mit ihren Eltern über den Tanz zu sprechen. Es war aber nicht leicht für ihn, denn er war zum ersten Mal verliebt. Und wie fast jeder junger Mann,

_____ er _____ _____ (8) dem ersten Treffen mit den Eltern seiner Angebeteten.

Über den Autor: *Ludwig Thoma (1867-1921)*

Ludwig Thoma wurde in Oberammergau in den bayerischen Alpen geboren. Nachdem er zwei Jahre Forstwissenschaft studiert hatte, wechselte er zum Jurastudium über. Nach Beendigung des Studiums arbeitete er zunächst in Traunstein, später in München als Rechtsanwalt. 1899 wurde er Herausgeber der Satirezeitschrift *Simplicissimus*. Im Ersten Weltkrieg diente er beim Roten Kreuz, mußte aber wegen eines Magenleidens den Dienst aufgeben. Er starb 1921 nach einer langverschobenen Operation.

    „Meine erste Liebe" ist den *Lausbubengeschichten* (1905) entnommen, in denen Ludwig Thoma in realistischer und humorvoller Weise das Leben eines Jungen beschreibt. Es handelt sich um Ludwig, der glaubt, daß er ein Mädchen, Marie, liebe. Er schreibt dem Mädchen einen Brief, aber bevor er ihn ihr geben kann, fällt der Brief in der Schule aus seinem Buch, der Lehrer hebt ihn auf und liest ihn in der Klasse laut vor ...

C. Hauptthemen. Überfliegen Sie „Meine erste Liebe" und ordnen Sie dann die folgenden Hauptthemen in der richtigen Reihenfolge.

____ a. Ludwig mußte zum Rektor.

____ b. Ludwig rauchte eine Zigarre bei Herrn von Rupp.

____ c. Ludwig schrieb einen Brief an die Tochter des Hausmeisters.

____ d. Der Professor las der Klasse den Liebesbrief laut vor.

____ e. Ludwig erklärte Herrn von Rupp alles, aber es half nichts.

____ f. Ludwig war zuerst in Herrn von Rupps Tochter verliebt.

____ g. Ludwig mußte acht Stunden nachsitzen.

____ h. Die Tochter von Herrn von Rupp und ihre Freundinnen machten sich über Ludwig lustig.

____ i. Ludwig grüßte die Tochter des Hausmeisters.

____ j. Der Liebesbrief fiel auf den Boden.

MEINE ERSTE LIEBE

An den Sonntagen durfte ich immer zu Herrn von Rupp kommen und bei ihm Mittag essen. Er war ein alter Jagdfreund von meinem Papa und hatte schon viele Hirsche° bei uns geschossen. Es war sehr schön bei ihm. Er behandelte mich beinahe wie einen Herrn, und wenn das Essen vorbei war, gab er mir eine

5 Zigarre und sagte: „Du kannst es schon vertragen. Dein Vater hat auch geraucht wie eine Lokomotive." Da war ich sehr stolz.

Die Frau von Rupp war eine furchtbar noble Dame, und wenn sie redete, machte sie einen spitzigen Mund, damit es hochdeutsch wurde. Sie ermahnte mich immer, daß ich nicht Nägel beißen soll und eine gute Aussprache habe.

10 Dann war noch eine Tochter da. Die war sehr schön und roch auch so gut. Sie gab nicht acht auf mich, weil ich erst vierzehn Jahre alt war, und redete immer von Tanzen und Konzert und einem gottvollen Sänger. Dazwischen erzählte sie, was in der Kriegsschule° passiert war. Das hatte sie von den Fähnrichen° gehört, die immer zu Besuch kamen und mit den Säbeln über die Stiege rasselten.

15 Ich dachte oft, wenn ich nur auch schon ein Offizier wäre, weil ich ihr dann vielleicht gefallen hätte, aber so behandelte sie mich wie einen dummen Buben und lachte immer dreckig°, wenn ich eine Zigarre von ihrem Papa rauchte.

Das ärgerte mich oft, und ich unterdrückte meine Liebe zu ihr und dachte, wenn ich größer bin und als Offizier nach einem Kriege heimkomme, würde sie

20 vielleicht froh sein. Aber dann möchte ich nicht mehr. Sonst war es aber sehr nett bei Herrn von Rupp, und ich freute mich furchtbar auf jeden Sonntag und auf das Essen und auf die Zigarre.

Der Herr von Rupp kannte auch unseren Rektor° und sprach öfter mit ihm, daß er mich gern in seiner Familie habe und daß ich schon ein ordentlicher°

25 Jägersmann werde, wie mein Vater. Der Rektor muß mich aber nicht gelobt haben, denn Herr von Rupp sagte öfter zu mir: „Weiß der Teufel was du treibst. Du mußt ein verdammter Holzfuchs° sein, daß deine Professoren so auf dich loshacken°. Mach es nur nicht zu arg°!" Da ist auf einmal etwas passiert. Das war so. Immer wenn ich um acht Uhr früh in die Klasse ging, kam die Tochter

30 von unserem Hausmeister, weil sie in das Institut mußte.

Sie war sehr hübsch und hatte zwei große Zöpfe mit roten Bändern daran und schon einen Busen. Mein Freund Raithel sagte auch immer, daß sie gute Potenzen° habe und ein feiner Backfisch° sei.

Zuerst traute ich mich nicht, sie zu grüßen; aber einmal traute ich mich doch,

35 und sie wurde ganz rot. Ich merkte auch, daß sie auf mich wartete, wenn ich später daran war. Sie blieb vor dem Hause stehen und schaute in den Buchbinderladen hinein, bis ich kam. Dann lachte sie freundlich, und ich nahm mir vor°, sie anzureden.

Ich brachte es aber nicht fertig° vor lauter Herzklopfen; einmal bin ich ganz

40 nahe an sie hingegangen, aber wie sie dort war, räusperte ich mich bloß° und grüßte. Ich war ganz heiser geworden und konnte nicht reden. Der Raithel lachte mich aus und sagte, es sei doch gar nichts dabei, mit einem Backfisch anzubinden°. Er könnte jeden Tag drei ansprechen, wenn er möchte, aber sie seien ihm alle zu dumm.

45 Ich dachte viel darüber nach, und wenn ich von ihr weg war, meinte ich auch, es sei ganz leicht. Sie war doch bloß die Tochter von einem Hausmeister,

Marginal glosses:
- stags
- military academy / officer cadets
- nastily
- principal
- real
- boorish and sly
- cut you down / **Mach...** Don't overdo it
- potential / (coll.) teenage girl
- **nahm...** was resolved to
- **brachte...** did not succeed in doing it / only
- to become acquainted

und ich war schon in der fünften Lateinklasse. Aber wenn ich sie sah, war es ganz merkwürdig und ging nicht. Da kam ich auf eine gute Idee. Ich schrieb einen Brief an sie, daß ich sie liebe, aber daß ich fürchte, sie wäre beleidigt, wenn ich sie anspreche und es ihr gestehe. Und sie sollte ihr Sacktuch° in der Hand tragen und an den Mund führen°, wenn es ihr recht wäre.

    Den Brief steckte ich in meinen Caesar, *De bello gallico°,* und ich wollte ihn hergeben, wenn ich sie in der Frühe wieder sah. Aber das war noch schwerer.

    Am ersten Tag probierte ich es gar nicht; dann am nächsten Tag hatte ich den Brief schon in der Hand, aber wie sie kam, steckte ich ihn schnell in die Tasche.

    Raithel sagte zu mir, ich solle ihn einfach hergeben und fragen, ob sie ihn verloren habe. Das nahm ich mir fest vor, aber am nächsten Tag war ihre Freundin dabei, und da ging es wieder nicht.

    Ich war ganz unglücklich und steckte den Brief wieder in meinen Caesar.

    Zur Strafe, weil ich so furchtsam war, gab ich mir das Ehrenwort, daß ich sie jetzt anreden und ihr alles sagen und noch dazu den Brief geben wolle.

    Raithel sagte, ich müsse jetzt, weil ich sonst ein Schuft wäre. Ich sah es ein und war fest entschlossen.

    Auf einmal wurde ich aufgerufen und sollte weiterfahren°. Weil ich aber an die Marie gedacht hatte, wußte ich nicht einmal das Kapitel, wo wir standen, und da kriegte ich einen brennroten Kopf. Dem Professor° fiel es auf, da er immer Verdacht gegen mich hatte, und er ging auf mich zu.

    Ich blätterte° hastig herum und gab meinem Nachbar einen Tritt. „Wo stehen wir? Herrgottsakrament!" Der dumme Kerl flüsterte so leis, daß ich es nicht verstehen konnte, und der Professor war schon an meinem Platz. Da fiel auf einmal der Brief aus meinem Caesar und lag auf dem Boden. Er war auf Rosenpapier geschrieben und mit einem wohlriechenden Pulver bestreut.

    Ich wollte schnell mit dem Fuße darauf treten, aber es ging nicht mehr. Der Professor bückte sich und hob ihn auf.

    Zuerst sah er mich an und ließ seine Augen so weit heraushängen, daß man sie mit einer Schere hätte abschneiden können. Dann sah er den Brief an und roch daran, und dann nahm er ihn langsam heraus. Dabei schaute er mich immer durchbohrender an, und man merkte, wie es ihn freute, daß er etwas erwischt hatte.

    Er las zuerst laut vor der ganzen Klasse: „Inniggeliebtes° Fräulein! Schon oft wollte ich mich Ihnen nahen, aber ich traute mich nicht, weil ich dachte, es könnte Sie beleidigen."

    Dann kam er an die Stelle vom Sacktuch, und da murmelte er bloß mehr, daß es die andern nicht hören konnten.

    Und dann nickte er mit dem Kopfe auf und ab, und dann sagte er ganz langsam: „Unglücklicher, gehe nach Hause. Du wirst das Weitere hören."

    Ich war so zornig, daß ich meine Bücher an die Wand schmeißen wollte, weil ich ein solcher Esel war.

    Aber ich dachte, daß mir doch nichts geschehen könnte. Es stand nichts Schlechtes in dem Brief; bloß daß ich verliebt war. Das geht doch den Professor nichts an. Aber es kam ganz dick.°

    Am nächsten Tag mußte ich gleich zum Rektor. Der hatte sein großes Buch dabei, wo er alles hineinstenographierte, was ich sagte. Zuerst fragte er mich, an

(dial.) handkerchief
put
book by Julius Caesar on the Gallic War

(dial.) continue

here: teacher at a **Gymnasium**

turned over pages

Most beloved

Aber... It got much worse (the sky fell in).

wen der Brief sei. Ich sagte, er sei an gar niemand. Ich hätte es bloß so
95 geschrieben aus Spaß. Da sagte er, das sei eine infame Lüge, und ich wäre nicht
bloß schlecht, sondern auch feig.

Da wurde ich zornig und sagte, daß in dem Briefe gar nichts Gemeines°
darin sei, und es wäre ein braves° Mädchen. Da lachte er, daß man seine zwei
gelben Stockzähne° sah, weil ich mich verraten hatte. Und er fragte immer nach
100 dem Namen. Jetzt war mir alles gleich, und ich sagte, daß kein anständiger Mann
den Namen verrät, und ich täte es niemals. Da schaute er mich recht falsch an
und schlug sein Buch zu. Dann sagte er: „Du bist eine verdorbene Pflanze in unserem Garten. Wir werden dich ausreißen. Dein Lügen hilft dir gar nichts; ich
weiß recht wohl, an wen der Brief ist. Hinaus!"

105 Ich mußte in die Klasse zurückgehen, und am Nachmittag war Konferenz.

Der Rektor und der Religionslehrer wollten mich dimittieren°. Das hat mir
der Pedell° gesagt. Aber die anderen halfen mir, und ich bekam acht Stunden
Karzer°. Das hätte mir gar nichts ausgemacht, wenn nicht das andere gewesen
wäre.

110 Ich kriegte einige Tage darauf einen Brief von meiner Mama. Da lag ein
Brief von Herrn von Rupp bei, daß es ihm leid täte, aber er könnte mich nicht
mehr einladen, weil ihm der Rektor mitteilte, daß ich einen dummen Liebesbrief
an seine Tochter geschrieben habe. Er mache sich nichts daraus, aber ich hätte sie
doch kompromittiert. Und meine Mama schrieb, sie wüßte nicht, was noch aus
115 mir wird.

Ich war ganz außer mir über die Schufterei; zuerst weinte ich, und dann
wollte ich den Rektor zur Rede stellen; aber dann überlegte ich es und ging zu
Herrn von Rupp.

Das Mädchen sagte, es sei niemand zu Hause, aber das war nicht wahr, weil
120 ich heraußen° die Stimme der Frau von Rupp gehört habe. Ich kam noch einmal,
und da war Herr von Rupp da. Ich erzählte ihm alles ganz genau, aber wie ich
fertig war, drückte er das linke Auge zu und sagte „Du bist schon ein verdammter
Holzfuchs. Es liegt mir ja gar nichts daran, aber meiner Frau." Und dann gab er
mir eine Zigarre und sagte, ich solle nun ganz ruhig heimgehen.

125 Er hat mir kein Wort geglaubt und hat mich nicht mehr eingeladen, weil man
es nicht für möglich hält, daß ein Rektor lügt.

Man meint immer, der Schüler lügt.

Ich habe mir das Ehrenwort gegeben, daß ich ihn durchhaue, wenn ich auf
die Universität komme, den kommunen° Schuften.

130 Ich bin lange nicht mehr lustig gewesen. Und einmal bin ich dem Fräulein
von Rupp begegnet. Sie ist mit ein paar Freundinnen gegangen, und da haben sie
sich mit den Ellenbogen angestoßen und haben gelacht. Und sie haben sich noch
umgedreht und immer wieder gelacht.

Wenn ich auf die Universität komme und Korpsstudent° bin, und wenn sie
135 mit mir tanzen wollen, lasse ich die Schneegänse° einfach sitzen.

Das ist mir ganz wurscht.

– aus *Lausbubengeschichten*

---

vulgar or coarse

decent

(dial.) molars

expel from school

= Hausmeister

detention

= draußen

mean-spirited

*student in a (dueling) corps
(fraternity) / silly girls*

D. Fragen zum Text. Beantworten Sie die folgenden Fragen.

1. Warum ging Ludwig gern zu Herrn von Rupp?
2. Wie wollte Ludwig der Tochter des Herrn von Rupp eines Tages imponieren? Warum?
3. Wie wollte Ludwig der Tochter des Hausmeisters seine Liebe erklären?
4. Warum konnte Ludwig ihr den Brief nicht geben?
5. Was passierte mit dem Brief in der Klasse?
6. Warum las der Lehrer den Brief laut vor?
7. Welche Nachricht erhielt Ludwig von seiner Mutter?
8. Warum glaubte Herr von Rupp dem Jungen nicht?
9. Wie wirkte das Ganze auf Ludwigs Stimmung?
10. Was hat der Lehrer für Ludwig ruiniert?

E. Was meinen Sie? Beantworten Sie die folgenden Fragen.

1. Was wird in dieser Erzählung auch für zukünftige Leser aktuell sein?
2. Hat der Lehrer Ludwig fair behandelt? Warum (nicht)?
3. Warum meinte man früher: „Schüler lügen immer"? Ist das heute noch der Fall?
4. Was wurde aus Ludwigs erster Liebe?

F. Partnerarbeit. Schreiben Sie mit einen Studenten eine Geschichte einer „ersten Liebe". Lesen Sie die Geschichte der Klasse vor.

Vokabelhilfe	
I am in love.	**Ich bin verliebt.**
engaged	**verlobt**
"puppy-love"	**die Schwärmerei, -en**
shy	**schüchtern**
forever	**ewig**
It's none of your business.	**Das geht dich nichts an.**

G. Gedicht. Schreiben Sie ein kurzes Liebesgedicht und lesen Sie es der Gruppe vor. Die Gruppe wählt dann das beste Gedicht und jemand liest es der Klasse vor.

H. Rollenspiel. Machen Sie ein Rollenspiel aus der Geschichte „Meine erste Liebe" und spielen Sie es der Klasse vor. Verwenden Sie mindestens fünf Wörter oder Redewendungen aus dem *Aktiven Wortschatz.*

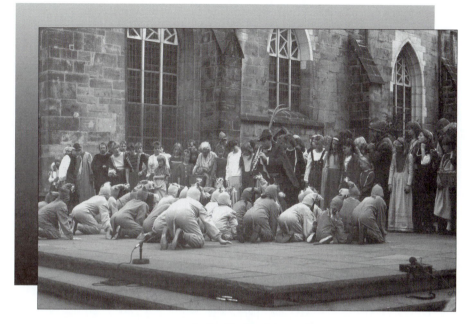

...und alle Kinder folgten ihm.

Feten, Feste und Feiertage

Gespräch:	*Silvesterfete*
Aus der Presse:	*Die Feste feiern wie sie fallen* (Scala)
Grammatik:	Direkte und indirekte Rede
Aus der Literatur:	*Die Landstraßengeschichte* (Margret Rettich)

Jetzt gibt es Feuerzangenbowle.

A. Einführung: Silvesterfete

1. Was sehen Sie auf dem Bild?

2. Was ist ein Feiertag? ein Fest? eine Fete? Welchen Feiertag mögen Sie am liebsten? Haben Sie schon einmal einen deutschen Feiertag mitgefeiert? Erzählen Sie davon!

3. Welche Feiertage gibt es in Amerika? Wie heißen sie auf deutsch? Kennen Sie Feiertage in Deutschland, die es in Amerika nicht gibt? Welche?

4. Wie feiern die Leute in Amerika Silvester? Was haben Sie zum Beispiel zum letzten Jahreswechsel gemacht?

5. Wie wird der Anfang des neuen Jahres in anderen Ländern gefeiert?

6. Warum feiern die Menschen den Jahreswechsel?

Aktiver Wortschatz

Substantive

der Berliner, -   a man from Berlin; a jelly-filled doughnut
die Berlinerin, -nen   a woman from Berlin
die Bude, -n   *(coll.)* (student's) room/apartment
die Fete, -n   *(coll.)* party, celebration
die Kassette, -n   cassette
das Rezept, -e   recipe
die Silvesterfete, -n   New Year's Eve party
die Silvesterparty, -s   New Year's Eve party
der Topf, ̈e   pot, jar, vessel
die Tüte, -n   (paper) bag
die Zitrone, -n   lemon
der Zuckerhut, ̈e   a cone-shaped block of sugar

Verben

an•zünden   to light
sich etwas aus•leihen, ie, ie (von)   to borrow sth. (from)
aus•schmücken   to decorate
bevor•stehen, stand bevor, bevorgestanden + *dat.* to be in store for
sich kümmern um   to take care of (sb./sth.)

Adjektive und Adverbien

geheimnisvoll   mysterious
lecker   *(dial.)* tasty
toll   *(coll.)* fantastic, terrific
übrigens   by the way

Redewendungen und andere Ausdrücke

Es wird schon klappen.   It's going to work out all right.
etwas in den Griff kriegen   *(coll.)* to master sth.; to handle sth. well
(Geht) in Ordnung!   It'll be all right/taken care of.
Ich habe nichts dagegen!   I have nothing against/no objections to that!
mit vereinten Kräften   with a concerted effort
Was denn sonst?   What else?
Wie wär's denn?   How about (it)?

Tonband   *Bärbels Freunde Norbert, Tina, Uli und Klaus treffen sich mit ihr in ihrer Wohnung, um eine Silvesterfete zu planen.*

B. Hauptthemen. Hören Sie sich das Tonband an und beantworten Sie kurz die folgenden Fragen.

1. <u>Wer</u> möchte eine Silvesterfete planen?
2. <u>Wie</u> wollen die Studenten feiern?
3. <u>Was</u> gibt es zum Trinken?
4. <u>Wer</u> soll was mitbringen?
5. <u>Warum</u> zündet man einen Zuckerhut an?
6. <u>Wie</u> kann man erraten, was einem im neuen Jahr bevorsteht?

C. Richtig oder falsch? Hören Sie sich den Dialog ein zweites Mal an und kreuzen Sie die richtigen Aussagen an. Korrigieren Sie außerdem die falschen Aussagen.

1. Bärbel und ihre Freunde wollen auf ihrer Bude Silvester feiern.
2. Uli ißt gern.
3. Bärbels Freunde haben viel Geld für die Fete zur Verfügung.

4. Alle essen gern Studentenfutter.

5. Die Freunde entscheiden sich für einen Rotweinpunsch.

6. Alle haben eine Feuerzangenbowle gesehen.

7. Bei der Fete soll eine Rockband spielen.

8. Bärbel und ihre Freunde wollen tanzen.

9. Norbert bringt Blei für das Bleigießen mit.

10. Bei dieser Fete wird's keine alkoholischen Getränke geben.

D. Lückenübung. Hören Sie noch einmal gut zu und ergänzen Sie den Dialog mit den passenden Wörtern aus dem *Aktiven Wortschatz.*

Silvesterfete

BÄRBEL: Hallo, ... Norbert, Tina, Uli, Klaus, kommt doch 'rein. Ich hoffe, ihr habt viele Ideen mitgebracht, damit unsere Silvesterfete ganz toll wird.

NORBERT: Mit vereinten Kräften wird uns bestimmt 'was einfallen ... hab' keine Angst!

KLAUS: Ja, was wollen wir denn alles machen? Tanzen, essen, trinken ...

und dann muß die _____ natürlich ausgeschmückt werden ... so 'nen richtigen Budenzauber!

ULI: Reden wir erst über das Essen! Das ist doch das Wichtigste! Ich

schlage vor, wir kaufen eine riesige _____ Berliner ... Ich werde zur Bäckerei Süsmuth gehen, deren Berliner schmecken

besonders _____ ... Vielleicht sollten wir außerdem noch Kartoffelsalat und heiße Würstchen haben ...

TINA: Ja, natürlich, und Kartoffelchips und Nüsse zum Knabbern[1] und vielleicht Krabben[2] ...

BÄRBEL: Nee[3] ... Krabben sind zu teuer; wir müssen doch auch ein bißchen aufpassen, daß die ganze Sache nicht so viel kostet.

TINA: Na gut, also dann keine Krabben. Was denn sonst?

BÄRBEL: Vielleicht Studentenfutter[4]?

TINA: Nee ... das finde ich langweilig. Das esse ich jeden Tag. Wie

_____ denn mit Brezeln und Salzstangen?

---

1. snack

2. shrimp

3. *(coll.)* no

4. mixture of raisins, nuts, and other dried fruits = *(coll.)* "student fodder"

| BÄRBEL: | Prima! Die ißt jeder gern. |
| KLAUS: | Laßt uns mal darüber reden, was wir trinken wollen. Was meint ihr? Sollen wir eine Feuerzangenbowle oder einen Rotweinpunsch machen? Es kostet ungefähr das Gleiche. |

25

| ULI: | Weißt du, wie man eine Feuerzangenbowle macht? |
| KLAUS: | Na klar! Wir haben fast jedes Jahr eine gemacht. Ich habe ein prima |

_____.

| ULI: | Ich fände es großartig, wenn wir eine Feuerzangenbowle machen würden. Ich habe nämlich noch nie eine miterlebt. Ist es wahr, daß man den Zuckerhut anzündet und daß er so bläulich brennt? |

30

| KLAUS: | Na klar! Und wenn man das Zimmer verdunkelt, sieht es ganz |

_____ aus. Also wenn es euch allen recht ist, werde ich alles für die Feuerzangenbowle mitbringen: Rotwein, Zitronen- und Orangensaft, Hutzucker und Rum, einen

35

großen _____ und die Feuerzange.[5]

| BÄRBEL: | Super! ... Nun müssen wir noch über die Musik reden. Wer hat denn |

_____, nach denen man tanzen kann?

| ALLE: | (durcheinander) Ich hab' ganz viele! Ach, ich hab' bestimmt ein Dutzend! Gar kein Problem! Wir können sie bestimmt finden! Wir können uns welche ausleihen! |

40

| BÄRBEL: | Ich habe einen Kassettenrecorder, den braucht ihr also nicht mitzubringen! Übrigens ... wir haben ganz vergessen ... wer macht denn den Kartoffelsalat und bringt die Würstchen? |

45 TINA UND NORBERT: (gleichzeitig) Wir können das machen! Klaus macht ja die Feuerzangenbowle und Uli kauft die Berliner, dann bringen wir eben den Kartoffelsalat und die Würstchen ...

| BÄRBEL: | ... und ich werde mich ums Ausschmücken der Bude |

_____: ... ganz viele Papierschlangen,

50

Konfetti, Luftballons ... übrigens _____ ich natürlich gar

nichts _____, wenn ihr mir dabei helfen würdet!

TINA:	Ich komm' gern so gegen fünf Uhr vorbei und helf' dir!
BÄRBEL:	Vielen Dank! ... Sonst noch etwas?
NORBERT:	Ach ja ... , mir fällt grade noch 'was ein! Wir wollen doch bestimmt auch Blei gießen[6], damit wir wissen, was uns im neuen Jahr bevorsteht! Ich hab' noch ganz viel vom vorigen Jahr und bring' alles mit.

55

---

5. pair of long tongs

6. Each participant pours a spoonful of molten lead into cold water. The participants try to guess what the shapes mean and what they foretell about the future.

BÄRBEL: Super! Ist nun alles klar?

ALLE: *(durcheinander)* Klar! Kein Problem! Geht _____

_____! Wird gemacht! Natürlich! Mach' dir keine Sorgen! Es wird schon klappen! Das kriegen wir schon in den Griff! Bestimmt! Ist kein Thema!

BÄRBEL: Wunderbar! Also bis Samstagabend, so um neun herum!

E. Was meinen Sie? Beantworten Sie die folgenden Fragen.

1. Waren Sie schon einmal bei einer Silvesterfete? Wo fand sie statt? Was haben Sie gemacht? Was haben Sie gegessen? Was haben Sie getrunken? Haben Sie getanzt? Haben Sie gespielt? Welche Spiele? Wie lange hat die Party gedauert?

2. Wenn Sie schon mehrere Silvesterpartys mitgemacht haben, erzählen Sie, welche Ihnen am meisten Spaß gemacht hat. Warum?

3. Ist es notwendig, Alkohol zu trinken, um Spaß zu haben? Warum trinken Leute Alkohol? Was ist historisch gesehen die Einstellung der Amerikaner zum Alkohol? Wie denkt man in anderen Ländern über den Alkoholgenuß?

4. Warum feiern die meisten Leute Silvester gern in Gesellschaft von anderen Menschen? Warum machen die Menschen um Mitternacht oftmals Lärm? Warum setzen sie sich in Amerika bunte Hüte auf und schmücken die Zimmer mit Papierschlangen und Konfetti?

F. Minireferat. In Süddeutschland und Österreich ißt man meistens Schweinefleisch am Neujahrstag, weil das im kommenden Jahr Glück bringen soll. Beschreiben Sie andere Feste, an denen ein besonderes Essen eine große Rolle spielt.

Vokabelhilfe

Thanksgiving	**das Erntedankfest,[7] -e**
turkey	**der Truthahn, ̈e**
corncob	**der Maiskolben, -**
cranberry sauce	**die Preiselbeersoße**
Independence Day	**der Unabhängigkeitstag, -e**
hamburger	**der Hamburger, -**
hot dog	**das Würstchen, -**
potato salad	**der Kartoffelsalat, -e**

---

7. a religious holiday (Sunday) at the end of October, which does not have the same connotation as American Thanksgiving.

G. Rollenspiel. Planen Sie eine Silvesterparty mit zwei Freunden. Was gibt es zum Essen und Trinken? Welche Spiele werden gespielt? Welche Musik wollen Sie hören? Wann gehen die Gäste nach Hause? Verwenden Sie mindestens fünf Wörter oder Redewendungen aus dem *Aktiven Wortschatz.*

Vokabelhilfe

champagne	**der Sekt, -e**
shrimp	**die Krabbe, -n**
chips	**die Kartoffelchips**
pretzel	**die Brezel, -n**
Do you have plans for New Year's Eve?	**Hast du zu Silvester schon was vor?**
Shouldn't we plan a party?	**Sollen wir nicht (zusammen) eine Fete organisieren?**
Who is responsible for ...?	**Wer ist für ... zuständig?**
When should we meet?	**Wann sollen wir uns treffen?**
I suggest, we invite a few/many/ a bunch of guests.	**Ich schlage vor, wir laden nur wenige/ viele/eine Menge Gäste ein.**

H. Minireferat oder Rollenspiel. Beschreiben Sie einen Feiertag im Ausland, also weder in Deutschland noch in Amerika. Verwenden Sie mindestens fünf Wörter oder Redewendungen aus dem *Aktiven Wortschatz.*

Der Drachenstich

A. Einführung: Die Feste feiern wie sie fallen

1. Was sehen Sie auf dem Bild?

2. Welche deutschen Volksfeste kennen Sie?

3. Was ist ein Brauch? Welche amerikanischen Bräuche und welche deutschen Bräuche kennen Sie?

4. Was ist ein Drache? Welche Geschichten über Drachen kennen Sie? Warum gibt es wohl Drachengeschichten?

5. Kennen Sie eine Sage? Welche? Aus welchem Land kommt diese Sage?

Aktiver Wortschatz

Substantive

der Anblick, -e sight; look
der Anlaß, *pl.* **Anlässe** cause; reason
die Asche ashes
der Bewohner, -/die Bewohnerin, -nen inhabitant
das Bewußtsein *(no pl.)* consciousness, awareness
das Brauchtumsfest, -e folkloric festival
der Darsteller, -/die Darstellerin, -nen (theater) actor/actress
die Glocke, -n bell
der Kampf, ¨e battle
der Ritter, - knight
die Sage, -n legend; saga
das Schicksal, -e fate; destiny
das Sinnbild, -er symbol
die Spur, -en trace
der Teilnehmer, -/die Teilnehmerin, -nen participant
das Ungeheuer, - monster
das Vergnügen, - pleasure; fun
der Zuschauer, -/die Zuschauerin, -nen spectator

Verben

entführen to abduct, kidnap
erlösen to save, redeem, liberate
läuten to ring (a bell)
mahnen to warn, admonish
retten to save
siegen to be victorious
sich unterscheiden, ie, ie to differ
bezwingen, a, u to conquer; to vanquish

Adjektive und Adverbien

allerdings certainly; nevertheless
erschrocken frightened, afraid
lärmend noisy (noisily)
spannend exciting
verwirrend confusing

Redewendungen und andere Ausdrücke

auf diese Art und Weise in this way and manner

B. Wortschatzanwendung. Ergänzen Sie den Text mit einem passenden Wort oder Ausdruck aus der folgenden Liste:

Anblick   Ritter
auf [diese Art und] Weise   Sage
Bewohner   Schicksal
retten   in Schutt und Asche
Kampf

Der letzte Ritter von Hohenrätien

In der Schweiz am Hinterrhein gibt es eine alte _____ (1) über die Burg der Hohenrätier, die auf einem Felsen hoch über dem Rhein stand. Der letzte

_____ (2) von Hohenrätien war jung, aber sehr wild und grausam. Mit seinen Freunden raubte er das Vieh der Bauern und brannte ihre Häuser

5   nieder. Eines Tages ritt der Ritter in den Wald und sah dort ein Mädchen, das Beeren

sammelte. Beim _____ (3) des wilden Ritters wollte das Mädchen weglaufen, weil es Angst vor ihm hatte. Aber er ergriff das Mädchen, warf es vor sich auf das Pferd und jagte auf seine Burg. Ein Bauer hatte dies gesehen und

lief schnell ins Dorf und rief alle _____ (4) zusammen.

10 Sie wollten das arme Mädchen _____ (5).

Hunderte von Bauern zogen mit Äxten bewaffnet in den _____
(6). Bald stand die Burg in Flammen. Der Ritter wollte zu Pferd aus der brennenden
Burg fliehen, aber die Bauern standen ihm wie eine Mauer und im Wege

und verhinderten _____ diese _____ und _____ (7) seine
Flucht. Der Ritter, mit dem Mädchen hinter sich, wendete sein Pferd und ritt zu der
Seite des Berges, wo der Felsen hoch über den Rhein ragt. Das Pferd stürzte mit dem
Ritter in den Abgrund hinab, wo das Pferd und der Ritter den Tod fanden. Die

Bauern konnten das Mädchen vor diesem _____ (8) bewahren,
indem sie es im letzten Augenblick vom Pferd zogen. Am nächsten Tag lag
die ganze Burg _____ _____ und _____ (9).

C. Hauptthemen. Überfliegen Sie den Text und wählen Sie dann eine passende Über-
schrift für jeden Absatz. Danach ordnen Sie sie in der richtigen Reihenfolge.

____ a. 130 Jugendliche verschwinden aus Hameln.

____ b. Der Maibaum und die rote Nelke sind heutzutage Sinnbilder für die Maifeier der
Arbeiter.

____ c. Ein Drache wurde im Bayerischen Wald getötet.

____ d. Feste bringen Menschen einander näher.

____ e. Brauchtumsfeste sind Feste der Öffentlichkeit.

DIE FESTE FEIERN WIE SIE FALLEN[8]

Drachenstich° in Furth im Wald: Das ganze Städtchen nahe der Grenze zur
ČSSR[9] ist auf den Beinen. Fünfzigtausend Zuschauer säumen die Straßen,
viele sind von weit her angereist, um Deutschlands ältestes Volksschauspiel
mitzuerleben. Ein Wunderwerk der Pyrotechnik ist der 18 Meter lange, vier
Meter breite und dreieinhalb Meter hohe Drache, der Star des bühnenreifen Historienspiels. Flügelschlagend, aus allen Nüstern Glut und Asche speiend, sorgt
das mit Hilfe eines Gabelstaplers angetriebene Ungeheuer für infernalische Ak-
tion. Ein furchterregender Anblick. Nur einer ficht unerschrocken – Udo der
weiße Ritter: Um die Königstochter zu erlösen, muß er den Drachen bezwingen,
so will es nun einmal die Sage. „Wenn man an der Grenze lebt, ist man immer
arm und nie seiner Heimat sicher und immer vogelfrei. Und wenn die Zeiten so
sind, daß der Mensch zum Menschen schlechter ist als das Vieh zum Vieh, dann
hat der Drache seine Zeit", proklamiert mahnend einer der Darsteller. Am Ende
allerdings siegt das Gute: Dramatisch, wie in einem Breitwandfilm aus Holly-

slaying the dragon

---

8. Celebrate the holidays as they come
9. Československá socialistiká republika = the former Czechoslovakia. The western portion of Czechoslovakia is now the Czech Republic.

wood, hebt der Ritter nach dem lärmenden Kampf noch einmal die Lanze, dann
gibt er seinem Pferd die Sporen und sticht zu. Ist das Monstrum besiegt, sein
Lebenslicht ausgeblasen,° läuten in Furth die Glocken. Seit 500 Jahren wiederholt

sein... extinguish his candle
of life

sich dieses Schauspiel, von dem Ethnologen behaupten, es hinterlege auf szenische Art und Weise das schwere Schicksal, das die Hussitenkriege[10] (um 1420)
einst über die Bewohner des Bayerischen Waldes brachten. Der Drachenstich ist
eines der spektakulärsten Brauchtumsfeste in der Bundesrepublik Deutschland
und eines der wenigen, dessen Tradition weit in die Geschichte zurückreicht.

Gefeiert wird überall in den deutschen Ländern, verwirrend bunt und abwechslungsreich ist die Flut der Volksvergnügen, die sich zur Aufgabe gestellt
haben, Geschichte darzustellen. Doch was sind das eigentlich, Brauchtumsfeste?
„Sie unterscheiden sich von den privaten, persönlichen Festen durch ihre Öffentlichkeit. Sie haben meist einen charakteristischen oder überlieferten Anlaß in
lokalen Traditionen oder in wichtigen Daten des Kalenders. Sie werden von einer
bestimmten regionalen oder sozialen Gruppe organisiert, können auf eine weitere
Gruppe Teilnehmender und auf eine lockere und wechselnde Gruppe von
Zuschauern rechnen, gewissermaßen den Festkonsumenten…“, charakterisierte
die Marburger Brauchtumsforscherin Professor Ingeborg Weber-Kellermann auf
soziologische Art…

Ein anderer Brauch, der auf Sitten der Handwerkerschaft und auf dörfliche
Festbräuche zurückgreift und fast überall einen willkommenen Anlaß zum
genußvollen Feiern bietet, ist das Aufstellen eines mit bunten Bildern°
geschmückten Maibaums.[11] Mit ihm wird der Wonnemonat begrüßt, in den Mai

also long and colorful
ribbons in some areas of
Germany

wird getanzt. Auch als Freiheitsbaum wird der Maibaum in seiner
geschichtlichen Dimension gedeutet. Bis in die Zeit der Französischen Revolution läßt sich seine Spur zurückverfolgen° als politisches Symbol des Selbstbe-

trace back

hauptungswillens der Schwachen und Unterdrückten. Die frühe Arbeiterbewe-
gung griff den Brauch auf und machte ihn, neben der roten Nelke, zu ihrem
Zeichen. Für die Maifeier der Arbeiter, einen der wenigen weltlichen Feiertage,
wurde er zum Sinnbild.

Tief ins kollektive Bewußtsein der Bewohner eingehämmert hat sich in
Hameln[12] die Volkssage vom Rattenfänger. Wie ein Rattenfänger im Jahre 1284
mit Schalmeiklängen° vermutlich 130 Jugendliche auf Nimmerwiedersehen aus

tones of a shaum (musical
instrument)

der Weserstadt entführte, wird alljährlich nachgespielt. Der Dichter und Dramaturg Carl Zuckmayer[13] hat die Sage, von der er sagte, sie sei eine der spannendsten überhaupt, vor Jahren zu einem seriösen Bühnenerfolg gemacht.

…In den Kulturbetrieb der Provinzstädtchen und der Dörfer bringen diese
Feste außergewöhnlich viel Schwung°, und auch die Menschen kommen sich auf

vitality, life

diese Weise einander näher.

– von Peter Hintereder aus *Scala*

---

10. Wars between the followers of Jan Hus, religious and social reformer, and the Catholic authorities.

11. a decorated pole or a tree around which dancing takes place on May 1

12. a small city in northern Germany on the Weser River

13. German writer and dramatist (1896–1977)

D. Was stimmt? Kreuzen Sie alle richtigen Antworten an. Mehr als eine Antwort kann richtig sein.

1. Wo liegt Furth?

   a. an der Grenze zu Österreich
   b. im Bayerischen Wald
   c. an der Grenze zu Polen
   d. in der ČSSR

2. Wie sieht der Drache beim Fest in Furth aus?

   a. Er ist 18 Meter lang.
   b. Er ist 4 Meter hoch.
   c. Er spuckt Glut und Asche.
   d. Er bewegt seine Flügel.

3. Warum bekämpft Udo der weiße Ritter den Drachen?

   a. Er will die Königstochter befreien.
   b. Er will die Königstochter heiraten.
   c. Der Drache bedroht viele Menschen in Furth.
   d. Der Drache stiehlt viel Vieh von den Bauern.

4. Warum läuten die Glocken am Ende des Kampfes zwischen Drachen und Ritter Udo?

   a. Weil der Drache gesiegt hat.
   b. Weil der Ritter gesiegt hat.
   c. Weil das Fest zu Ende ist.
   d. Weil die Glocken Glück bringen.

5. Was symbolisiert der Drachenkampf in Furth?

   a. Die Menschen in der Gegend waren um 1420 von einer großen Gefahr bedroht.
   b. Die Menschen mußten in den Hussitenkriegen gegen einen Drachen kämpfen.
   c. Die Menschen mußten in der Vergangenheit immer gegen Drachen kämpfen.
   d. Das Leben an der Grenze ist immer sehr gefährlich.

6. Worauf geht der Brauch, einen bunten Maibaum aufzustellen, zurück?

   a. auf genußvolle Feiern
   b. auf den Wonnemonat
   c. auf Sitten der Handwerkerschaft
   d. auf Festbräuche in Dörfern

7. Welche geschichtlichen Dimensionen hat dieser Brauch?

   a. Man weiß, daß zur Zeit der Französischen Revolution Freiheitsbäume aufgestellt wurden.
   b. Die Freiheitsbäume symbolisierten den Selbstbehauptungswillen der unterdrückten Bevölkerung.
   c. Die Arbeiter benutzten den Freiheitsbaum am Anfang ihrer Bewegung als Symbol.
   d. Auch die Kirche hat den Maibaum als Sinnbild benutzt.

8. Was geschah in Hameln der Sage nach?

    a. Ein Mann gab auf einer Schalmei ein Konzert.

    b. Ein Mann sagte 130 Jugendlichen, daß sie mitkommen sollten.

    c. Ein Mann spielte so schön auf seiner Schalmei, daß einige Jugendliche mitgegangen sind.

    d. Ein Mann spielte so schön auf seiner Schalmei, daß 130 Jugendliche mit ihm gegangen und niemals wiedergekommen sind.

E. Was meinen Sie? Beantworten Sie die folgenden Fragen.

1. Haben Sie schon einmal ein Volksfest gesehen oder besucht? Erzählen Sie.

2. Was ist der Zweck von Volksfesten? Warum besuchen Leute Volksfeste?

3. Worauf basieren Volksfeste? Welchen Ursprung haben sie? Basieren sie auf geschichtlichen Ereignissen, kirchlichen Traditionen oder Sagen und Legenden?

4. Warum glaubten so viele Leute an Drachen? Welche andere Drachengeschichten kennen Sie?

5. Was symbolisieren Drachen für das Volk?

6. Wie feiern wir in Amerika den 1. Mai? Woran denken Sie, wenn Sie das Wort Maifeier hören? Was wissen Sie über Maifeiern in anderen Ländern?

F. Grammatik: Indirekte Rede. Sie sind Reporter für Ihre Studentenzeitung und wollen über den Drachenstich, den Sie im Sommer in Deutschland gesehen haben, berichten. Schreiben Sie für Ihren Bericht die folgenden Sätze im Konjunktiv I (indirekte Rede) und stellen Sie gleichzeitig die Wörter an die richtige Stelle.

BEISPIEL: Der Volksmund sagt // man / sollen / feiern / Feste // wie / sie / fallen.
Der Volksmund sagt, man solle Feste feiern wie sie fallen.

1. Der Journalist schreibt // das ganze Städtchen / sein / auf den Beinen.

2. Die Dorfbewohner meinen // der 18 Meter lange Drache / der Star / sein / des Historienspiels.

3. Der Berichterstatter schreibt // Udo der weiße Ritter / fechten / unerschrocken.

4. Die Sage verlangt // der Ritter / den Drachen / müssen / bezwingen.

5. Einer der Darsteller verkündet // der Drache / haben / seine Zeit // wenn die Menschen schlecht sind.

6. Ethnologen behaupten // das Schauspiel / hinterlegen / auf szenische Art und Weise / das schwere Schicksal / der Bewohner des Bayerischen Waldes.

7. Der Artikel behauptet // die Tradition des Drachenstichs / zurückreichen / weit in die Geschichte.

8. Er fragt // was / Brauchtumsfeste / sein / eigentlich?

9. Eine Marburger Brauchtumsforscherin charakterisiert auf soziologische Art // Brauchtumsfeste / werden / organisieren / von regionalen oder sozialen Gruppen.

G. **Grammatik: Direkte Rede.** Stellen Sie sich vor, Sie erklären einem amerikanischen Freund, der mit Ihnen einem Brauchtumsfest zuschaut, Sinn und Geschichte einiger Handlungen. Die folgenden Sätze sind alle in indirekter Rede geschrieben und enthalten einen Konjunktiv. Nun sprechen Sie direkt zu Ihrem Freund, indem Sie die Sätze noch einmal formulieren und die *direkte Rede* und den Indikativ benutzen. Achten Sie auch auf die Pronomen.

> BEISPIEL: Der Volksmund sagt, man solle die Feste feiern wie sie fallen.
> *Ich sage: „Man soll die Feste feiern wie sie fallen.“*

1. Der Journalist berichtet, viele Leute seien von weit her angereist, um das Volksschauspiel mitzuerleben.

2. Professor Weber-Kellermann sagt, Brauchtumsfeste könnten auf eine lockere und wechselnde Gruppe von Zuschauern rechnen.

3. Der Journalist belehrt uns, das Aufstellen eines Maibaums greife auf Sitten der Handwerkerschaft und auf dörfliche Festbräuche zurück.

4. Der Leser lernt, der Maibaum lasse sich bis in die Zeit der Französischen Revolution zurückverfolgen.

5. Der Artikel berichtet, der Maibaum sei zum Sinnbild für die Maifeier der Arbeiter geworden.

6. Peter Hintereder schreibt, die Volkssage vom Rattenfänger habe sich tief ins kollektive Bewußtsein eingehämmert.

7. Der Dichter Carl Zuckmayer sagte, die Sage vom Rattenfänger sei eine der spannendsten Geschichten überhaupt.

8. Der Journalist schreibt, die Feste brächten außerordentlich viel Schwung in die Provinzstädtchen.

9. Er meint, die Menschen kämen einander auf diese gesellige Art und Weise näher.

H. Rollenspiel. Wählen Sie ein deutsches Fest, zum Beispiel, das Oktoberfest, den Fasching, das Passionsspiel von Oberammergau, die Landshuter Hochzeit usw. und machen Sie ein Rollenspiel für zwei bis drei Studenten daraus. Einer oder zwei von den Rollenspielern können Touristen sein, die viele Fragen über das Fest stellen. Verwenden Sie mindestens fünf Wörter oder Redewendungen aus dem *Aktiven Wortschatz*.

Vokabelhilfe

parade	**der Umzug, ⸚e; die Parade, -n**
bride	**die Braut, ⸚e**
bridegroom	**der Bräutigam, -e**
marriage	**die Ehe, -n**
honeymoon	**die Flitterwoche**

I. Minireferat. Wählen Sie eine deutsche Sage (über die Lorelei, den Mäuseturm von Bingen, die Bremer Stadtmusikanten, den Rattenfänger von Hameln usw.) und erzählen Sie sie. Wenn möglich, zeigen Sie der Klasse Bilder, um das Ganze verständlicher zu machen. Verwenden Sie mindestens fünf Wörter oder Redewendungen aus dem *Aktiven Wortschatz*.

Diesmal feiern wir Weihnachten woanders.

A. Einführung: Die Landstraßengeschichte

1. Welche Jahreszeit zeigt das Bild? Woher wissen Sie das?

2. Wer sitzt im Auto? Wohin könnte diese Familie fahren? Was sehen Sie auf dem Auto?

3. Warum machen der Mann und die Frau böse Gesichter?

4. Machen die Kinder auch böse Gesichter oder freuen sie sich? Worauf oder worüber freuen sich die Kinder?

5. Wie ist das Wetter in Ihrer Gegend im Winter? Gibt es immer Schnee zu Weihnachten? Was kann man im Winter alles tun?

Aktiver Wortschatz

Substantive

der Karton, -s   cardboard box, carton
das Klo, -s   *(inform.)* toilet, lavatory
der Kofferraum, ̈e   trunk; luggage space
das Lenkrad, ̈er   steering wheel
das Rad, ̈er   tire, wheel
die Leiter, -n   ladder
der Vorschlag, ̈e   suggestion; proposal

Verben

auf•tauchen   to rise up, emerge
bremsen   to brake
sich entsinnen, a, o   to remember, recall
halten lassen (ä), ie, a   to make (sb./sth.) stop
hupen   to honk
jammern über + *acc.*   to lament, wail over
(sich) schmücken   to adorn, decorate
schnallen   to buckle; to strap
(sich) um•kehren   to turn around; to turn upside down
verstauen   to stow away

Adjektive und Adverbien

ausgerechnet   just, exactly
belegt   occupied; covered; lined
friedlich   peaceful(ly), untroubled
nirgend(s)   nowhere, not anywhere
unvermutet   unexpected, unforeseen
wütend   furious, raving

Redewendungen und andere Ausdrücke

ausgerechnet er   he of all people
Er kann es nicht leiden.   He can't stand it.
Es ist (war, ist gewesen) mir peinlich.   I am embarrassed by that.
in Streit geraten (ä), ie, a (mit)   to have a quarrel (or words) with (sb.)
Ist (war, ist gewesen) das Ihr Ernst?   Do you really mean it?
sehr stolz sein (war, ist gewesen) auf + *acc.*   to be very proud of (sb./sth.)
sich die Füße (Beine) vertreten (vertritt), vertrat, vertreten   to stretch one's legs
sich (nicht) trauen etwas zu sagen   (not) to dare to say sth.
vor Vergnügen (Wonne) kreischen   to scream with delight
zum Vorschein kommen (kam, ist gekommen) (*aux.* **sein**)   to come forward (or to light), appear

---

B. **Wortschatzanwendung**. Ergänzen Sie den Text mit einem passenden Wort oder Ausdruck aus der folgenden Liste:

auf•tauchen	Kofferraum
sich entsinnen	jammern
friedlich	verstauen
in Streit geraten	Vorschlag
Karton	wütend
Klo	

Die Reise

Wenn die Feiertage sich nähern, werden die Kinder ganz aufgeregt. Sie _____

darum manchmal miteinander _____ _____ (1), ohne dies wirklich
zu wollen. Doch meistens vertragen sich die beiden Knirpse und sind

_____ (2).

Am Tag vor der Abreise half der achtjährige Sohn Werner dem Vater beim

Laden des Gepäcks in den _____ (3) des Autos. Ursel, Werners

vierjährige Schwester, mußte inzwischen auf's _____ (4). Die Mutter

brachte noch einen _____ (5) mit Spielsachen für die Kinder mit.
    Aber ausgerechnet am nächsten Morgen hatte ein Reifen des Familienwagens

keine Luft mehr. Obwohl der Wagen nur in der Garage gestanden hatte, war die Luft
aus den Reifen entwichen. So ein Pech! Nun mußte die ganze Familie den Kofferraum wieder auspacken, denn das Reserverad war ganz unten im Kofferraum.
Plötzlich geschah etwas ganz Unerwartetes. Papa wurde außerordentlich

_____ (6). Das Reserverad war nicht im Kofferraum. Papa

suchte in der Garage und im Keller, aber er konnte _____ nicht

_____ (7), wohin er das Rad gesteckt hatte.
    Die beiden Kinder begannen schon über das langweilige Warten zu

_____ (8). Da machte die Mama einen guten

_____ (9): Die Kinder sollen beim Suchen helfen. Mama ging

ins Haus, um sich auszuruhen. Bald danach _____ Werner mit dem

Reserverad _____ (10). Er hatte es im Keller _____
(11) und hatte es ganz und gar vergessen. Nun kam die Mutter auch wieder zum
Vorschein und die Reise konnte endlich losgehen.

Über die Autorin *Margret Rettich (*1926)*

Margret Rettich (geb. Müller) wurde in Stettin an der Oder geboren. Der Zweite Weltkrieg bestimmte ihre Jugendjahre: Das Elternhaus wurde ausgebombt, und sie wurde einige Zeit zum Dienst verpflichtet. Sie floh vor den nahenden sowjetischen Truppen, die Heimatstadt wurde polnisch besetzt. Schließlich fand die Familie Unterkunft in Erfurt, wo Margret 1946 in die Kunstgewerbeschule aufgenommen wurde. Nach Beendigung ihrer Ausbildung als Gebrauchsgraphikerin (1951), arbeitete sie als freie Künstlerin. Es war ein eigenartiger Zufall, daß Rolf Rettich eines Tages zu ihrem Elternhaus kam. Er hatte früher in dem Haus gewohnt und war nach Erfurt gekommen, um sich sein Elternhaus noch einmal anzusehen. Er war auch graphischer Künstler. Bei diesem Besuch lernten Margret und Rolf sich kennen ... zwei Jahre später waren sie verheiratet. Sie zogen nach Leipzig. Nach dem Tode ihrer Eltern siedelten sie in die Bundesrepublik über und leben jetzt in einem kleinen Dorf in der Nähe von Braunschweig. Zunächst illustrierte Margret Kinderbücher, 1970 fing sie aber an, selber Bücher zu schreiben. 1981 erhielt sie den Deutschen Jugendliteraturpreis.
    Margret und Rolf Rettich haben gemeinsam mehr als 250 Bücher illustriert und vierzig selber geschrieben. „Die Landstraßengeschichte" behandelt ein sehr ungewöhnliches Weihnachtsfest. Papa, der eigentlich ein guter und friedlicher Mensch ist, wird im Streit mit Oma wütend und die Familie muß dann den Weih-nachtsabend auf der Landstraße verbringen.

C. Hauptthemen. Überfliegen Sie den folgenden Text und ordnen Sie dann die Hauptthemen in der richtigen Reihenfolge.

___ a. Die Familie erfuhr, daß Tante Luise verreist war.

___ b. Die Familie fuhr los – mit dem Baum, aber ohne Oma.

___ c. Papa gab Oma einen Kuß.

___ d. Papa riß den Schmuck vom Baum ab.

___ e. Die Familie aß Kartoffelsuppe bei Papas Freund.

___ f. Sie versuchten bei verschiedenen Gasthäusern, ein Zimmer zu finden.

___ g. Papa schnallte den Baum auf das Autodach.

___ h. Die Familie versuchte, den Vetter auf dem Bauernhof zu besuchen.

___ i. Die Oma meinte, der Baum stünde besser neben dem Fenster.

___ j. Papa holte den Baum vom Autodach und stellte ihn hinter die Tür.

DIE LANDSTRASSENGESCHICHTE

Daß sie Weihnachten im Auto verbringen mußten, hatte ihnen Papa eingebrockt. Er wird manchmal sehr wütend und macht dann unmögliche Sachen. Später tut es ihm leid, denn eigentlich ist er gut und friedlich.

Dieses Mal war er wütend über Oma, das ist die Mutter von Mama. Papa und
5 Mama sind zu ihr in das Haus gezogen, damit sie nicht allein wohnt. Es war damals nach dem Tod von Opa und ist nun schon lange her. Inzwischen sagen Papa und Mama: „Die Oma wohnt bei uns.“

Aber Oma sagt immer noch: „Ihr wohnt bei mir!“

Papa kann es nicht leiden, wenn sie das sagt.

10 Mama lacht darüber und meint: „Laß sie reden, und ärgere dich nicht.“

Warum mußte Oma aber ausgerechnet am Weihnachtsvormittag wieder damit anfangen? Papa stand im Wohnzimmer auf der Leiter und schmückte den Baum. Er steckte gerade die Silberspitze auf, als Oma hereinkam und fragte: „Warum steht der Baum hinter der Tür?“

15 „Wo sollte er sonst stehen?“ entgegnete Papa.

„Bei mir pflegte er links vom Fenster zu stehen“, sagte Oma.

„Und jetzt steht er hinter der Tür“, gab Papa von der Leiter herab zurück.

„Solange ihr bei mir wohnt, solltet ihr auf mich hören“, erwiderte Oma. Und dann gerieten sie in Streit. Sie sagten dies und das, und als Mama aus der Küche
20 kam, um sich einzumischen, redeten alle durcheinander.

Papa war sehr wütend.

Er riß den Schmuck wieder vom Baum und warf ihn in die Kartons zurück.

„Was tust du?“ rief Mama.

„Pack die Geschenke, Süßigkeiten, Betten und Zahnbürsten ein. Wir feiern
25 Weihnachten woanders. Irgendwo werden wir willkommen sein und unseren Baum da aufstellen dürfen, wo wir es wollen.“

Er nahm den Baum, rannte damit nach draußen und schnallte ihn auf das Autodach.

Auf dem Hof spielte Nickel mit seinem Freund. „Was machst du?" fragte er
30 Papa.

„Wir verreisen. Und weil wir unterwegs Weihnachten feiern werden, brauchen wir unseren Baum!" rief Papa und war schon wieder im Haus.

„Toll", sagte Nickels Freund. Und Nickel war sehr stolz auf Papa, der manchmal so unmögliche Sachen machte.

35 Oma lief hinter Papa her und jammerte: „So war es doch nicht gemeint!" Aber er schob sie bloß beiseite.

Mama rief: „Ist das wirklich dein Ernst?" Aber Papa hatte schon die Betten in eine Wolldecke geschnürt und verstaute sie im Kofferraum. Da kramte Mama alle Geschenke zusammen und packte etwas Wäsche und Kleidung ein. Sie holte
40 aus der Küche die Kuchen, und Oma brachte eine Thermosflasche mit heißem Tee.

Dann zog Mama den Maxel warm an und setzte ihn auf sein Stühlchen hinter sich ins Auto. Nickel gab Oma einen Kuß, winkte und schon ging die Fahrt los.

Papa war immer noch wütend und fuhr sehr schnell. Er drehte das Lenkrad,
45 daß ihre Köpfe hin und her flogen. Er bremste, daß alle nach vorn kippten. Er hupte, wenn ihm andere Autos keinen Platz machten.

Das gefiel Nickel, und der Maxel kreischte vor Vergnügen.

Aber Mama sagte: „Bitte fahr vorsichtig, oder ich steige aus."

Da wurde Papa ruhiger.

50 Später fragte Mama: „Wohin fahren wir eigentlich?"

Papa antwortete: „Zu meiner Tante Luise. Du wirst sehen, daß es uns dort besser geht als bei deiner Mutter."

Es war Mama peinlich, einfach so zu Tante Luise zu fahren. Immerhin waren sie vier Personen, es war Weihnachten, und Tante Luise hatte keine Ahnung, daß
55 sie kamen. Jedoch mit Papa war nicht zu reden.

Nach einer Stunde erreichten sie die Stadt, in der Tante Luise wohnte. Sie fuhren vor das Haus, und Papa stieg aus, um zu klingeln. Er klingelte noch mal und noch mal, aber es machte niemand auf.

Im Nebenhaus rief eine Frau aus dem Fenster: „Da ist niemand zu Hause",
60 und sie erzählte Papa, daß Tante Luise verreist sei, weil sie Weihnachten nicht allein sein wollte. Ja, wenn sie gewußt hätte, daß Besuch kommt, wäre sie sicher geblieben und hätte sich gefreut.

„Schon gut", sagte Papa, „besten Dank und frohes Fest." Er startete wieder.

„Wohin fahren wir jetzt?" fragte Mama.

65 Papa entsann sich, daß er in dieser Stadt einen alten Schulfreund hatte. Papa meinte, der würde sich bestimmt freuen, wenn sie so unvermutet auftauchten, denn er sei früher ein lustiges Haus° gewesen.   jolly fellow

Mama war nicht so sicher, aber sie sagte nichts.

Nickel rief: „Fein, wir fahren in ein lustiges Haus!" Und der Maxel kreischte
70 vor Wonne.

Papas Freund war zwar zu Hause, doch besonders lustig war er nicht. Er erinnerte sich nicht einmal an Papa und mußte eine Weile grübeln. Erst als er Nickel sah, wußte er es, denn Nickel sah genauso aus wie Papa früher.

Er bat sie in seine Wohnung, und weil es Mittag geworden war, brachte seine
75 Frau für jeden einen Teller Kartoffelsuppe. Mama durfte im Nebenzimmer den
Maxel trockenlegen, und Nickel durfte mal aufs Klo. Dann sagte Papas Freund:
„Sicher habt ihr noch eine weite Fahrt vor euch. Wir wollen euch nicht aufhalten.
Heute hat jeder noch viel zu tun. Es war nett, daß ihr uns mal kurz besucht habt."

Papa traute sich nicht, etwas zu sagen. So kletterten alle wieder in das Auto
80 und fuhren weiter. Der Freund und seine Frau standen vor ihrem Haus und wink-
ten.

Nicht weit von hier hatte Papa einen Vetter. Der hatte eine Frau und drei
Kinder und einen Bauernhof mit viel Platz. Dort waren sie früher oft gewesen,
aber weil der Vetter so ähnlich wie Papa war und leicht wütend wurde, waren sie
85 es einmal zur gleichen Zeit und hatten sich verkracht.

„Wir sollten zu deinem Vetter fahren", sagte Mama jetzt.

Das war für Papa sehr unangenehm, aber er sah ein, daß Mama einen guten
Vorschlag gemacht hatte. Vor dem Bauernhof blieb er im Auto sitzen und
schickte Mama ins Haus. Nickel wollte gleich mit, aber Papa hielt ihn fest. Als
90 Mama wiederkam, setzte sie sich und sagte zu Papa: „Fahr nur gleich weiter."

„Ist er mir noch böse?" fragte Papa.

„Das nicht, erwiderte Mama, „aber er und die drei Kinder liegen im Bett und
haben Ziegenpeter°. Den haben Nickel und Maxel noch nicht gehabt."   mumps

Papa war sehr schweigsam.
95 Mama ließ ihn von jetzt an bei jedem Gasthaus halten und nach Zimmern
fragen. Doch sie hatten kein Glück. Entweder war geschlossen, oder alle Zimmer
waren belegt.

Nickel und Maxel hatten Hunger, und Mama gab ihnen Lebkuchen. Einmal
hielt Papa an, und alle vertraten sich die Füße.
100 Als sie wieder fuhren, fragte Nickel, wann endlich Bescherung sei. Er wollte
nun gern seine Geschenke haben.

„Wenn wir da sind", sagte Mama.

„Wann sind wir da?" fragte Nickel.

Mama sagte zu Papa: „Bitte, laß uns umkehren." Und wirklich, Papa drehte
105 um.

Sie fuhren nun fast allein auf der Straße. Es war dunkel. Der Maxel schlief.
Mama und Nickel sangen Weihnachtslieder. Dann schlief Nickel auch.

Später hielten sie noch einmal an, und Mama schenkte Papa den heißen Tee
ein.
110 „Gut, daß du daran gedacht hast", sagte er.

„Daran hat Oma gedacht", sagte Mama.

Als sie zu Hause ankamen, brannte nirgends mehr Licht. Mama trug den
Maxel ins Bett, und Papa schleppte Nickel.

Die merkten nichts.
115 Als am anderen Morgen noch alle schliefen, holte Papa den Baum vom
Autodach, stellte ihn ins Wohnzimmer hinter die Tür und fing an, ihn zu
schmücken. Als er halb fertig war, nahm er ihn und stellte ihn links vom Fenster
auf. Mama kam und brachte die Geschenke. Sie trug Maxel ins Zimmer, und
Nickel sprang hinter ihr her. Papa zündete die Kerzen an.
120 „Jetzt feiern wir endlich Weihnachten!" rief Nickel.

Aber Papa sagte: „Wartet einen Augenblick." Er holte Oma, die noch nicht zum Vorschein gekommen war. Er drückte sie an sich, gab ihr einen Kuß und rief: „Frohe Weihnachten!" Papa ist meist der friedlichste und beste Mensch.

„Was bin ich froh, daß ihr wieder da seid!" sagte Oma. „Ich wohne so gern
125 bei euch. Aber", setzte sie hinzu, „ist es nicht wirklich besser, wenn der Baum links vom Fenster steht statt hinter der Tür?"

„Oma!" rief Mama.

Aber Papa lachte.

– aus Wirklich wahre Weihnachtsgeschichten

D. Fragen zum Text. Beantworten Sie die folgenden Fragen.

1. Warum macht der Papa manchmal unmögliche Sachen? Ist das normal?
2. Warum sind Mama und Papa zur Oma gezogen? Wem gehört das Haus eigentlich? Wie reden die Eltern darüber?
3. Wo wollte Oma den Baum hinstellen?
4. Warum stritten sich Oma und Papa?
5. War Oma wirklich böse? Was gab sie der Familie mit?
6. Wohin wollte Papa fahren? Hat er vorher angerufen? Warum (nicht)?
7. Wie empfing Papas Freund die Familie? Warum?
8. Warum konnte die Familie nicht beim Vetter bleiben?
9. Warum waren in den Gasthäusern keine Zimmer frei?
10. Welchen Vorschlag machte schließlich Mama? Warum?

E. Was meinen Sie? Beantworten Sie die folgenden Fragen.

1. Warum streiten sich Menschen zur Weihnachtszeit?
2. Was glauben Sie, wie alt der Maxel ist? Woher wissen Sie das?
3. Wohin stellte Papa den Weihnachtsbaum am Ende der Geschichte? Warum gab er nach?
4. Warum stellte Oma die Frage über den Baum ein zweites Mal?
5. Haben Sie noch Großeltern? Wo wohnen sie? Wie oft sehen Sie sie? Haben sie Eigenarten? Welche?
6. Haben Sie andere Verwandte in der Stadt oder in der Nähe? Wen? Wie oft sehen Sie sie? Unternehmen Sie öfter mal etwas mit Ihren Verwandten zusammen? Was? Verstehen Sie sich gut mit ihnen? Wenn Sie sich streiten, worüber streiten Sie sich?
7. Wo feiern Sie Weihnachten? Warum?
8. Haben Sie Familientreffen? Machen Sie gern mit? Warum (nicht)? Wer kommt?

F. Diskussion. Gruppen von drei bis vier Studenten besprechen die Weihnachtszeit: Beschenken Sie sich in Ihrer Familie zu Weihnachten? Kennen Sie andere Länder oder Religionen, in denen man Geschenke um die Weihnachtszeit bzw. zur Neujahrszeit gibt? Welche? Wann? Was für Geschenke?

G. Monolog. Jeder erzählt von einem außergewöhnlichen oder unvergeßlichen Feiertag. Zum Beispiel, als Sie zum ersten Mal herausfanden, daß es keinen Weihnachtsmann gibt. Oder Sie mußten an einem Feiertag im Krankenhaus bleiben. Jede Gruppe wählt die beste Geschichte, die dann vor der ganzen Klasse wiedererzählt wird.

H. Rollenspiel. Erfinden Sie ein ähnliches Minidrama, in dem ein Vater, eine Mutter, zwei Kinder und eine Großmutter oder ein Großvater eine kleine Auseinandersetzung haben. Verwenden Sie mindestens fünf Wörter oder Redewendungen aus dem *Aktiven Wortschatz*. Führen Sie das Drama in der Klasse vor.

KAPITEL 4

Horoskope, Aberglauben und Märchen

Gespräch:	*Ihr Horoskop*
Aus der Presse:	*Sind Sie wirklich gar nicht abergläubisch?* (Brigitte)
Grammatik:	Relativpronomen
Aus der Literatur:	*Die zertanzten Schuhe* (Jacob und Wilhelm Grimm)

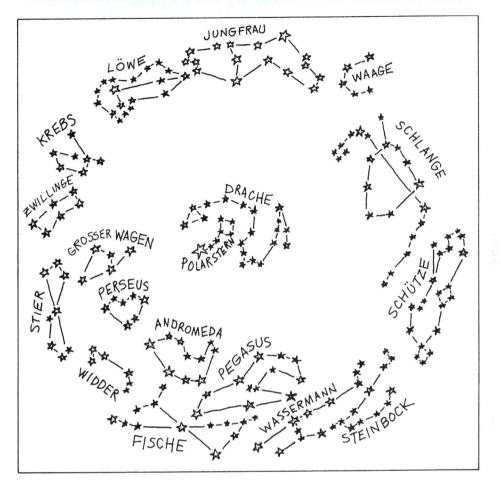

Nördlicher Sternhimmel

A. Einführung: Ihr Horoskop

1. Welche Sternbilder kennen Sie?

2. Glauben Sie an Horoskope? Haben Sie sich schon einmal Ihr eigenes Horoskop stellen lassen? Warum (nicht)?

3. Welche andere Arten, die Zukunft vorauszusagen, gibt es?

4. Warum lassen sich einige Leute die Zukunft voraussagen?

Aktiver Wortschatz

Substantive

der Erfolg, -e   success
die Geschäftswelt, -en   business world
das Geschlecht, -er   sex; gender
der Geschmack, ⸚e   taste; flavor
das Mitleid   pity, compassion
die Nahrung   food
das Verhältnis, -se   proportion; relationship
die Verhältnisse *(pl.)*   conditions; circumstances
der Verstand   reason; mind; intellect
das Verständnis, -se   understanding; sympathy
die Weisheit, -en   wisdom
die Weltanschauung, -en   philosophy of life
der Wert, -e   value
das Ziel, -e   destination; goal; aim; objective

Verben

aus • führen   to take out; to carry out; to execute

Adjektive und Adverbien

ausgeschlossen   impossible; out of the question
begabt   talented
beharrlich   persistent
erfindungsreich   inventive
erfolgreich   successful
geheimnisvoll   mysterious
gesichert   firm; safe; secure
unbedingt   absolutely
unwiderstehlich   irresistible
vielbegabt   multi-talented

Redewendungen und andere Ausdrücke

Sie ist (war, ist gewesen) mir sympathisch.   She appeals to me; I like her.

Tonband: *Horoskope für die 12 Tierkreiszeichen werden nun vorgelesen.*

B.   **Hauptthemen:** Hören Sie sich das Tonband an und beantworten Sie dann kurz die folgenden Fragen!

1. <u>Wer</u> ist ein glücklicher Optimist?

2. <u>Wer</u> respektiert Tradition und ist praktisch veranlagt?

3. <u>Wer</u> ist begabt und erfindungsreich?

4. <u>Wer</u> arbeitet schwer und wäre ein ausgezeichneter Lehrer?

5. <u>Wessen</u> Leben ist klar geordnet?

6. <u>Wer</u> wird leicht ungeduldig und zornig?

C. Hauptthemen: Hören Sie sich das Tonband ein zweites Mal an und entscheiden Sie, welche Persönlichkeitsbeschreibung in Spalte B zu dem Sternbild in Spalte A paßt.

A	B
1. Löwe	a. Ich brauche einen Partner mit viel Humor.
2. Jungfrau	b. Ich brauche viel Liebe und eine glückliche Ehe, um mein Leben erfolgreich zu machen.
3. Krebs	
4. Steinbock	c. Andere Leute finden mich sehr komplex.
5. Zwillinge	d. Ich studiere viel und gern.
6. Waage	e. Ich reise gern in alle Länder der Welt.
7. Fische	f. Ich liebe jedermann.
8. Schütze	g. In der Liebe bin ich voll Feuer.
9. Widder	h. Ich würde gern heiraten.
10. Skorpion	i. Ich bin Experte in der Geschäftswelt.
11. Wassermann	j. Ich bin in allem extrem und darum bin ich weniger erfolgreich in der Liebe.
12. Stier	
	k. Ich sollte Diplomat werden.
	l. Ich bin unwiderstehlich für das andere Geschlecht.

D. Lückenübung: Hören Sie sich das Tonband noch einmal an und ergänzen Sie den Dialog mit den passenden Wörtern aus dem *Aktiven Wortschatz!*

Ihr Horoskop

Die Sterne lügen nicht, sagt man.

STEINBOCK: 22. Dezember bis 20. Januar.

Sie sind Experte in der _____, ziemlich materialistisch.

Sie verfolgen Ihre Ziele mit viel Konzentration. _____ in der Liebe. Sie sind humorvoll und werden ein langes, erfolgreiches Leben haben.

5   **WASSERMANN:** 21. Januar bis 19. Februar.

Sie haben für Ihre Mitmenschen viel _____ und Mitleid. Sie lieben jedermann, und ein Liebesverhältnis mit nur *einer* Person ist

_____. Sie sind romantisch, poetisch und intelligent.

FISCHE: 20. Februar bis 20. März.

10 Privat sind Sie scheu und _____. Andere Leute finden Sie sehr komplex. Sie wünschen sich Liebe und eine gesicherte Existenz. Sie

brauchen vielleicht Liebe mehr als _____! Sehr geduldig sind Sie auch.

WIDDER: 21. März bis 20. April.

15 Sie sind ein glücklicher Optimist, oft beginnen Sie mehr als Sie _____ können. Sie sind aber auch etwas impulsiv und brauchen einen Partner mit viel Humor. Mit Ihrer großen Energie sollten Sie Chirurg oder Zahnarzt werden. Sehr enthusiastisch.

STIER: 21. April bis 21. Mai.

20 Sie sind sehr _____ und lieben Details. Sie respektieren Tradition und sind praktisch. Sie sind nicht gerade gefühlvoll, sondern realistisch, aber mit viel Charme. Sie würden gern heiraten.

ZWILLINGE: 22. Mai bis 21. Juni.

Sie sind _____ und erfindungsreich. Ein Meister der Konversa-
25 tion. Eigentlich sind Sie zwei Menschen in einem. Sie lieben nur intellektuelle Men-

schen und studieren viel und gern. Geld hat wenig _____ für Sie.

KREBS: 22. Juni bis 23. Juli.

Sie brauchen unbedingt eine _____ Existenz. Sie sind sensibel, oft geheimnisvoll. Sie suchen immer nur den idealen Menschen, der Ihr Partner wer-
30 den soll, denn Sie brauchen viel Liebe und eine glückliche Ehe, um Ihr Leben

_____ zu machen.

LÖWE: 24. Juli bis 23. August.

Sie sind ein ausgezeichneter Führer, treu und _____ . Sie sind gern das Zentrum aller Bewunderer und stark egoistisch. In der Liebe sind Sie voll
35 Feuer. Sie arbeiten schwer und wären ein ausgezeichneter Lehrer.

JUNGFRAU: 24. August bis 23. September.

Perfektion ist Ihr Motto und jedes Detail muß stimmen. Sie sind ein guter Partner, besonders in der Ehe. Chauvinist sind Sie nicht. In der Musik und Kunst haben Sie

guten _____ und Gourmet sind Sie ebenfalls. Für das andere

40 Geschlecht sind Sie _____.

WAAGE: 24. September bis 23. Oktober.

Jeder Aspekt Ihres Lebens ist klar geordnet. Sie sind treu und freundlich und tun

andern nur ungern weh. Ihr Liebesleben wird vom _____, nicht Ihrem Herzen regiert. Sie sollten Diplomat werden. Sie lieben Eleganz und haben

45 großen Charme.

SKORPION: 24. Oktober bis 22. November.

Sie geben nie auf! Alles, was Sie beginnen, führen Sie zu Ende, voll Enthusiasmus und Energie. Sie vergeben Fehler ungern. In der Liebe sind Sie weniger erfolgreich, denn Sie sind in allem zu extrem. Viel Vitalität und realistische

50 _____! Als Börsenmakler wären Sie bestimmt erfolgreich.

SCHÜTZE: 23. November bis 21. Dezember.

Sie sind ein Glücksmensch! Voll _____ und Optimismus. Treu und ehrlich sind Sie auch, aber Sie werden zu leicht ungeduldig und zornig. In der Liebe benutzen Sie den Verstand, nicht das Herz. Sie reisen gern in alle Länder der

55 Welt.

E. Was meinen Sie? Beantworten Sie die folgenden Fragen.

1. Welche Eigenschaften werden besonders häufig genannt? Warum?

2. Menschen welcher Sternbilder würden gute Ehepartner sein? Warum? Welche sind nicht so gut für die Ehe geeignet? Warum nicht?

3. Lesen Sie manchmal oder regelmäßig in der Zeitung Ihr Horoskop? Ist eine Prophezeihung schon einmal wahr geworden? Beschreiben Sie sie. Hat sie Ihren Glauben an Horoskope bestärkt?

4. Glauben Sie, daß alle Menschen, die unter demselben Sternzeichen geboren sind, die gleichen Charakterzüge haben? Warum (nicht)?

5. Glauben Sie, daß die Charakterdefinition Ihres Sternbildes Ihren Charakter gut beschreibt? Was stimmt? Was stimmt nicht?

6. Glauben Sie, daß Sternbilder die Zukunft voraussagen können? Warum (nicht)?

7. Wen würden Sie wählen, wenn Sie sich einen Ehepartner nach einem Sternbild aussuchen würden? Warum?

F. Minireferat: Suchen Sie auf einer Sternkarte die Sterne, die Ihr eigenes Sternbild bilden. Wo stehen die Sterne? Wann kann man sie sehen? Verwenden Sie mindestens fünf Wörter oder Redewendungen aus dem *Aktiven Wortschatz*. Erklären Sie den anderen Studenten, was Sie über Ihr Sternbild herausgefunden haben.

G. Minireferat: Suchen Sie in einer amerikanischen Zeitung Ihr Horoskop des Tages (Monats) und schreiben Sie auf deutsch auf, was dort steht. (Eine genaue Übersetzung ist nicht nötig; fassen Sie zusammen.) Warten Sie ab, ob die Voraussagen für den Tag zutreffen. Besprechen Sie Ihre Erfahrungen mit den anderen Studenten.

„Freitag der 13.? Alles Blödsinn!"

A. Einführung: Sind Sie wirklich gar nicht abergläubisch?

1. Beschreiben Sie das Bild.

2. Was ist Aberglaube?

3. Warum sind Leute abergläubisch?

4. Sind die Formen von Aberglauben in allen Ländern dieselben? Was wissen Sie über abergläubische Sitten in anderen Ländern und Kulturen?

5. Wann und wo lebte Sigmund Freud? Was sagte er über Träume? Was wissen Sie sonst noch über Sigmund Freud?

Aktiver Wortschatz

Substantive

der Aberglaube(n) (*gen.* **-ns;** *no pl.*)   superstition
der Begleiter, -/die Begleiterin, -nen   companion; escort
die Behauptung, -en   claim; assertion
die Beziehung, -en   relationship; connection
die Erfahrung, -en   experience
die Gültigkeit   validity; legal force
der Ratschlag, ⸚e   advice
die Scheidung, -en   separation; divorce
die Sitte, -n   custom; practice
die Ursache, -n   cause; reason; motive
der Vorfahre, -n, -n/die Vorfahrin, -nen   ancestor; predecessor
die Vorstellung, -en   idea; picture; illusion

Verben

sich etwas an • eignen   to acquire sth.; to take over sth.

jemanden beschützen (**vor** + *dat.*)   to protect; shield; shelter sb. (from)
enthüllen   to uncover, reveal; to expose
fördern   to support; to promote
zögern   to hesitate
jemandem etwas zu•schreiben, schrieb zu, zugeschrieben   to attribute sth. to sb.

Adjektive und Adverbien

unentbehrlich   indispensable; essential
unheimlich   frightening; eerie; sinister

Redewendungen und andere Ausdrücke

Es gilt nicht mehr.   That is no longer valid.
Es kann nichts schaden.   It won't do any harm.
Es könnte etwas dran sein.   There may be some truth to that.

B. Wortschatzanwendung: Welche Definition in Spalte B paßt zu dem Wort oder den Worten in Spalte A?

A	B
1. Vorstellung	a. es ist harmlos; nichts Böses
2. Beziehung	b. es ist vielleicht wahr
3. unentbehrlich	c. Erklärung; Aussage
4. es gilt	d. Idee; Einbildung
5. Erfahrung	e. Trennung
6. fördern	f. Verbindung; Verhältnis
7. Behauptung	g. notwendig; wichtig
8. Es kann nicht schaden.	h. Praxis; Erlebnis
9. Scheidung	i. es ist gültig; bindend
10. Etwas könnte dran sein.	j. unterstützen; eintreten für

C. Hauptthemen: Überfliegen Sie den folgenden Text über Aberglauben und unterstreichen Sie dann die Hauptthemen in jedem Absatz.

SIND SIE WIRKLICH GAR
NICHT ABERGLÄUBISCH?

Ganz frei von Aberglauben ist kaum jemand. Warum das so ist und woher aber-
gläubische Vorstellungen kommen, erklärt hier der Münchner Diplompsychologe
Dr. Jürgen vom Scheidt.

Eine junge Frau schüttelt ärgerlich den Kopf, als ihr die Schwiegermutter erklärt, zwischen Weihnachten und Neujahr dürfe man keine Wäsche waschen,
weil das Unglück bringe – aber dieselbe junge Frau trägt ohne Zögern einen
kleinen Talisman um den Hals, „weil das ja nichts schaden kann und man nicht
5 weiß, ob es vielleicht nicht doch etwas nützt". Diese Beispiele zeigen, daß die
Menschen die unterschiedlichsten Anschauungen von dem haben, was man so
gemeinhin Aberglauben nennt.

    Sicher haben auch Sie Ihre Vorstellungen darüber, was man als Aberglauben
abtun sollte und wo vielleicht doch „was dran sein könnte". Was halten Sie zum
10 Beispiel von folgenden Behauptungen?

    • Es bringt Glück, wenn man auf Holz klopft.
    • Ein Amulett oder Talisman schützt vor schlechten Einflüssen.
    • Wenn jemand ein Salzfaß umstößt, droht Unglück.
    • Das siebente Jahr ist für die Ehe am gefährlichsten.
15   • Die Träume enthüllen uns die Zukunft.

Man könnte diese Liste noch beliebig verlängern. Aber sie ist schon lang genug,
um zu zeigen, wie häufig wir dem Aberglauben in unserem Alltag begegnen. Ein
Naturwissenschaftler, der nur an die Gesetze der Physik und der Chemie glaubt,
wird vermutlich all diese Beispiele als Unsinn bezeichnen. Ein Volkskundler°   folklorist
20 dagegen wird einwenden, daß bei allen fünf Behauptungen „etwas dahinter-
steckt". Wer hat recht?

Vieles, was heute Aberglaube ist, war früher Glaube

... Viele Vorstellungen, die wir als Aberglauben bezeichnen, stammen aus der
vorchristlichen Zeit. Wenn wir die oben erwähnten Behauptungen durchgehen,
25 werden wir einige entdecken, die solch heidnische Wurzeln haben.

    So rührt der Brauch, „auf Holz zu klopfen", sehr wahrscheinlich von jener
uralten Sitte her, als heilig geltende Bäume zu berühren, in denen nach den
Vorstellungen der alten Römer und anderer Völkerstämme Elfen und Göttinnen
hausten. Das größte Heiligtum der Germanen war die Donar-Eiche°, die dem   sacred oak tree
30 höchsten Gott Wotan° geweiht war; wenn man sie berührte, konnte man angeblich   Donar = Wotan
die Kraft des Gottes auf sich überströmen lassen. Heute glaubt niemand mehr an
den Germanengott Wotan und an heilige Eichen. Aber wir können verstehen, daß
für ein Volk, das wie unsere Vorfahren in Wäldern und Flußauen° lebte, jeder Teil   meadows next to a
der Natur seinen Sinn hatte, nicht zuletzt die gewaltigen Baumriesen der Eichen,   river
35 die viele Menschengenerationen überdauerten, also „ewig" waren. Sie waren
dadurch den Göttern gleich und den Menschen heilig.

    Der Glaube an beschützende Amulette kann ebenfalls von den magischen
Vorstellungen einer längst vergangenen Zeit abgeleitet werden. Danach sollte
zum Beispiel die Darstellung eines Hirsches in der Höhlenmalerei das Jagdglück

40 fördern. Manche Stämme glaubten auch, daß man sich mit den Knochenstücken
getöteter Tiere (oder auch Feinde) etwas von der Kraft des Tieres oder des Gegners aneignen könne: Man trug Amulette aus solchen Knochenstücken.

Im Aberglauben stecken Erfahrungen, die heute nicht mehr gelten

Manche Formen des Aberglaubens stammen aus alten Erfahrungen, die heute
45 ihre Gültigkeit verloren haben. Ein Beispiel ist das Salzverschütten, das angeblich
Unglück bringt.

Salz kann man heute in jedem Laden kiloweise kaufen, für wenige Pfennige.
Es gab aber einmal eine Zeit, als Salz eins der kostbarsten und seltensten Güter
war. Damals gab es noch keine Salzbergwerke, und man war auf die wenigen
50 Stellen angewiesen, an denen Salz offen zutage trat. Der Salzhandel war so
wichtig, daß jeder Fürst danach trachtete°, das alleinige Verfügungsrecht darüber
zu bekommen. Wer damals Salz umstieß, vernichtete ein kleines Vermögen und
gefährdete außerdem die Gesundheit der Familie, weil Salz für den Körper unentbehrlich ist.

danach... strove for it

55 Auch das „verflixte siebente Jahr" beruht wahrscheinlich auf einer alten Erfahrung: Es gibt in jeder Ehe kritische Phasen, und es könnte durchaus sein, daß
früher einmal das siebente Jahr besonders gefährlich für eine Partnerschafts-
beziehung war. Heute ist es eher das dritte. Jedenfalls finden heute im dritten
Ehejahr die meisten Scheidungen statt.

60 Aberglaube ist manchmal eine Lebenshilfe

... Wie kommt es, daß sich viele abergläubische Vorstellungen so gut erhalten,
obgleich sie längst keinen Sinn mehr haben? Ganz einfach: Sie sind oft eine be-
queme Entscheidungshilfe, die wir bei schwer lösbaren Problemen heranziehen.
Vor allem aber helfen abergläubische Regeln und Ratschläge, gewisse Ängste zu
65 überwinden ...

Andere abergläubische Verhaltensweisen dienen der nachträglichen Rechtfertigung. Wer irgendeine Dummheit gemacht hat, tröstet oder entschuldigt sich
gerne mit der beruhigenden Feststellung, er sei an diesem Morgen eben mit dem
falschen Fuß aus dem Bett gestiegen ... Man kann also Aberglauben nicht einfach
70 als Unsinn erklären. Natürlich ist die landläufige Traumdeuterei nach dem
„Traumbuch" Unfug. Trotzdem ist Traumdeutung möglich. Sigmund Freud hat
nachgewiesen, daß Träume in der Tat sehr sinnvolle Gebilde sind, aus denen sich
zwar nicht die Zukunft des Träumers, aber doch unbewußte Phantasien und Wünsche herauslesen lassen.

75 Bei intensiver Nachforschung entpuppt sich vieles, was als Aberglauben gilt,
als ein sehr kompliziertes Gebilde, in dem uralte Mythen und Überlieferungen,
noch unbekannte Natureinflüsse, allgemein menschliche Ängste und Wunsch-
vorstellungen, kindlich-magisches Denken und noch so manches mehr eng
miteinander verflochten sind.

– aus *Brigitte* (gekürzt)

D. Was stimmt? Kreuzen Sie alle richtigen Antworten an. Mehr als eine Antwort kann richtig sein.

1. Warum soll man zwischen Weihnachten und Neujahr keine Wäsche aufhängen?

   a. Die Wäsche wird steif, weil es so kalt ist.
   b. Es bringt Unglück.
   c. Es würde die Schwiegermutter ärgern.
   d. Man darf zwischen Weihnachten und Neujahr nicht arbeiten.

2. Wer glaubt, daß bei allen fünf abergläubischen Behauptungen etwas dahinter steckt?

   a. Viele Menschen in unserem Alltag
   b. Volkskundler
   c. Niemand
   d. Naturwissenschaftler

3. Aus welcher Zeit stammen viele abergläubische Vorstellungen?

   a. Aus der christlichen Zeit
   b. Aus dem Mittelalter
   c. Aus dem vorigen Jahrhundert
   d. Aus der vorchristlichen Zeit

4. Woher stammt der Brauch, auf Holz zu klopfen?

   a. Von den Römern
   b. Von dem Glauben, daß jeder Teil der Natur einen Sinn hat
   c. Von dem Glauben an heilige Eichen
   d. Von den Germanen

5. Wovon kann der Glaube an Amulette abgeleitet werden?

   a. Von magischen Vorstellungen aus der Vergangenheit
   b. Von dem Glauben, daß ein Jäger mehr Glück hat, wenn er ein Bild von seinem Opfer macht
   c. Von dem Glauben, daß man beim Jagen mehr Glück hat, wenn man dem Hirsch ein Amulett umhängt
   d. Von dem Glauben, daß die Kraft eines getöteten Tieres auf den Menschen übergeht

6. Wann kann Aberglaube eine Lebenshilfe sein?

   a. Bei leichten Problemen
   b. Um gewisse Ängste zu überwinden
   c. Um die Zukunft vorauszusagen
   d. Um eine Entscheidung zu treffen

E. Was meinen Sie? Beantworten Sie die folgenden Fragen:

1. Nennen Sie abergläubische Vorstellungen, an die Sie selber glauben oder vielleicht „ein bißchen" glauben.

2. Welche weiteren Formen von Aberglauben kennen Sie, die in diesem Artikel nicht erwähnt werden?

3. Was tun Sie, wenn Sie Salz verschüttet haben? Werden Sie ärgerlich? Schimpft jemand in der Familie Sie aus?

4. Nennen Sie einen Tag, an dem Sie „mit dem falschen Fuß" aus dem Bett gestiegen sind. Was ist an dem Tag alles schief gelaufen?

5. Haben Sie schon einmal einen Traum gehabt, der etwas vorhersagte? Erzählen Sie einen Traum, von dem Sie glauben, daß er Ihnen eine wichtige Enthüllung gebracht hat.

6. Klopfen Sie manchmal auf Holz, wenn Sie befürchten, daß Sie etwas gesagt haben, was Schaden bringen könnte? Nennen Sie eine Situation, in der Sie auf Holz klopfen würden.

F. Grammatik–Relativpronomen: Schreiben Sie einen neuen Satz mit einem Relativpronomen.

BEISPIEL: Der Mensch lacht. Der Mensch macht sich über Aberglauben lustig.
Der Mensch, der sich über Aberglauben lustig macht, lacht.

1. Es gibt einige Menschen. Die Menschen sind abergläubisch.

2. Die Antwort steht im Wörterbuch. Das Wörterbuch zeigt die Herkunft von Wörtern auf.

3. Im Wald standen viele Bäume. In den Bäumen wohnten Elfen und Göttinnen.

4. Das größte Heiligtum war die Donar-Eiche. Die Donar-Eiche war dem Gott Wotan geweiht.

5. Die Hexen waren Priesterinnen einer matriarchalischen Kultur. In der Kultur wurden Muttergottheiten verehrt.

6. Psychiater kennen den stechenden Blick. Der Blick ist typisch für manche Patienten.

7. Wir schieben Hexen Motive zu. Die Motive sind unsere eigenen Gedanken.

8. Man war auf die Salzstellen angewiesen. An den Stellen trat Salz offen zutage.

9. Man weiß von Sigmund Freud, daß er sein Todesdatum zu errechnen suchte. Sigmund Freud war der Begründer der Psychoanalyse.

10. Aus Träumen lassen sich unbewußte Phantasien und Wünsche herauslesen. Träume sind manchmal sinnvolle Gebilde.

G. Sprichwörter: Schauen Sie sich die sechs Bilder an!

1.

2.

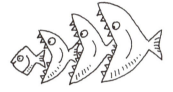

3.

4.

5.

6.

Welches Sprichwort paßt am besten zu welchem Bild?

____ a. Der Apfel fällt nicht weit vom Stamm.

____ b. Man soll das Eisen schmieden, solange es heiß ist.

____ c. Einem geschenkten Gaul sieht man nicht ins Maul.

____ d. Viele Köche verderben den Brei.

____ e. Die großen Fische fressen die kleinen.

____ f. Wenn die Katze das Haus verläßt, tanzen die Mäuse.

H. Sprichwörter: Wie heißt jedes Sprichwort (a–f) auf englisch?

I. Sprichwörter: Welche Sprichwörter in Spalte A passen zu den Erklärungen in Spalte B?

A	B
1. Alter schützt vor Torheit nicht.	a. Wer früher da ist, kommt als erster dran.
2. Wenn dem Esel zu wohl ist, geht er aufs Eis.	b. Jeder kann Glück haben.
3. Den letzten beißen die Hunde.	c. Auch alte Leute können Dummheiten machen.
4. Wer zuletzt lacht, lacht am besten.	d. In der Not tut man Dinge, die man sonst nicht tun würde.
5. Ein blindes Huhn findet auch mal ein Korn.	e. Wenn es uns gut geht, werden wir leicht unvorsichtig.
6. In der Not frißt der Teufel Fliegen.	f. Der Letzte hat es am schwersten.
7. Wer zuerst kommt, mahlt zuerst.	g. Erst am Ende zeigt sich, wer wirklich den Vorteil hat.

„Wo haben meine zwölf Töchter ihre Schuhe in der Nacht zertanzt?"

A. Einführung: Die zertanzten Schuhe

1. Beschreiben Sie das Bild.

2. Was ist ein Märchen? Was ist der Unterschied zwischen einem Märchen, einem Roman, einem Bericht und einem Gedicht?

3. Welche Märchen kennen Sie?

4. Wie fangen die meisten englischen und deutschen Märchen an?

5. Wie hören die meisten englischen und deutschen Märchen gewöhnlich auf?

6. Haben Märchen eine Moral? Nennen Sie zwei Beispiele.

Aktiver Wortschatz

Substantive

die Barmherzigkeit   mercy, mercifulness
der Becher, -   cup, goblet
der Drache, -n, -n   dragon
das Herz, -ens, -en   heart
der Knall   bang; pop; crack; a shot
der Krach   noise; crash; bang
der Rat, *pl.* **Ratschläge**   advice
der Saal, *pl.* **Säle**   hall; room
der Schwamm, ⸚e   sponge
das Wagnis, -se   hazardous business; risk
das Wahrzeichen, -   emblem; symbol

Verben

begegnen (*aux.* **sein** + *dat.*)   to meet; to encounter
melden   to report
sich melden   to volunteer

unternehmen (unternimmt), unternahm, unternommen   to do; to undertake
verraten (ä), ie, a   to betray; give away; to tell
verriegeln   to bolt; to lock
widerfahren (ä), u, a (*aux.* **sein** + *dat. of pers.*)   to happen; to befall
zaudern   to hesitate; vacillate
sich zu•tragen (ä), u, a   to happen

Adjektive und Adverbien

einfältig   simple; naive; simple(-minded)

Redewendungen und andere Ausdrücke

Abschied nehmen (nimmt), nahm, genommen (von)   to say good-bye (to)
sich ein Herz fassen   to take heart
im Scherz hinzu•setzen   to add as a joke (or in jest)
sein Leben lassen (ä), ie, a   to die

B.   Wortschatzanwendung. Ergänzen Sie den Text mit einem passenden Wort oder Ausdruck aus der folgenden Liste:

Abschied nehmen	Rat
Barmherzigkeit üben	Ratschläge
Drache	Saal
einfältig	verraten
Krach	Wagnis

Der arme Hans

Es war einmal ein armer, junger Bauernsohn, der Hans hieß. Er lebte in einem Dorf, wo sich nur wenig zutrug. Alle Menschen im Dorf hatten ihn gern, aber er war nicht glücklich, und eines Tages gestand er sich ein, daß er am liebsten in die weite Welt gehen würde, um dort sein Glück zu suchen. Nachdem er einige Zeit darüber

5   nachgedacht hatte, faßte er sich ein Herz und erzählte seiner Mutter von seinen Plänen. Die Mutter konnte den Wunsch ihres Sohnes verstehen und gab ihm drei

_____ (1) mit auf den Weg: „Sei immer tapfer und habe keine

Angst vor einem _____ (2). Sei ehrlich und

_____ (3) niemals deine Freunde. _____

10   _____ (4) mit den Armen und den Menschen in Not."

Hans _____ _____ (5) von seinen Eltern und Geschwistern und ging in die weite Welt. Er hatte noch niemals vorher sein Dorf

verlassen und war daher ein bißchen _____ (6), aber er war
nicht dumm und lernte schnell, sich zurechtzufinden.

15   Eines Tages, als Hans durch einen großen Wald ging, hörte er einen großen

_____ (7) und Hilfeschreie. Er dachte an den _____ (8) seiner
Mutter, lief schnell dahin und sah einen großen Drachen, der einen ärmlich gekleide-

ten, alten Mann in seinen Klauen hielt. Der _____ (9) atmete
Feuer aus seinem Rachen und sagte zu dem Alten: „Wenn du mir nicht deine Tochter
20 zur Frau gibst, mußt du dein Leben lassen." Hans zauderte keinen Augenblick. Er
stürzte sich auf den Drachen, nahm sein großes Messer, und stieß es tief in den Hals
des Drachens. Der Drache war auf der Stelle tot. Der Alte dankte ihm sehr und
sprach: „Komm mit mir aufs Schloß. Ich bin der König des Landes. Ich habe mich
nur ärmlich gekleidet, um mit meinen Untertanen zu sprechen. Weil du mein Leben
25 gerettet hast, gebe ich dir meine Tochter zur Frau." Und so geschah es. Hans und die

schöne Königstochter hielten Hochzeit im großen _____ (10) des Schlosses
und wurden sehr glücklich. Und wenn sie nicht gestorben sind, so leben sie noch
heute.

Über die Autoren: *Jacob (1785–1863) und Wilhelm (1786–1859) Grimm*

Jedes Kind in Deutschland kennt die Märchen der Gebrüder Grimm. Diese
Märchen, die jahrhundertelang von Mund zu Mund weitergegeben worden
waren, wurden in jahrelanger Arbeit von Jacob und Wilhelm Grimm gesammelt
und aufgeschrieben. Jacob und Wilhelm Grimm, in Hanau in Hessen geboren,
studierten beide Jura in Marburg und wurden beide Professoren an der Universität
Göttingen. Wegen ihrer liberalen Anschauungen mußten sie Göttingen verlassen
und lehrten dann an der Universität Berlin.

 Jacob wird als Begründer der deutschen Sprachwissenschaft angesehen. Er
schrieb die *Deutsche Grammatik.* Die Brüder arbeiteten ihr Leben lang zusammen
an ihren Forschungen. Auch nach Wilhelms Heirat im Jahre 1825 lebten und
forschten sie zusammen und schrieben mehrere wichtige Bücher.

 Die Geschichte „Die zertanzten Schuhe" berichtet von zwölf Prinzessinnen, die
jede Nacht heimlich tanzen gingen, und einem Soldaten, der ihr Geheimnis herausgefunden hatte.

C. Hauptthemen: Überfliegen Sie den folgenden Text und ordnen Sie dann die Haupt-
ideen, die hier aufgeführt sind, in der richtigen Reihenfolge.

____ a. Der Soldat bricht einen Zweig vom silbernen Baum ab.

____ b. Zwölf Prinzen warten auf zwölf Prinzessinnen.

____ c. Der Soldat heiratet die älteste Tochter.

____ d. Der Kopf eines Königssohns wird abgeschlagen.

_____ e. Der König macht ein Angebot.

_____ f. Ein armer Soldat will König werden.

_____ g. Der Soldat nimmt einen Diamantenzweig mit.

_____ h. Ein Prinz meldet sich auf das Angebot.

_____ i. Der Soldat bekommt ein magisches Mäntelchen.

DIE ZERTANZTEN SCHUHE

*E*s war einmal ein König, der hatte zwölf Töchter, eine immer schöner als die
andere. Sie schliefen zusammen in einem Saal, wo ihre Betten nebeneinan-
der standen, und abends, wenn sie darin lagen, schloß der König die Tür zu und
verriegelte sie. Wenn er aber am Morgen die Türe aufschloß, so sah er, daß ihre
5 Schuhe zertanzt waren, und niemand konnte herausbringen, wie das zugegangen
war. Da ließ der König ausrufen, wer's könnte ausfindig machen, wo sie in der
Nacht tanzten, der sollte sich eine davon zur Frau wählen und nach seinem Tode
König sein; wer sich aber meldete und es nach drei Tagen und Nächten nicht her-
ausbrächte, der hätte sein Leben verwirkt. Nicht lange, so meldete sich ein
10 Königssohn und erbot sich, das Wagnis zu unternehmen. Er ward wohl
aufgenommen und abends in ein Zimmer geführt, das an den Schlafsaal stieß°.   adjoining the
Sein Bett war da aufgeschlagen°, und er sollte acht haben°, wo sie hingingen und   set up / watch out
tanzten; und damit sie nichts heimlich treiben konnten oder zu einem andern Ort
hinausgingen, war auch die Saaltüre offen gelassen. Dem Königssohn fiel's aber
15 wie Blei auf die Augen, und er schlief ein, und als er am Morgen aufwachte,
waren alle zwölfe zum Tanz gewesen; denn ihre Schuhe standen da und hatten
Löcher in den Sohlen. Den zweiten und dritten Abend ging's nicht anders, und da
ward ihm sein Haupt ohne Barmherzigkeit abgeschlagen. Es kamen hernach
noch viele und meldeten sich zu dem Wagestück, sie mußten aber alle ihr Leben
20 lassen. Nun trug sich's zu, daß ein armer Soldat sich auf dem Weg nach der Stadt
befand, wo der König wohnte. Da begegnete ihm eine alte Frau, die fragte ihn,
wo er hin wollte. „Ich weiß selber nicht recht", sprach er und setzte im Scherz
hinzu: „Ich hätte wohl Lust, ausfindig zu machen, wo die Königstöchter ihre
Schuhe vertanzen, und darnach° König zu werden." „Das ist so schwer nicht",   **danach**
25 sagte die Alte, „du mußt den Wein nicht trinken, der dir abends gebracht wird,
und mußt tun, als wärst du fest eingeschlafen." Darauf gab sie ihm ein Mäntelchen und sprach: „Wenn du das umhängst, so bist du unsichtbar und kannst
den zwölfen dann nachschleichen." Wie der Soldat den guten Rat bekommen
hatte, ward's Ernst bei ihm, so daß er ein Herz faßte, vor den König ging und sich
30 als Freier° meldete. Er ward so gut aufgenommen wie die andern auch, und es   suitor
wurden ihm königliche Kleider angetan. Abends zur Schlafenszeit ward er in das
Vorzimmer geführt, und als er zu Bette gehen wollte, kam die älteste und brachte
ihm einen Becher Wein. Aber er hatte sich einen Schwamm unter das Kinn
gebunden, ließ den Wein da hineinlaufen und trank keinen Tropfen. Dann legte er
35 sich nieder, und als er ein Weilchen gelegen hatte, fing er an zu schnarchen wie

im tiefsten Schlaf. Das hörten die zwölf Königstöchter, lachten, und die älteste sprach: „Der hätte auch sein Leben sparen können." Danach standen sie auf, holten prächtige Kleider heraus, putzten sich° vor den Spiegeln, sprangen herum und freuten sich auf den Tanz.

40   Nur die jüngste sagte: „Ich weiß nicht, ihr freut euch, aber mir ist so wunderlich zumut°; gewiß widerfährt uns ein Unglück." „Du bist eine Schneegans°", sagte die älteste, „die sich immer fürchtet. Hast du vergessen, wieviel Königssöhne schon umsonst dagewesen sind? Dem Soldaten hätt' ich nicht einmal brauchen einen Schlaftrunk zu geben, der Lümmel° wäre doch nicht
45   aufgewacht." Wie sie alle fertig waren, sahen sie erst nach dem Soldaten, aber der hatte die Augen zugetan, und sie glaubten nun ganz sicher zu sein. Da ging die älteste an ihr Bett und klopfte daran; alsbald sank es in die Erde, und sie stiegen durch die Öffnung hinab, eine nach der andern, die älteste voran. Der Soldat, der alles mitangesehen hatte, zauderte nicht lange, hing sein Mäntelchen um
50   und stieg hinter der jüngsten mit hinab. Mitten auf der Treppe trat er ihr ein wenig aufs Kleid, da erschrak sie und rief: „Was ist das? Wer hält mich am Kleid?" „Sei nicht so einfältig", sagte die älteste, „du bist an einem Haken hängen geblieben." Da gingen sie vollends hinab, und wie sie unten waren, standen sie in einem wunderprächtigen Baumgang, da waren alle Blätter von Silber und
55   schimmerten und glänzten. Der Soldat dachte: ‚Du willst dir ein Wahrzeichen mitnehmen', und brach einen Zweig davon ab; da fuhr ein gewaltiger Krach aus dem Baume. Die jüngste rief wieder: „Es ist nicht richtig, habt ihr den Knall gehört?" Die älteste aber sprach: „Das sind Freudenschüsse, weil wir unsere Prinzen bald erlöst haben." Sie kamen darauf in einen Baumgang, wo alle Blätter
60   von Gold, und endlich in einen dritten, wo sie klarer Diamant waren. Von beiden brach er einen Zweig ab, wobei es jedesmal krachte, daß die jüngste vor Schrecken zusammenfuhr; aber die älteste blieb dabei, es wären Freudenschüsse. Sie gingen weiter und kamen zu einem großen Wasser, darauf standen zwölf Schifflein, und in jedem Schifflein saß ein schöner Prinz, die hatten auf die
65   zwölfe gewartet, und jeder nahm eine zu sich, der Soldat aber setzte sich mit der jüngsten ein. Da sprach der Prinz: „Ich weiß nicht, das Schiff ist heute viel schwerer, und ich muß aus allen Kräften rudern, wenn ich es fortbringen soll." „Wovon sollte das kommen", sprach die jüngste, „als vom warmen Wetter, es ist mir auch so heiß zumut." Jenseits des Wassers aber stand ein schönes heller-
70   leuchtetes Schloß, woraus eine lustige Musik erschallte. Sie ruderten hinüber, traten ein, und jeder Prinz tanzte mit seiner Liebsten; der Soldat aber tanzte unsichtbar mit, und wenn eine einen Becher mit Wein hielt, so trank er ihn aus, daß er leer war, wenn sie ihn an den Mund brachte; und der jüngsten ward auch angst darüber, aber die älteste brachte sie immer zum Schweigen. Sie tanzten da bis
75   drei Uhr am andern Morgen, wo alle Schuhe durchgetanzt waren und sie aufhören mußten. Die Prinzen fuhren sie über das Wasser wieder zurück, und der Soldat setzte sich diesmal vornehin zur ältesten. Am Ufer nahmen sie von ihren Prinzen Abschied und versprachen, in der folgenden Nacht wieder zu kommen. Als sie an der Treppe waren, lief der Soldat voraus und legte sich in sein Bett,
80   und als die zwölf langsam und müde herauf getrippelt kamen, schnarchte er schon wieder so laut, daß sie's alle hören konnten, und sie sprachen: „Vor dem

sind wir sicher." Da taten sie ihre schönen Kleider aus, brachten sie weg, stellten die zertanzten Schuhe unter das Bett und legten sich nieder. Am andern Morgen wollte der Soldat nichts sagen, sondern das wunderliche Wesen° mitansehen, und 85 ging die zweite und die dritte Nacht wieder mit. Da war alles wie das erstemal, und sie tanzten jedesmal, bis die Schuhe entzwei waren. Das dritte Mal aber nahm er zum Wahrzeichen einen Becher mit. Als die Stunde gekommen war, wo er antworten sollte, steckte er die drei Zweige und den Becher zu sich und ging vor den König, die zwölfe aber standen hinter der Tür und horchten. Als der König die 90 Frage tat: „Wo haben meine zwölf Töchter ihre Schuhe in der Nacht vertanzt?" so antwortete er: „Mit zwölf Prinzen in einem unterirdischen Schloß", berichtete, wie es zugegangen war, und holte die Wahrzeichen hervor. Da ließ der König seine Töchter kommen und fragte sie, ob der Soldat die Wahrheit gesagt hätte, und da sie sahen, daß sie verraten waren, so mußten sie alles eingestehen. Darauf fragte 95 ihn der König, welche er zur Frau haben wollte. Er antwortete: „Ich bin nicht mehr jung, so gebt mir die älteste." Da ward noch am selbigen Tage die Hochzeit gehalten und ihm das Reich nach des Königs Tode versprochen. Aber die Prinzen wurden auf so viele Tage wieder verwünscht, als sie Nächte mit den zwölfen getanzt hatten.

happening, "event"

aus Märchen der Brüder Grimm

D. Was stimmt? Kreuzen Sie alle richtigen Antworten an. Mehr als eine Antwort kann richtig sein.

1. Warum glaubte der König, daß die Töchter nachts nicht aus ihrem Schlafzimmer herausgingen?
   a. Sie konnten ohne Schuhe nicht weggehen.
   b. Er hatte die Tür verschlossen und verriegelt.
   c. Sie waren sehr müde und mußten schlafen.
   d. Der König hatte es befohlen.

2. Woher wußte der König, daß seine Töchter doch jede Nacht tanzten?
   a. Er hörte Musik während der Nacht.
   b. Die Königin hatte es ihm gesagt.
   c. Sein Sohn hatte es ihm gemeldet.
   d. Die Schuhe der Töchter waren kaputt.

3. Was versprach der König demjenigen, der herausfand, was seine Töchter heimlich taten?
   a. Er würde die Krone des Königs erhalten.
   b. Er würde eine Tochter heiraten.
   c. Er würde Königssohn werden.
   d. Er würde der königlichen Armee beitreten dürfen.

4. Was geschah mit den Männern, die nicht herausfanden, was die Königstöchter taten?
   a. Sie gingen wieder nach Hause.
   b. Sie wurden Dienstboten in der Küche.

    c. Sie wurden vom Schloß verbannt.

    d. Sie mußten sterben.

5. Welchen Rat gab die alte Frau dem armen Soldaten?

    a. Er soll tun, als ob er schliefe.

    b. Er soll den Mantel umhängen.

    c. Er soll sich unter einem Bett verstecken.

    d. Er soll den Wein nicht trinken.

6. Was tat der arme Soldat?

    a. Er trank den Wein, weil er durstig war.

    b. Er ließ den Wein in einen Schwamm laufen.

    c. Er stieß den Wein aus Versehen um.

    d. Er trank etwas später nur einen Tropfen Wein.

7. Inwieweit war die jüngste Prinzessin anders als die anderen?

    a. Sie dachte oft an sich selbst.

    b. Sie war ängstlich.

    c. Sie war immer fröhlich.

    d. Sie hatte lustige Musik nicht gern.

8. Was machte der Soldat in der unterirdischen Welt?

    a. Er tanzte auch.

    b. Er brach drei Zweige von drei Bäumen ab.

    c. Er trank Wein.

    d. Er nahm einen Diamantenzweig mit.

9. Wie konnte der Soldat beweisen, wo die Prinzessinnen nachts gewesen waren?

    a. Seine Schuhe waren auch zertanzt.

    b. Er hatte einen Becher mitgenommen.

    c. Er hatte ein schönes Kleid mitgebracht.

    d. Er hatte drei Zweige als Beweis mitgebracht.

10. Am Ende dieses Märchens:

    a. sind alle Töchter sehr glücklich.

    b. heiratet die Jüngste den armen Soldaten.

    c. muß der arme Soldat in den Krieg ziehen.

    d. heiratet der arme Soldat die älteste Tochter.

E. **Was meinen Sie?** Beantworten Sie die folgenden Fragen!

1. Lesen Sie gern Märchen? Warum (nicht)?

2. Welche Märchen lesen Sie lieber: Märchen, die Sie schon aus der Kindheit kennen, oder Märchen aus anderen Ländern, die Sie vorher nicht kannten?

3. Haben Sie als Kind gern Märchen gehört oder gelesen? Welche? Wer hat sie vorgelesen?

4. Glauben Sie, daß Sie beim Lesen von Märchen etwas lernen können?

5. Welche Filme kennen Sie, die auf Märchen basieren? Warum sehen Kinder und Erwachsene solche Filme gern?

F. **Minireferat:** Denken Sie sich selber ein Märchen aus, schreiben Sie es auf und lesen Sie es der Gruppe oder der Klasse vor. Das Märchen soll eine Länge von mindestens 150 Wörtern haben. Sie können auch die Rollen an andere Studenten verteilen und das Märchen gemeinsam vorlesen. Verwenden Sie mindestens fünf Wörter oder Redewendungen aus dem *Aktiven Wortschatz!*

G. **Rollenspiel:** Suchen Sie ein deutsches Märchen, das Ihnen besonders gut gefällt, und machen Sie ein Rollenspiel daraus, das Sie mit einigen anderen Studenten zusammen der Klasse vorführen. Verwenden Sie mindestens fünf Wörter oder Redewendungen aus dem *Aktiven Wortschatz!*

KAPITEL 5

Eine deutsche Familie

Partnerschaft und Familie

Gespräch:	*Mein Mann kommt immer so spät nach Hause*
Aus der Presse:	*Partnerschaft und Familie* (Brigitte)
Grammatik:	Modalverben
Aus der Literatur:	*Familie Berger in Seenot* (Hermann Moers)

„Grüß' Dich, Liebling!"

A. Einführung: Mein Mann kommt immer so spät nach Hause

1. Was sehen Sie auf dem Bild?

2. Nennen Sie einige Gründe, warum Ehefrauen oft zu Hause bleiben und nicht außerhalb des Hauses arbeiten.

3. Nennen Sie einige Gründe, warum Frauen arbeiten gehen.

4. Was halten die Männer davon, daß Frauen arbeiten gehen wollen? Warum denken die Männer oft anders darüber als die Frauen?

5. Wird über dieses Thema auch in Deutschland diskutiert? Was halten die Deutschen davon?

6. Nennen Sie einige Situationen des täglichen Lebens, die Konflikte zwischen Eheleuten hervorrufen können.

Aktiver Wortschatz

Substantive

die Auseinandersetzung, -en argument; discussion; clash

die Ehefrau, -en wife

der Ehemann, ⸚er husband

der Ernst seriousness

die Firma, *pl.* **Firmen** company; firm; business

der Schatz, ⸚e treasure; sweetheart, darling

das Tartar steak tartare (ground beef; seasoned; eaten raw)

der Urlaub, -e vacation (from work)

das Verständnis, -se understanding; comprehension

der Vorschlag, ⸚e suggestion; proposal

Verben

auf•heben, o, o to save; to pick up

jemandem etwas aus•richten to tell sb. sth.

sich frei•nehmen (nimmt frei), nahm frei, freigenommen to take off from work

herum•führen to lead around; to guide

(sich) streiten, stritt, gestritten to argue

verhindern to prevent; to foil; to stop

vermeiden, ie, ie to avoid; to evade

vor•kommen, kam vor, vorgekommen *(aux. sein)* to happen; to occur

Adjektive und Adverbien

satt satisfied; full; satiated (with a meal)

ständig constantly

Redewendungen und andere Ausdrücke

Ach du liebe Zeit! Oh, dear me!

Das darf doch nicht wahr sein! That can't be true!

Das kann doch nicht dein Ernst sein! You can't be serious!

Es ist (war, ist gewesen) schon gut! It's all right or OK!

Es klappt. It works; It goes smoothly.

Fang nicht damit an! Don't start all that again! Don't harp on that!

Ich habe keine Ahnung. I have no idea.

Sei mir nicht böse! Don't be angry with me!

den Tisch decken to set the table

Was zuviel ist, ist zuviel! That's enough already!

Tonband: *Frau Niedert wartet auf ihren Mann. Das Abendessen ist fertig. Aber Herr Niedert ist noch nicht da. Es wird immer später. Endlich kommt er nach Hause. Es gibt eine kleine Auseinandersetzung.*

B. **Hauptthemen:** Hören Sie sich das Tonband an und beantworten Sie kurz die folgenden Fragen.

1. <u>Wer</u> ist schon satt?

2. <u>Warum</u> kam Herr Niedert dieses Mal spät nach Hause?

3. <u>Wie</u> oft kam Herr Niedert in dieser Woche spät nach Hause?

4. <u>Was</u> verspricht er seiner Frau?

5. <u>Warum</u> will er nicht zu Müllers hingehen?

6. <u>Wie</u> reagiert Frau Niedert auf den Telefonanruf?

C. **Richtig oder falsch?** Hören Sie sich das Tonband ein zweites Mal an und kreuzen Sie die richtigen Aussagen an. Korrigieren Sie außerdem die falschen Angaben.

1. Herr Niedert kommt an diesem Tag spät zum Abendessen.

2. Eigentlich kommt Herr Niedert selten spät zum Abendessen.

3. Herr Niedert sagt, er habe seine Uhr verloren.

4. Seine Frau ist unglücklich, weil sie das Essen wegwerfen muß.

5. Tartar kann man auch am nächsten Tag essen.

6. Das Ehepaar hat zwei Kinder und Frau Niedert macht die Hausarbeit.

7. Herr Niedert besucht Müllers gern.

8. Herr Niedert verspricht seiner Frau, daß sie zusammen aufs Land fahren werden.

9. Die Schwiegermutter ruft an.

10. Herr Niedert verspricht seiner Frau, daß sie nach dem Besuch der Schwiegereltern am Wochenende zusammen wegfahren werden.

D. Lückenübung: Hören Sie sich das Tonband noch einmal an und ergänzen Sie den Dialog mit passenden Wörtern aus dem *Aktiven Wortschatz.*

Mein Mann kommt immer so spät nach Hause

MANN: Grüß dich, Liebling.

FRAU: N'abend, Jochen.

MANN: Du, es tut mir leid, daß es etwas spät geworden ist, aber du weißt ja, die

_____.

5 FRAU: Etwas ist gut!! Ja, etwas ist gut!!

MANN: Na, wir hatten wieder Gäste. Ich mußte sie 'rumführen, das ließ sich nicht

_____.

FRAU: Anderthalb Stunden warte ich jetzt schon ...

MANN: Sicher, sicher.

10 FRAU: 's ist das dritte Mal in dieser Woche.

MANN: Wird nicht wieder _____, wird nicht wieder

_____.

FRAU: Na, das hast du schon oft gesagt ... Also, laß gut sein. Zieh deinen Mantel aus, komm, wir wollen essen, ich habe schon gedeckt. Warte schon so lange.

15 MANN: Ach, Inge, weißt du, wir haben schon in der Firma gegessen.

FRAU: Was?

MANN: Sei mir bitte nicht böse. Sei mir bitte nicht böse, aber ich kann wirklich nichts mehr essen.

FRAU: Das kann doch nicht dein _____ sein. Also, ich bitte dich, ich kann
20 doch das Essen nicht schlecht werden lassen.

MANN: Ich habe gegessen und ich bin wirklich _____. Mach es doch morgen noch mal.

FRAU: Ja, ich hab' Tartar gemacht, das ist morgen schwarz. Ich kann das ganze Essen

wegwerfen. Das kann ich doch nicht _____, das weißt du

25 doch. Ach weißt du, nein, du, ich bin wirklich furchtbar unglücklich. Ich bin den ganzen Tag, die ganze Woche allein. Ich warte ständig auf dich.

MANN: Liebling, du weißt ich ...

FRAU: Ich bin Köchin, ich bin Putzfrau, ich bin Babysitterin, ich bin alles, nur, daß ich

einen _____ hab', das merke ich nicht ...

30 MANN: Wer wollte denn das Kind haben?

FRAU: Ach, jetzt komm, fang doch nicht auch noch damit an.

MANN: Ja, und ich meine die Köchin, ich meine, ich kann es doch nicht

_____ ...

FRAU: Freust du dich denn nicht über das Kind?

35 MANN: Ich kann es doch nicht verhindern, daß ich mal später nach Hause komme.

FRAU: Ja, mal, ist ja gut.

MANN: Ich mache es ja auch nicht aus reiner Freude.

FRAU: Aber, schau mal, früher war das ganz anders, da hattest du wirklich ein bißchen mehr Zeit für mich. Da sind wir am Wochenende mal ein bißchen weggefahren.

40 MANN: Ach, Schatz, laß uns nicht _____, ich bin viel zu müde.

FRAU: Ja, ja, bist immer müde. Eh, übrigens, was ich dir noch sagen wollte, die Müllers haben auch vorhin angerufen, die haben uns heute abend auf ein Gläschen Wein eingeladen ...

MANN: Nein. Nein, das ...

45 FRAU: Was??

MANN: Aber Inge, das doch nicht auch noch. Jetzt habe ich dir gerade erklärt, daß ich müde aus dem Büro heimkomme, nicht ... also ...

FRAU: Also ...

MANN: Also, es ist mir wirklich zuviel.

50 FRAU: Nein, also Jochen ... du nimmst mir jede, ...

MANN: Ich muß morgen früh anfangen.

FRAU: jede Freude... nimmst du mir.

MANN: Aber, Inge, hab' doch Verständnis.

FRAU: Ich hab' Verständnis, ich habe sogar sehr viel Verständnis, aber was zuviel ist, ist
55 zuviel.

MANN: Sieh mal, bei Müllers sitze ich nur 'rum, und es wird ein langweiliger Abend und ich bin morgen wieder nicht frisch. Ich brauch' das für den Beruf.

FRAU: Ja, ja, es ist schon gut.

MANN: Also, paß auf, hör zu, ich mache dir einen _____: Wie wäre
60 es, wenn ich mir das nächste Wochenende freinähme und wir zusammen aufs Land 'rausfahren?

FRAU: Wirklich??

MANN: Weißt du noch, dieses kleine, nette Hotel, wo wir früher waren?

FRAU: Ach, das wäre natürlich wunderbar.

65 MANN: Und wir übernachten dort und frühstücken schön.

FRAU: Ah, ja.

MANN: Und machen uns ein hübsches Wochenende. Na, wär' das nichts?

FRAU: Ach, da würde ich mich aber wirklich sehr freuen.

MANN: Du, das machen wir.

70 FRAU: Ach, hoffentlich _____ wirklich.

MANN: Paß auf, ich hol' mir schnell was zu trinken, und dann reden wir drüber.

FRAU: Ja, gut, ja, schön.

(Telefon läutet.)

FRAU: Ach, Jochen, das Telefon klingelt, geh' doch bitte mal hin, ja?

75 MANN: Ja, ja ich geh' schon hin.

Ja, Niedert, – Ja, grüß dich. Ja, gut, und euch? Ist wieder vorbei. Das freut mich.
Ja. Nein. Am Samstag. Ja gerne. Aber sicher. Nein. Wir freuen uns sehr. Werd'
ich machen, werd' ich ausrichten. Und du an Mama. Ja. Gut. Schönen Gruß.
Wiedersehen. Ach, na rate mal!

80 FRAU: Na? Wer hat denn angerufen?

MANN: Na, rate mal.

FRAU: Na, ich hab' keine _____ .

MANN: Dein lieber Vater.

FRAU: Ja, was wollte er denn?

85 MANN: Und weißt du, was passiert?

FRAU: Nein. Was?

MANN: Er kommt nächsten Samstag mit deiner Mutter und macht einen Besuch bei uns.

FRAU: *(Lacht.)*

MANN: Ach, du _____ _____ . Sie trinken Kaffee, sie bleiben bis
90 Sonntagabend. Das ganze Wochenende ist wieder hin.

FRAU: Nein, das darf doch nicht wahr sein.

MANN: Ist das nicht herrlich?

FRAU: Unser schönes Wochenende.

MANN: Aber, paß auf, Schatz. Ich versprech' dir, das Wochenende danach machen wir es
95 wahr. Wir fahren zusammen in _____ und es wird uns kein
Schwiegervater stören.

FRAU: Ja, versprich mir nichts.

– aus *Hörverständnisübungen für Fortgeschrittene*

E. Was meinen Sie? Beantworten Sie die folgenden Fragen.

1. Hat Frau Niedert wirklich Grund, sich zu beklagen? Warum (nicht)?

2. Woran liegt es, daß Herr Niedert öfters so spät nach Hause kommt?

3. Was könnte Frau Niedert tun, um das häufige Alleinsein besser zu ertragen? Was würden Sie in ihrer Situation tun?

4. Wäre die Situation anders, wenn das Ehepaar kein Kind hätte? Warum (nicht)?

5. Was könnte Herr Niedert tun, um das Leben für seine Frau angenehmer zu machen?

6. Warum sagt Herr Niedert seinem Schwiegervater, daß er sich freue, wenn die Schwiegereltern zum Wochenende zu Besuch kommen? Denkt er das wirklich? Warum sagt er nicht, daß sie schon etwas anderes vorhaben?

7. Was ist Ihr Eindruck von dem Ehepaar? Beschreiben Sie die Frau, den Mann. Lieben sie sich? Geben sie sich Mühe, die Schwierigkeiten des täglichen Lebens so zu überwinden, daß der Ehepartner zufrieden ist?

8. Glauben Sie, daß die beiden tatsächlich am Wochenende nach dem Besuch der Schwiegereltern wegfahren werden? Warum (nicht)?

9. Warum ist die Frau „gestreßt"?

F. Partnerarbeit: Suchen Sie sich eines der folgenden Themen aus und schreiben Sie zusammen mit einem Partner einen Dialog. Verwenden Sie mindestens fünf Wörter oder Redewendungen aus dem *Aktiven Wortschatz*.

1. Der Ehemann kommt spät nach Hause und hat vergessen, daß Gäste zum Essen eingeladen waren.

2. Die Ehefrau hat einen Unfall mit dem neuen Wagen ihres Mannes gehabt.

3. Der Ehemann hat einen Unfall mit dem neuen Wagen seiner Frau gehabt.

4. Der Ehemann will nur fernsehen und nirgendwo hingehen.

5. Die Schwiegermutter will bei dem Ehepaar einziehen.

G. Rollenspiel: Erfinden Sie ein Rollenspiel, in dem der Chef einer Firma seinem/seiner Angestellten sagt, daß er/sie nach Arbeitsschluß noch länger bleiben muß, um Gäste zu unterhalten. Der/Die Angestellte will aber nach Hause zu Frau/Mann und Kind. Verwenden Sie mindestens fünf Wörter oder Redewendungen aus dem *Aktiven Wortschatz*.

H. Rollenspiel: Nehmen Sie die Situation dieses Gesprächs zwischen Herrn und Frau Niedert und machen Sie ein Rollenspiel daraus. Gebrauchen Sie Ihren eigenen Wortschatz, aber verwenden Sie auch mindestens fünf Wörter oder Ausdrücke aus dem *Aktiven Wortschatz*.

„Mein Traumauto."

A. Einführung: Partnerschaft und Familie

1. Was sehen Sie auf dem Bild?

2. Was ist Egoismus? Nennen Sie ein paar Beispiele. Welche Eigenschaften gehen oft Hand in Hand mit Egoismus?

3. Was ist das Gegenteil von Egoismus? Nennen Sie ein paar Beispiele.

4. Für welche Tätigkeiten ist Egoismus vielleicht notwendig? In welchen Berufen ist er vielleicht schädlich?

Aktiver Wortschatz

Substantive

die Anschaffung, -en   purchase; acquisition
der Aufenthalt, -e   stay; sojourn; delay
das Bedürfnis, -se   need; want; necessity
die Fläche, -n   surface; plane
die Lage, -n   situation; position
das Leiden, -   suffering; affliction
die Notlüge, -n   white lie
die Öffentlichkeit   the general public; public opinion
die Selbstsucht   selfishness; ego(t)ism
der Vorwurf, ⸚e   reproach; blame

Verben

ab•schlagen (ä), u, a   to knock off; to refuse
sich aus•zahlen   (*fig.*) to pay
sich begeistern für   to inspire; fill with enthusiasm for
entdecken   to discover
sich entschließen, entschloß, entschlossen   to decide
sich etwas gönnen/ sich etwas leisten   to treat oneself to sth.
nach•geben (i), a, e   to give in

sich verhalten (ä), ie, a   to behave; conduct oneself
vor•schlagen (ä), u, a   to propose; to suggest
wagen   to dare
zögern   to hesitate; to waver
zurück•stellen   to place (or set) back; to defer
zu•treffen (trifft zu), traf zu, zugetroffen (auf + *acc.*; *aux.* sein)   to apply to (sb./sth.)

Adjektive und Adverbien

berufstätig   employed
getrennt   separated
schmackhaft   palatable, tasty; appetizing
(un)vernünftig   (un)reasonable; (ir)rational
verantwortlich   responsible

Redewendungen und andere Ausdrücke

einen Tapetenwechsel brauchen   to need a change of scenery
sich etwas zu Herzen nehmen (nimmt), nahm, genommen   to take sth. to heart

---

B. **Wortschatzanwendung:** Ergänzen Sie den Text mit einem passenden Wort oder Ausdruck aus der folgenden Liste:

Anschaffung
Bedürfnis
sich entschließen
Lage
nach•geben
Selbstsucht
unvernünftig
vor•schlagen
sich etwas zu Herzen nehmen

Hartmut und Monika

Die _____ (1) eines teuren Autos rief viel Streß zwischen Monika und Hartmut hervor. Sie hatten gedacht, sie könnten sich nach vielen Jahren des Sparens einmal etwas ganz Besonderes gönnen. Beide hatten das

_____ (2), ein schönes, teures Auto zu besitzen. Viele Jahre lang
5   hatten sie diesen Wunsch zurückgestellt, weil sie so viele andere wichtige Ausgaben hatten. Aber nun war endlich der Augenblick gekommen, wo ihr Bankkonto es ihnen möglich machte.

Aber leider zeigte sich jetzt, daß beide sehr _____

(3) und voller _____ (4) waren. Jeder dachte nur an

seine eigenen Wünsche und wollte keine Kompromisse schließen oder

_____ (5). Hartmut _____ einen blauen, zweitürigen

BMW _____ (6), aber Monika begeisterte sich für einen roten Mercedes
mit vier Türen. Sie machten sich ständig Vorwürfe, hatten jeden Tag lange Auseinan-
dersetzungen und konnten sich gar nicht mehr vertragen. Schließlich

_____ sie _____ (7), zu einem gemeinsamen

Freund zu gehen, erklärten ihm die _____ (8) und fragten ihn um Rat. Der
Freund sagte zu ihnen: „Es ist eine große Tugend, Kompromisse zu schließen, wenn
man eine gute Ehe haben will! Ihr seid doch beide vernünftige Erwachsene! Warum
wählt ihr nicht einen schwarzen Audi? Das ist auch ein sehr gutes Auto, ein bißchen
billiger als die beiden anderen, die euch gefallen, und mit dem Geld, das ihr spart,
könnt ihr schöne Ferien am Mittelmeer machen."

Monika und Hartmut _____ _____ die Worte ihres Freundes

_____ _____ (9) und folgten seinem Rat. Nun wurden sie wieder
vergnügt und hatten sogar wieder Lust zum Schmusen.

C. Hauptthemen: Teilen Sie ein Blatt Papier in zwei Spalten auf. Dann überfliegen Sie
den folgenden Text und schreiben Sie alle positiven Äußerungen in Stichworten in
Spalte A und alle negativen Aussagen in Spalte B!

PARTNERSCHAFT UND FAMILIE

*E*goismus gilt als unerwünscht: Kaum ein Vorwurf trifft einen Menschen mehr
als der, er sei schlichtweg egoistisch ... Frauen nehmen sich solche Kritik
besonders zu Herzen, denn sie haben von klein auf gelernt, eigene Bedürfnisse
zurückzustellen. Viele wagen nicht einmal mehr, egoistisch zu denken.

Der Preis, den sie dafür zahlen, ist ziemlich hoch: Psychosomatische Leiden,
Lustlosigkeit, ja sogar Depressionen. Hinzu kommt: Selbstlosigkeit° zahlt sich in
den wenigsten Fällen wirklich aus. Wer nicht an sich selbst denkt, lernt auch
nicht, für sich selbst verantwortlich zu handeln.

Kein Wunder also, daß Psychologen den Egoismus neuerdings als Tugend
entdeckt haben: Nur wer sich selbst liebt, ist in der Lage, auch andere Menschen
wirklich zu lieben. Wichtig ist jedoch, daß man das richtige Maß zwischen
Selbstsucht und gesundem Egoismus findet. Wie das bei Ihnen ist, können Sie
jetzt testen!

Unser Test fragt getrennt nach „Privatleben" und „Öffentlichkeit": Es
kommt nämlich häufig vor, daß man nicht auf der ganzen Linie° egoistisch oder
nachgiebig ist. Sie können beispielsweise Ihrem Chef Überstunden rundweg abschlagen, aber wenn Ihr Partner Sie um etwas bittet, stellen Sie die eigenen Wünsche zurück. Oder umgekehrt.

unselfishness

auf... in all respects

Durch den Test können Sie genau überprüfen, in welchem Lebensbereich Sie
20 egoistisch genug sind.

TEST

*Versetzen Sie sich in die folgenden Situationen und kreuzen Sie an, wie Sie sich
verhalten würden.*

1. Auf einem Sonntagsspaziergang will Ihr Kind unbedingt in einer Riesenpfütze°   giant puddle
   matschen. Was tun Sie?
25   a. Sie lassen es ein bißchen am Rande planschen und zeigen ihm, wie man
      das vorsichtig macht.
      b. Sie ziehen es energisch von der Pfütze weg. Schließlich haben Sie hinter-
      her die Arbeit mit den dreckigen Kleidern.
      c. Begeistert sind Sie nicht, aber Sie finden, Kinder müssen sich frei bewe-
30   gen können, sonst werden sie verklemmt.

2. Kreuzen Sie bitte *alle* Aussagen an, die für Sie zutreffen: (Ja, es gibt „a"
   dreimal).
      a. Ich bin das älteste Kind in der Familie.
      a. Meine Eltern haben mich religiös erzogen.
35   a. In meiner Kindheit war in meiner Familie (mindestens) eine Person lange
      krank oder behindert.
      b. Nichts davon trifft auf mich zu.

3. Sie planen mit Ihrem Mann den nächsten Urlaub. Ihr Mann wünscht einen
   radikalen Tapetenwechsel. Sie mögen weder Hitze noch unbekannte Speisen
40 und fahren am liebsten nach Österreich. Wie endet die Diskussion?
      a. Sie versuchen, ihm als Kompromiß Italien schmackhaft zu machen.
      b. Sie schlagen vor: „Dann machen wir eben getrennt Urlaub, wie viele an-
      dere Paare auch."
      c. Sie schließen sich Ihrem Mann aus Klugheit an, denn wenn er im Urlaub
45   die ganze Zeit muffelt°, haben Sie sowieso nichts davon.   sulks

4. Zeichnen Sie in das Kästchen Ihr Selbstbildnis, und zwar° den ganzen Körper.   that is
   Bitte lesen Sie die dazugehörige Frage erst dann, nachdem Sie sich gezeichnet
   haben.

Welche Fläche nimmt Ihr Selbstbildnis im Kästchen ein?

50   a. Sie haben es weder sehr groß noch sehr klein gezeichnet.

b. Sie haben sich so groß wie möglich gezeichnet.

c. Ihre Zeichnung nimmt nur einen sehr kleinen Teil ein.

5. Sie wohnen in München. Freunde möchten auf der Durchfahrt nach Italien in Ihrer engen Wohnung zwei Nächte übernachten. Wie verhalten Sie sich?

55   a. Sie handeln den Aufenthalt auf eine Übernachtung herunter.

b. Sie gebrauchen die Notlüge, daß Sie zum fraglichen Zeitpunkt gar nicht zu Hause seien.

c. Sie sagen zu. Schließlich kann man guten Freunden so was nicht abschlagen.

60   6. Ein neues Auto ist fällig. Sie denken dabei an einen guten Mittelklassewagen°. Der Traum Ihres Mannes ist etwas größer und teurer. Eine solche Anschaffung wäre allerdings unvernünftig, denn das Geld wird anderweitig gebraucht. Wie entschließen Sie sich?

= affordable mid-sized car

a. Sie versuchen, ihn davon zu überzeugen, daß die Anschaffung eines

65   größeren Autos wirklich unklug wäre.

b. Sie sagen: „Ich sehe nicht ein, warum wir uns für das Auto völlig verausgaben sollten."

c. Sie gönnen ihm die Freude. Dann müssen andere Dinge eben warten.

7. Ihre Schwiegermutter kommt zu Besuch. Sie legt immer großen Wert auf

70   Selbstgebackenes. Sie sind berufstätig und müßten für die Herstellung eines Kuchens Ihre knappe Freizeit opfern. Was tun Sie?

a. Sie kaufen eine Torte, die wie selbstgebacken aussieht, und fragen nach dem Rezept.

b. Sie kaufen ein paar Sahneschnittchen[1] beim Bäcker und stehen dazu.

75   c. Sie backen. Schließlich möchten Sie nicht als schlechte Hausfrau dastehen.

Testauswertung für „Partnerschaft und Familie"

Vor jeder Antwortmöglichkeit steht ein Buchstabe, dem ein Wert in Punkten zugeordnet ist. A = 2 Punkte, B = 1 Punkt, und C = 3 Punkte. **Dann zählen Sie Ihre Punkte zusammen!**

9–14 Punkte:

80   Können Sie ein offenes Wort vertragen? Sie sind im Kreise Ihrer Lieben eine pure Egoistin ...

Positiv an Ihrer Haltung ist Ihre Gradlinigkeit°. Mann, Kinder und Freunde wissen immer ganz genau, woran sie mit Ihnen sind ...

straightforwardness

Umgekehrt lassen Sie Ihren nächsten Mitmenschen wenig Möglichkeit, sich

85   zu entfalten ...

---

1. rectangular piece of torte (cake): whipped cream sandwiched between a flaky crust

15–21 Punkte:

Im Privatleben sind Sie eine maßvolle Egoistin. Sie denken an sich, können aber auch den Wünschen Ihrer Umgebung nachgeben. Bei beidem achten Sie aufs Gleichgewicht ...

90   Sie sollten sich bemühen, unabhängiger von den Reaktionen anderer zu werden. Sagen Sie weiterhin offen, was Sie möchten, aber gehen Sie auf Ihre Lieben deshalb ein, weil Sie Spaß daran haben, und nicht, weil Sie eine Gegenleistung erwarten.

22–30 Punkte:

95 Sie sind viel zu wenig egoistisch. Ihre Familie und Ihre Freunde haben sich bereits daran gewöhnt, daß Sie so bequem und pflegeleicht sind. Und vor allem: Sie selbst auch ...

    Sie haben ein gutes Herz, und es macht Ihnen tatsächlich Freude, für andere dazusein. Das will Ihnen auch niemand nehmen, doch in solchem Ausmaß

100 bekommt es Ihnen gewiß nicht.

    Vielleicht halten Sie daran fest, weil Sie schon im Elternhaus gelernt haben, daß man Sie lobt, wenn Sie höflich und bescheiden sind. Oder Ihnen wurde zuwenig Selbstbewußtsein vermittelt ...

    Versuchen Sie, mehr für sich einzutreten. Sie tun damit einem Menschen

105 etwas Gutes, den Sie besonders lieben sollten: sich selbst!

– aus Brigitte (gekürzt)

D. Was stimmt? Kreuzen Sie alle richtigen Antworten an. Mehr als eine Antwort kann richtig sein!

1. Was nehmen Frauen sich besonders zu Herzen?

    a. eigene Bedürfnisse
    b. Kritik
    c. Lob
    d. Liebe

2. Was geschieht, wenn man gar nicht egoistisch ist?

    a. Man wird lustlos.
    b. Man denkt nur an sich selbst.
    c. Man leidet und wird lustlos.
    d. Man wird für sich selbst verantwortlich.

3. Wie sind die meisten Menschen?

    a. Sie sind immer egoistisch.
    b. Sie sind manchmal egoistisch und manchmal nachgiebig.
    c. Sie stellen immer die eigenen Wünsche zurück.
    d. Sie sind selten nachgiebig.

4. Was ist ein radikaler Tapetenwechsel?

   a. Eine „tolle" Tapete.
   b. Alle Tapeten im Haus werden gewechselt.
   c. Ein Urlaub an einem ganz anderen Ort.
   d. Ein Urlaub an einem ganz „heißen" Ort.

5. Was wäre eine Notlüge für die Situation in Frage Nummer 5?

   a. „Wir werden zu Hause sein."
   b. „Die Schwiegermutter kommt zu Besuch."
   c. „Wir sind froh, daß ihr zu Besuch kommt."
   d. „Wir werden nicht da sein."

E. Was meinen Sie? Beantworten Sie die folgenden Fragen.

1. Glauben Sie, daß Egoismus auch etwas Gutes sein kann? Warum (nicht)?

2. Soll eine Mutter auch egoistisch sein? Warum (nicht)?

3. Glauben Sie, daß Meinungsumfragen einen Wert haben? Warum (nicht)?

4. Haben Sie schon selber einmal an einer Meinungsumfrage teilgenommen? Was war der Zweck? Was war das Resultat? Was haben Sie dabei erlebt?

5. Welche Erfahrungen in der frühen Jugend, in der Schule oder im Beruf können Egoismus hervorrufen?

6. Glauben Sie, daß die sieben Situationen dieser Umfrage gute Anhaltspunkte bilden, um *Ihren* persönlichen Egoismus zu messen? Warum (nicht)?

7. Machen Sie auf Reisen bei Freunden Halt, um das Geld für die Übernachtung zu sparen? Tun Sie das auch, wenn Sie diese „Freunde" eigentlich nicht sehr gut kennen? Warum (nicht)?

8. Glauben Sie, daß man seine Persönlichkeit im Zeichnen von Bildern zeigt? Sind psychologische Tests, die auf Zeichnungen basieren, brauchbar? Warum (nicht)?

F. Grammatik—Modalverben. Schreiben Sie die Sätze noch einmal und gebrauchen Sie die angegebenen Modalverben.

1. Man stellt die eigenen Bedürfnisse zurück, wenn man wenig Geld hat und das Kind zum Arzt bringt. (müssen/müssen)

2. Man denkt auch manchmal an sich selbst, besonders wenn man älter wird. (sollen)

3. Sie testen Ihren Egoismus, wenn Sie einen neuen Wagen kaufen. (können)

4. Ein Kind kann sich frei bewegen, solange keine Gefahr besteht. (müssen)

5. Samstags schenkt er der Familie seine ganze Zeit, aber leider kommt immer etwas dazwischen. (wollen)

6. Freunde übernachten von Freitag bis Sonntag bei mir, aber ich habe schon etwas für das Wochenende geplant. (wollen)

7. Maria trennt sich keine Sekunde von Uli, da sie jung und verliebt ist. (mögen)

8. Ich kaufe mir eine Jacke, aber meine Größe ist schon ausverkauft. (sollen)

9. Sie steht plötzlich als schlechte Hausfrau da, darum putzt sie einmal im Monat alle Fenster. (nicht mögen/wollen)

10. Ich vertrage ein offenes Wort, da ich noch viel lerne. (müssen)

G. Umfrage: Jeder Student führt den Egoismustest mit zwei Studenten dieser Klasse durch. Besprechen Sie das Ergebnis mit der Klasse.

H. Gruppenarbeit: Gruppen, die aus drei bis vier Studenten bestehen, erfinden drei zusätzliche Fragen und je drei oder vier Antwortmöglichkeiten, wie im Artikel gezeigt. Besprechen Sie sie mit den anderen Studenten dieses Kurses.

I. Umfrage: Das Telefon klingelt während des Abendessens; Sie unterbrechen Ihr Essen und gehen zum Telefon. Eine Stimme am Telefon sagt: „Ich mache eine Meinungsumfrage für ‚Firma X'. Wir wollen nichts verkaufen; wir wollen Ihnen nur ein paar Fragen stellen. Haben Sie 10 Minuten Zeit, sie zu beantworten?" Was machen Sie? Fragen Sie fünf Studenten in dieser Klasse nach ihrer Reaktion.

„Wo kommt denn auf einmal das Wasser her?"

A. Einführung: Familie Berger in Seenot

1. Was sehen Sie auf dem Bild?

2. Wo kann man in den Vereinigten Staaten Ferien am Wasser machen? Wo in Europa? Wie ist das Wasser dort? (Warm? Salzig? Gefährlich?)

3. Was sind die Vor- und Nachteile von Ferien am Meer im Vergleich mit anderen Urlaubszielen?

4. Welche Wassersportarten kennen Sie? Wo ist Wassersport besonders beliebt?

5. Warum kann Wasser gefährlich sein? Was muß man tun, um Gefahren im Wasser und auf dem Wasser zu vermeiden?

Aktiver Wortschatz

Substantive

die Ausschau   lookout; watch
die Besorgnis, -se   anxiety; worry
die Flut   incoming or flood tide; high tide
die Geschwindigkeit, -en   speed; quickness
die Konservendose, -n   can; tin
die Liege, -n   couch; camp bed; lounger
das Muster, -   pattern; sample; model
die Pension, -en   guesthouse
der Rettungsring, -e   life-saver
die Seenot   distress at sea
der Steg, -e   landing stage; pier
der Strand, ̈e   beach, strand
der Strick, -e   rope; rascal (dated)
der Vortrag, ̈e   lecture; talk; performance

Verben

ab•treiben, ie, ie (*aux.* **sein**)   to send or drift off course
bieten, bot, geboten   to offer
erpressen   to blackmail; to extort
jammern   to wail

nörgeln   to grumble; to moan
schaukeln   to swing; to rock
übertreiben, ie, ie   to exaggerate; to overdo
unternehmen (unternimmt), unternahm, unternommen   to undertake; to do
zappeln   to wiggle; to jiggle

Adjektive und Adverbien

allmählich   gradual(ly)
eklig   disgusting; revolting; nasty; vile
umständlich   troublesome

Redewendungen und andere Ausdrücke

Basta!   (And) That's that!
jemandem das Wort im Mund verdrehen   to twist sb.'s words
von vorgestern sein (war, ist gewesen)   to be born (the day before) yesterday [*fig. meaning*]
zu etwas fähig sein (war, ist gewesen)   to be capable of sth.

B.   **Wortschatzanwendung:** Ergänzen Sie den Text mit einem passenden Wort oder Ausdruck aus der folgenden Liste:

etwas bieten
fähig sein
Geschwindigkeit
Strand
übertreiben
unternehmen
Vorträge halten
das Wort im Mund verdrehen

Herr Schmidt und seine Frau

Eines Tages wollte Herr Schmidt etwas Schönes mit seiner treuen Frau

_____ (1). Er wollte an den _____ (2) fahren, denn seine
Frau liebte das Meer. Leider achtete der ältere Herr aber unterwegs nicht auf die

_____ (3) des Autos. Plötzlich fing seine Frau an zu

5   nörgeln. Sie meinte, er fahre immer zu schnell. „Du fährst ja über zweihundert

Kilometer pro Stunde! Um Gotteswillen!" „Nein, Liebling, du

_____ (4) schon wieder! Das tue ich nie." „Und ich
habe dir schon x-mal gesagt, daß du immer zu schnell fährst!" „Schluß jetzt!

_____ du überhaupt _____ (5), fünf Minuten still zu sitzen und

10   deinen Mund zu halten? Bitte _____ mir über meine Fahrweise keine

_____ (6)."

Dann fing Frau Schmidt an zu jammern. Sie heulte und meinte, ihr Mann liebe sie nicht mehr. Damit hatte Herr Schmidt nicht gerechnet.[1] Er fragte sie, warum sie

ihm immer _____ _____ _____ _____

15   _____ (7). Er sagte, daß er einfach eine Fahrt ins Blaue machen[2]

und ihr ein schönes Wochenende _____ (8) wolle. Plötzlich wurde Herr Schmidt von einem Verkehrspolizisten angehalten. Er bekam einen Strafzettel über zweihundert Mark. Das ganze Wochenende war verdorben und sie fuhren verärgert wieder nach Hause.

Über den Autor: *Hermann Moers (*1930)*

Hermann Moers ist Rheinländer. Er wurde 1930 geboren, wuchs in den Vorkriegs- und Kriegsjahren auf, die seiner Generation ein besonderes Gepräge gegeben haben. In dieser Zeit leistete er Arbeitsdienst als Helfer beim Westwallbau[3] bei einem Flakzug[4] und als Koch für Arbeiter bei den Fordwerken. Nach dem Krieg machte er eine kaufmännische Lehre bei den Fordwerken; während er tagsüber als Angestellter arbeitete, holte er in Abendkursen das Abitur nach. Dann nahm er mehrere Vertreterjobs an, ehe er eine Ausbildung bei der Bundespost begann. Sein erstes Theaterstück, ein Einakter („Zur Zeit der Distelblüte"), wurde 1958 in Bochum uraufgeführt.

Es folgten Theaterstücke, Fernsehfilme, ein Roman und viele Hörspiele. Seit 1983 sind seine Veröffentlichungen besonders an Kinder und Jugendliche gerichtet. Heutzutage lebt Hermann Moers mit seiner kleinen Familie und diversen Tieren in einem kleinen Dorf in Niederbayern.

C. Hauptthemen: Hören Sie sich das Radiospiel an oder lesen Sie den Text und dann beantworten Sie kurz die folgenden sechs Fragen.

1. <u>Wer</u> meint, das Boot entferne sich von der Mole?

2. <u>Was</u> will Herr Berger an diesem Tag machen?

3. <u>Was</u> ist mit dem Boot nicht in Ordnung?

4. <u>Wo</u> sind die drei Leute: der Mann, die Frau und das Kind?

5. <u>Warum</u> legte Heinz Berger die Hände zum Trichter an den Mund?

6. <u>Wie</u> wurde das Ehepaar gerettet?

---

1. mit etwas rechnen = to reckon with something

2. eine Fahrt ... = an excursion into nature

3. line of fortifications along the German/French border before World War II

4. an antiaircraft battery

FAMILIE BERGER IN SEENOT

Die beiden Akteure sind Heinz und Ute Berger, Anfang vierzig. Sie treiben in einem alten Holzboot mit einem Paar Ruder dicht vor der Küste. Das Wasser klatscht harmlos gegen die Bootswand.

UTE: Glaubst du echt, daß du mit diesem alten Bambusprügel° einen Fisch fängst? — bamboo stick

HEINZ: Klar. Vom Strand aus hätt' ich mit dem Ding nicht weit genug werfen können, um Plattfische zu fangen. Deshalb hab' ich ja die Jolle° gemietet. — dinghy

UTE: *(leicht besorgt)* Vielleicht bin ich von vorgestern, aber mir ist nie ganz wohl, wenn Susanne den ganzen Tag allein unterwegs ist. Sie kommt praktisch nur zum Essen und zum Schlafen in die Pension.

HEINZ: *(abwehrend)* Gott, das Mädel° ist fünfzehn. Soll sie doch Tischtennis spielen, oder was die Teenies hier so machen. An der Adria wär's was völlig anderes. Hätte mir einfallen müssen, für'n Kurzurlaub von Bremen aus einen Tag und eine Nacht über die Autobahn jetten, wie unser Bautruppführer° Hempel, der Geisteskranke. — Mädchen / foreman

UTE: Da sag' ich ja nichts. Ich bin auch froh, daß wir uns das bißchen Erholung nicht durch so'ne Strapaze versauen. *(Nach kurzer Pause, ein wenig erstaunt)* Wieso liegt jetzt auf einmal die Mole hinter uns? Wir rudern doch gar nicht?

HEINZ: *(aufgeregt)* Ich hab' einen! Ich hab' einen dran!

UTE: *(begreift allmählich)* Heinz –, wir treiben ab.

HEINZ: Ich spür genau, wie er zappelt!

UTE: *(eindringlich)* Wir treiben ab, Heinz!

HEINZ: *(unwillig)* Red' doch nicht so'n Quark°, Ute. Halt lieber mal den Kescher° ins Wasser. — nonsense/hand net

UTE: Aber wenn ich's doch sage! Wir treiben nicht nur zur Seite ab, wir entfernen uns auch immer weiter vom Strand!

HEINZ: *(verärgert)* Das gibt's doch nicht. *(Er hebt den Fisch in's Boot)* Jupp!

UTE: Iiiih! Schmeiß mir doch nicht deinen glitschigen Fisch auf die Füße! Den mag ich sowieso nicht essen, wenn der so'ne ekligen Würmer frißt.

HEINZ: *(etwas heftiger)* Heute paßt wieder mal gar nichts, wie? Susanne will nicht mehr auf deinem Mammischoß sitzen und ihr Fläschchen trinken; wir treiben ab; der Fisch ist glitschig und frißt eklige Würmer; worauf müssen wir uns denn wohl noch gefaßt machen?!

UTE: *(schnippisch)* Schau doch selber hin. Den Steg, von dem wir losgefahren sind, den sieht man nur noch wie Fliegenschiß°. — fly droppings

HEINZ: *(schaut mit einem Brummlaut; mag das Abtreiben nicht zugeben)* Das gibt's nicht. Nach der Zeittabelle ist einwandfrei noch Flut.

UTE: Du mit deinen Tabellen. Das ist es ja – das ist ja eine Berufskrankheit! Wenn du die Statik für einen Bau berechnet hast, und der Bau bricht zusammen, dann sagst du garantiert auch, das gibt's nicht.

HEINZ: *(wütend)* Soll ich vielleicht an magische Kräfte glauben?

UTE: Glaub', woran du willst, aber unternimm was!

HEINZ: *(äfft sie nach)* Unternimm was! Unternimm was! Wenn wir abtreiben, dann treiben wir doch beide ab, oder wie seh' ich das?!

40 UTE: Meine Idee war das nicht, mit so'm ollen Kahn rauszufahren, ein ruhiger Nachmittag auf einer Liege hinter der Pension wär' mir lieber gewesen.

HEINZ: *(giftet)* Ja, und hinterher hätte es wieder geheißen, daß ich dir nicht mal im Urlaub etwas biete!

45 UTE: *(lacht höhnisch)* Das nennst du also, deiner Frau etwas bieten, daß du mir diesen fiesen Fisch ... *(Sie bricht ab, dann überrascht)* Wo kommt denn auf einmal das Wasser her? Ich sitz' ja bis an die Knöchel im Wasser?!

HEINZ: *(zähneknirschend)* Dem Alten werde ich was erzählen. Als ich die Konservendose unter der Ruderbank gesehen habe, hätt' ich mir denken können, daß das Boot leck ist.

50 UTE: *(beklommen)* Wann willst du ihm das denn erzählen? So, wie es ausschaut, werden wir den nicht mehr wiedersehen, und unsere Susanne auch nicht.

HEINZ: *(explodiert)* Dann schöpf doch endlich mal das Wasser aus dem Boot! Immer nur nörgeln und jammern! Nie mal eine Initiative ergreifen!

(Heinz beginnt zu rudern. Ute schöpft Wasser aus dem Boot)

55 UTE: *(dem Weinen nahe)* Spar' dir deine Vorträge. Das hör' ich schon seit 20 Jahren, daß ich zu nichts zu gebrauchen bin. Warum hast du nicht einen dicken Stein und einen Strick mitgenommen, um mich im Meer zu versenken? Wär' doch einfach gewesen; hätt' kein Mensch was von gemerkt.

HEINZ: Ute, ich warne dich. Verdreh' mir nicht wieder das Wort im Mund. Ich habe nie
60 behauptet, du seiest zu nichts zu gebrauchen. Ich stelle lediglich fest, daß du dich in Trittbrettfahrermanier[5] aus allem raushältst.

UTE: So! Das stellst du also fest? Und wie erklärst du dir dann, daß ich früher in meinem Beruf als technische Zeichnerin eine sehr gefragte Kraft war? *(Ein Ruder platscht. Ute wütend)* Ach Mensch, bist du verrückt, mir mit dem Ruder
65 das ganze Wasser überzuschütten?!

HEINZ: *(krampfiges° Lachen)* Total humorlos. Das gehört auch dazu.   *(coll.)* **krampfhaft**

UTE: *(schöpft Wasser)* Halt du doch den Mund, Heinz. Auf's Meer rausfahren und nicht mal vernünftig rudern können.

HEINZ: *(rudert platschend)* Wieso wollte ich auf's Meer rausfahren? Ich wollte bloß
70 direkt vor'm Strand ein paar Plattfische fangen.

UTE: *(heftig)* Aber jetzt sind wir weit draußen! Und wir haben nicht mal'n Rettungsring dabei oder irgendwas. Aber so machst du's ja immer, und ich fall' jedesmal wieder drauf rein.

HEINZ: *(wegen der Anstrengung stärker atmend)* Tatsache? Ich fahr' also immer auf's
75 Meer raus, kann nicht rudern, und hab' keinen Rettungsring dabei?

---

5. acting like a person who is just along for a free ride, not accepting any responsibility or personal engagement

UTE: Jaaa, so machst du's immer! Du mußtest ja auch das Auto kaufen, das viel zu schnell ist für ... *(Ute stockt plötzlich. Dann mit unsicherer Hoffnung)* ... Ein Schiff!

HEINZ: *(springt auf)* Ein Schiff?

80 UTE: Halt dich doch ruhig, du wirfst ja das Boot um!

HEINZ: Sieht aus wie'n Küstenfrachter.

UTE: Heinz! Hör auf, so zu schaukeln!

HEINZ: Ich muß ihm doch winken, oder?!

UTE: Aber doch nicht mit dem .... *(Ein starkes Platschen)* Ach, jetzt hast du das Ruder
85 in's Wasser fallen lassen!

HEINZ: Ich habe es nicht fallen lassen, es ist mir aus der Hand gerutscht!

UTE: Aber – wir brauchen das Ruder doch! Warum holst du's nicht wieder?

HEINZ: Na, soll ich vielleicht wegen dem doofen Stück Holz ins Wasser jumpen°?   *(coll.)*
Wenn uns das Schiff aufnimmt, lassen wir den alten Kahn sowieso absaufen.
90 *(Kurzes Schweigen. Nur die leise ans Boot klatschenden Wellen)*

UTE: Glaubst du, daß sie uns sehen?

HEINZ: *(übertrieben sicher)* Na, klar doch. Die müssen dauernd Ausschau halten; sonst
könnten sie ja auf irgendwas auflaufen, oder was.

UTE: *(ein wenig beruhigt)* Das wird mir eine Lehre sein, ich schwör' dir's°. Ich lasse   *(dial)* **schwör's dir**
95 mich von dir zu nichts mehr erpressen.

HEINZ: *(empört)* Erpressen?? Seit wann erpresse ich dich denn?

UTE: Seit ich dich kenne. Ich glaube, ich habe in unserer Ehe noch nie irgend etwas
nach meinem freien Willen getan. Aber das ändert sich, verlaß' dich drauf, und
zwar ab sofort; für den Rest des Urlaubs lebe ich total nach meinem eigenen
100 Programm.

HEINZ: Gratuliere. Wirst ja auf deine alten Tage 'ne richtige Emanze. Gib mal deine
Bluse; ich brauch was zum Winken.

UTE: Warum ziehst du nicht dein Hemd aus?

HEINZ: *(ärgerlich)* Deine Bluse mit dem rotweißen Muster sieht man besser! *(Er legt die
105 Hände zum Trichter an den Mund)*[6] Halloo Seenoot!!! *(Kurzes Schweigen)*

UTE: *(ungläubig)* Das Schiff wird überhaupt nicht langsamer?

HEINZ: Winken! Winken! *(Sie winken und rufen beide)* Da! Da steht einer an einer Reling, der hat uns gesehen!

UTE: Ja. Der winkt zurück. *(Kurzes Schweigen)* Die fahren ja vorbei.

110 HEINZ: *(zähneknirschend)* Hast du dir den Namen gemerkt von dem Schiff? Die werd'
ich belangen, gerichtlich werd' ich die belangen, wegen unterlassener Hilfeleistung!

UTE: *(entmutigt)* Da wirst du dich aber beeilen müssen, so, wie das Wasser im Boot
steigt.

---

6. he cups his hands around his mouth like a bullhorn (in order to be heard above the sound of the waves)

115	HEINZ:	*(verliert die Nerven)* Ja, und warum steigt das Wasser im Boot? Warum? Weil du es nicht ausschöpfst! Und warum schöpfst du es nicht aus? Weil du niemals zu konsequentem Handeln fähig bist! Darum!
	UTE:	*(relativ ruhig)* Und warum ruderst du nicht, wenn du schon so ein Konsequenzbolzen[7] bist?
120	HEINZ:	Warum ich nicht rudere! Wenn ich nur auf einer Seite rudere, drehen wir uns im Kreis; ist doch logisch, oder?!
	UTE:	Dann mußt du eben mit dem einen Ruder einmal links und einmal rechts rudern.
	HEINZ:	Du meinst, rudern, die Seite wechseln und wieder rudern?
125	UTE:	*(schöpft Wasser)* Du hast es erfaßt. Auf diese Weise kann es etwas länger dauern, bis wir Amerika entdecken, aber wir haben ja immerhin den Fisch.
	HEINZ:	*(geschäftig)* Laß jetzt das Wasserschöpfen. Setz dich neben mich; das müssen wir miteinander machen. Wichtig ist, daß wir gegen diese verdammte Strömung ankommen. So …

130 *(Sie sitzen nun zu zweit auf der Ruderbank; man sollte etwas mitbekommen von dem umständlichen rudern, aushängen, einhängen, rudern)*

	UTE:	*(trotz Besorgnis sarkastisch)* Nebeneinander miteinander, mit nur einem Ruder. Soviel hatte ich mir von unserem Kurzurlaub gar nicht erhofft.
	HEINZ:	*(gespielt dynamisch, etwas außer Atem)* Gleichmäßiger! Gleichmäßiger! Rudern
135		– hier, jetzt du. Ja, Ja – rudern. – Ja, ja, es gibt noch Überraschungen im Leben.
	UTE:	*(heftig atmend)* Eigentlich schade, daß man sich dazu erst in Lebensgefahr begeben muß.
	HEINZ:	Aber Überraschungen geh'n meistens vorüber, liebe Ute, und dann werden wir uns in Ruhe darüber unterhalten, warum alles, was ich sage und tue, immer so
140		schrecklich falsch ist.

(Ein Motorboot nähert sich)

	UTE:	Wieso denn das? Ich denke, alles, was ich sage und tue, ist falsch? *(Mit einem Schreckenslaut)* Was haben die denn vor?
	HEINZ:	*(erschrocken)* Der will uns rammen! *(Erleichtert)* Drehen schon bei.
145		Küstenwacht.
	UTE:	Vielleicht hat der Alte Angst gekriegt, daß wir in seinem löcherigen Boot absaufen.
	HEINZ:	Faß' mich mal um die Hüfte, festhalten, damit ich das Tau auffangen kann! Und red' kein ungereimtes Zeug,° wenn die uns ausfragen! Wir wollten ein paar
150		Plattfische fangen, dabei sind wir abgetrieben, aus, basta.

red' … don't talk any nonsense

---

7. (the) epitome of consequential thinking or action

UTE: Schon gut, Heinzi, ich werd' denen nicht erzählen, wie gut wir uns verstanden haben.

HEINZ: *(forsch)* Ahoi!

– aus Vier Kurzhörspiele 1992

D.   Fragen zum Text: Beantworten Sie die folgenden Fragen!

1. Wo findet die Geschichte statt?

2. Ist Frau Berger damit zufrieden, daß sie und ihr Mann nicht an die Adria gefahren sind? Warum (nicht)?

3. Welchen Beruf hat Heinz Berger wohl? Warum glauben Sie das? Ist das wichtig für die Geschichte? Warum (nicht)?

4. Hat Ute Berger auch einen Beruf? Ist das wichtig für die Geschichte? Warum (nicht)?

5. Woher wissen wir, daß Ute nicht gern angelt?

6. Wie fängt die Auseinandersetzung zwischen Ute und Heinz an?

7. Was sagt Heinz zu Ute, was wirklich nicht fair ist?

8. Was sagt Ute zu Heinz, was wirklich nicht fair ist?

9. Was geschieht mit dem Boot, als Heinz nur noch ein Ruder hat?

10. Was tun Heinz und Ute, um die Aufmerksamkeit des Mannes auf dem Schiff auf sich zu ziehen? Wie reagiert der Mann auf dem Schiff?

E.   Was meinen Sie? Beantworten Sie die folgenden Fragen!

1. Was erfahren wir über den Charakter von Heinz und Ute? Haben Sie den Eindruck, daß sie eine gute Ehe haben? Ist eine gelegentliche Auseinandersetzung in der Ehe notwendig? Warum (nicht)?

2. Was könnte es bedeuten, daß das Boot sich im Kreise dreht? Was könnte das mit der Ehe von Heinz und Ute zu tun haben?

3. Warum sagt Heinz am Ende: „Red' kein ungereimtes Zeug, wenn die uns ausfragen"? Wovor hat er Angst? Was bedeutet Utes Antwort?

4. Haben Sie sich schon einmal in einer gefährlichen Situation befunden? Erzählen Sie, was geschehen ist.

5. Streiten Sie sich mit anderen Leuten, wenn Sie in einer schwierigen Lage sind? Warum (nicht)?

6. Was kann man tun, um Streit zu vermeiden?

7. Sind Sie schon einmal gesegelt oder mit dem Kanu oder Ruderboot gefahren? Sind Sie schon Wasserschi gefahren? Erzählen Sie, ob es Ihnen Spaß gemacht hat und was Sie dabei erlebt haben.

8. Angeln Sie gern? Warum (nicht)? Essen Sie gern Fisch? Warum (nicht)?

9. Wieviel Freiheit sollte ein Mädchen mit 15 Jahren haben? Was sollte es tun dürfen, was nicht?

Was stimmt hier nicht?

F. Wettbewerb: Vergleichen Sie zusammen mit einem Partner das Bild mit der Geschichte und finden Sie die acht Punkte, die nicht mit der Geschichte übereinstimmen. Das Team, das zuerst alle acht Fehler gefunden hat, soll sich sofort melden. Diese Gruppe hat den Wettbewerb gewonnen. Wenn die meisten Teams alle acht Fehler gefunden haben, besprechen Sie sie gemeinsam in der Klasse.

G. Minireferat: Erzählen Sie das Drama vom Standpunkt der fünfzehnjährigen Tochter. Verwenden Sie mindestens fünf Wörter oder Redewendungen aus dem *Aktiven Wortschatz*.

H. Minireferat: Erzählen Sie von einem Erlebnis, bei dem Ihre Pläne „ins Wasser fielen". Verwenden Sie mindestens fünf Wörter oder Redewendungen aus dem *Aktiven Wortschatz*.

I. **Rollenspiel:** Erfinden Sie mit einem Partner ein Drama von einem problematischen Wochenende. Verwenden Sie mindestens fünf Wörter oder Redewendungen aus dem Text.

J. **Rollenspiel:** Spielen Sie dieses Hörspiel vor. Gebrauchen Sie Ihren eigenen Wortschatz, aber verwenden Sie mindestens fünf Wörter oder Redewendungen aus dem Hörspiel.

KAPITEL 6

Sport ist Mord!

Sport und Fitneß

Gespräch:	*Treibst du gern Sport? (18:20)*
Aus der Presse:	*Zwischen den Fronten* (JUMA)
Grammatik:	Adjektive und Artikel
Aus der Literatur:	*Lauf-Feuer* (Gisela Schalk)

GESPRÄCH

Stefan und Su-Sin halten sich fit.

A. Einführung: Treibst du gern Sport?

1. Was sehen Sie auf dem Bild?

2. Welche Sportarten kennen Sie (außer den Wassersportarten, über die Sie im vorigen Kapitel gesprochen haben)?

3. Warum treiben Leute Sport?

4. Gibt es „Modesportarten", d.h. gibt es einige Sportarten, die Jahre lang beliebt sind und dann in Vergessenheit geraten? Nennen Sie Beispiele.

5. Was ist eine „Mannschaft", ein „FC"? Was bedeutet „2:0" beim Fußballspiel?

Aktiver Wortschatz

Substantive

der Ausweis, -e ID (membership/library/student) card
der Geldbeutel, - purse; wallet
das Leder, - leather
das Portemonnaie, -s purse; wallet
der Spaß, ⁻e fun; joke; prank

Verben

ab•schließen, schloß ab, abgeschlossen to lock (up)
empfehlen (ie), a, o + *dat.* to recommend
entschuldigen to excuse; to pardon

Adjektive und Adverbien

aktuell relevant; current
bestimmt definitely; certainly

Redewendungen und andere Ausdrücke

eine Pause machen to take a break
Es stimmt. It is right; It is correct.
Schauen Sie mal! Schau mal! Take a look!
schön auf•passen to keep a careful eye (on sb. or sth.)
Sport treiben, ie, ie to participate in (a) sport

🖳 **Videoband:** *Stefan und Su-Sin joggen im Wald, um sich fit zu halten. (18:20)*

B. **Hauptthemen:** Sehen Sie sich das Videoband an und beantworten Sie kurz die folgenden Fragen!

1. <u>Wer</u> spielt gern Tennis?

2. <u>Was</u> hat Stefan verloren?

3. <u>Wann</u> hatte Stefan sein Portemonnaie zuletzt?

4. <u>Wo</u> hat die ältere Frau einen Geldbeutel gefunden?

5. <u>Warum</u> stellt die ältere Frau so viele Fragen?

6. <u>Wie</u> sieht Stefans Geldbeutel aus?

C. **Richtig oder falsch?** Sehen Sie sich das Videoband ein zweites Mal an und kreuzen Sie die richtigen Aussagen an. Korrigieren Sie außerdem die falschen Angaben!

1. Stefan fährt jeden Tag mit dem Fahrrad zur Uni.

2. Stefan und Su-Sin spielen jedes Wochenende zusammen Tennis.

3. Su-Sin ist gern an der frischen Luft.

4. Su-Sin findet es erstaunlich, daß man in einer Großstadt wohnen und trotzdem in wenigen Minuten im Grünen sein kann.

5. Su-Sin und Stefan wollen beide die Umwelt sauber halten.

6. Stefan ist sicher, daß er sein Portemonnaie bei den Fahrrädern verloren hat.

7. Die ältere Frau glaubt Stefan sofort, daß der Geldbeutel, den sie gefunden hat, ihm gehöre.

8. Stefan sagt, daß der Geldbeutel aus Leder sei.

9. Im Geldbeutel sind fünf Mark, ein Studentenausweis, ein Foto von seiner Schwester und ein kleiner Schlüssel.

10. Die ältere Frau ermahnt Stefan, daß er besser auf sein Portemonnaie aufpassen sollte.

D. Lückenübung: Sehen Sie sich das Videoband noch einmal an und ergänzen Sie den Dialog mit den passenden Wörtern aus dem *Aktiven Wortschatz.*

Treibst du gern Sport?

Erster Teil (18:20)

STEFAN: Hallo, Su-Sin.

SU-SIN: Hallo, Stefan.

STEFAN: Na, _____ du gerne _____?

SU-SIN: Mhh, ich fahre jeden Tag mit dem Rad zur Uni.

5   STEFAN: Oh, da bleibst du fit.

SU-SIN: Lassen wir unsere Räder hier?

STEFAN: Ja, ich muß es noch _____.

SU-SIN: Mhh.

STEFAN: He, du bist aber fit.

10   SU-SIN: Bist du müde? Treibst du keinen Sport?

STEFAN: Doch. Ich bin jedes Wochenende auf dem Tennisplatz. Spielst du auch Tennis?

SU-SIN: Nein.

STEFAN: Den Sport kann ich _____ _____. Es

15   macht großen Spaß. Tag.

JOGGER 1:   Tag.

SU-SIN: Hallo.

STEFAN: Ah, ich bin gern im Wald und in der frischen Luft.

SU-SIN: Ich auch. Ich laufe gern im Wald. Los.

Zweiter Teil (20:08)

20   STEFAN: Laß uns eine kurze _____ _____.

SU-SIN: Ja, OK.

STEFAN: Oh, was für ein schöner Park.

SU-SIN: Ja, echt. Ich wohne in einer Großstadt, aber in fünf Minuten bin ich schon mitten in der Natur.

25   STEFAN: Mhh. _____ _____, wie die Leute den Wald ver-schmutzen. Da hat jemand eine Flasche weggeworfen.[1]

SU-SIN: Ja, wir nehmen sie mit und werfen sie weg![2]

STEFAN: Oh je!

SU-SIN: Was ist los?

30   STEFAN: Ich hab' meinen _____ verloren.

SU-SIN: Wo denn?

---

1. onto the path

2. into the trash

STEFAN:	_____ _____. Vielleicht bei den Fahrrädern.
SU-SIN:	Gehen wir doch zurück. Wir finden ihn bestimmt.
35 STEFAN:	Ja ... Entschuldige, hast du einen braunen Geldbeutel gefunden?
JOGGER 2:	Ach, tut mir leid. Keine Zeit!

Dritter Teil (21:00)

STEFAN:	Entschuldigen Sie. Ich habe meinen Geldbeutel verloren. Haben Sie ihn vielleicht gefunden?
ÄLTERE FRAU 1:	Ich hab' einen gefunden, drüben bei den Rädern.
40 STEFAN:	Ja, das ist bestimmt mein Geldbeutel.
ÄLTERE FRAU 1:	Und wie sieht er wohl aus?
STEFAN:	Er ist braun ...
ÄLTERE FRAU 1:	Mhh ...
STEFAN:	... und aus Leder.
45 ÄLTERE FRAU 1:	Mhh. Und was war darin?
STEFAN:	Geld natürlich.
ÄLTERE FRAU 1:	Ja, wieviel denn?
STEFAN:	Fünf Mark ...
ÄLTERE FRAU 1:	Mhh ...
50 STEFAN:	... und mein neuer _____.
ÄLTERE FRAU 1:	Ja, und wie ist Ihr Name?
STEFAN:	Stefan Bachmann.
ÄLTERE FRAU 1:	Mhh, das _____ auch. Und war sonst noch etwas drin?
STEFAN:	Wie meinen Sie, was noch?
55 ÄLTERE FRAU 1:	Na, vielleicht ein Bild?
STEFAN:	Ja, ein altes Foto von meinen Eltern ...
ÄLTERE FRAU 1:	Ja, das hab' ich auch entdeckt.
STEFAN:	... und ein kleiner Schlüssel.
ÄLTERE FRAU 2:	Frieda! Gib ihm doch das _____. Es gehört ihm!
60	
ÄLTERE FRAU 1:	Ja.
STEFAN:	Vielen, vielen Dank.
ÄLTERE FRAU 1:	Bitte schön.
STEFAN:	Da bin ich sehr froh.
65 ÄLTERE FRAU 1:	Alles Gute.
STEFAN:	Danke, ja.
ÄLTERE FRAU 1:	Und _____ Sie schön _____ das nächste Mal.
STEFAN:	Ja, vielen Dank.

E. Was meinen Sie? Beantworten Sie die folgenden Fragen:

1. Besitzen Sie ein Fahrrad? Fahren Sie lieber mit dem Fahrrad oder mit einem Motorrad?

2. Was sind die Vorteile vom Fahrradfahren? Was sind die Nachteile? In welchen Ländern fährt man besonders viel mit dem Fahrrad?

3. Was tun Sie, wenn Sie in der Natur sind und eine Flasche oder Dose herumliegen sehen? Lassen Sie sie liegen? Verstecken Sie sie im Gebüsch? Heben Sie sie auf und tun Sie sie in einen Glascontainer?

4. Sie haben Ihren Geldbeutel verloren. Was tun Sie, um ihn wiederzubekommen?

5. Sie haben ein Portemonnaie oder einen Schlüssel gefunden. Was tun Sie damit?

6. Spielen Sie Tennis? Warum macht Tennisspielen Ihnen (keinen) Spaß?

7. Haben Sie Fotos in Ihrem Portemonnaie? Von wem? Warum (nicht)? Was haben Sie sonst noch in Ihrem Portemonnaie?

F. Minireferat: Suchen Sie sich eine Sportart aus und berichten Sie darüber. Sprechen Sie über Vor- und Nachteile von diesem Sport. Ist er gesund? Kann er gefährlich sein? Kostet dieser Sport viel Zeit? Verwenden Sie mindestens fünf Wörter aus der folgenden Liste:

Vokabelhilfe	
amateur	**der Amateur, -e**
athlete	**der Sportler, -/die Sportlerin, -nen**
basketball	**der Basketball, ¨e; das Basketballspiel, -e**
beginner	**der Anfänger, -/die Anfängerin, -nen**
competition	**der Wettkampf, ¨e**
defeat	**die Niederlage, -n**
game	**das Spiel, -e**
hobby	**das Hobby, -s**
international match	**das Länderspiel, -e**
participate	**teil•nehmen (nimmt), nahm, genommen (an + *dat.*)**
prepare (for)	**sich vor•bereiten (auf + *acc.*)**
professional	**der Profi, -s**
skier	**der Schiläufer[1], -/die Schiläuferin, -nen**
surfboard	**das Surfbrett, -er**
victory	**der Sieg, -e**

G. Rollenspiel: Erfinden Sie ein Rollenspiel für zwei Personen, von denen eine immer nur Sport im Fernsehen angucken will. Wie kann man diese Person überreden, einmal etwas Sinnvolleres zu tun? Versuchen Sie, mindestens drei verschiedene Argumente zu finden. Verwenden Sie mindestens fünf Wörter oder Redewendungen aus dem *Aktiven Wortschatz!*

---

1. also: Skiläufer/Skiläuferin

„Schalke vor, noch ein Tor!"

A. Einführung: Zwischen den Fronten.

1. Was sehen Sie auf dem Bild?

2. Was wissen Sie über Fußball in Deutschland? Warum ist er dort populär? Wird dieser Sport auch in diesem Land populär? Warum (nicht)?

3. Kennen Sie den Namen eines deutschen Fußballvereins? Wo spielt diese Mannschaft?

4. Besonders wenn zwei Spitzenteams gegeneinander antreten, können die Fans sehr aufgeregt werden; sie kämpfen mit. Was kann passieren? Wie kann man Gewalttätigkeiten vermeiden?

5. Interessieren Sie sich für Fußball? Spielen Sie selber Fußball? Kennen Sie die Regeln? Wie spielt man Fußball? Wieviele Spieler gibt es in einer Mannschaft?

Aktiver Wortschatz

Substantive

der Anstoß, *pl.* **Anstösse** (Sports) kickoff
der Ärger annoyance; anger
die Aufnahme, -n photo(graph)
der Betreuer, -/die Betreuerin, -nen manager; liaison person
das Foul, -s (sports) foul
der Freistoß, *pl.* **Freistösse** (soccer) free kick
der Gegner, -/die Gegnerin, -nen opponent
die Gewalt, -en violence
die Mannschaft, -en team
der Mißerfolg, -e failure; flop
die Mütze, -n cap
der Pokal, -e (sports) cup
der Schal, -s scarf
der Schiedsrichter, -/die Schiedsrichterin, -nen (soccer, hockey, boxing) referee
das Schimpfwort, ⸚er swearword; rude name
die Schlägerei, -en fight; brawl
der Schuß, *pl.* **Schüsse** (soccer) kick; shot

das Stadion, *pl.* **Stadien** stadium
das Team, -s team
der Verein, -e (sports) club
das Verhältnis, -se relationship
das Vorbild, -er model; example
der Zuschauer, -/die Zuschauerin, -nen spectator

Verben

erreichen to reach; to get at
sorgen für to care for; take care of
unterstützen to support
vermitteln to arrange; to mediate

Redewendungen und andere Ausdrücke

am Ball bleiben, ie, ie (*fig.*) to stay on the ball
einen Streit schlichten to settle a dispute/fight
Kontakt halten (ä), ie, a to keep in contact
(jdn./etw.) toll finden, a, u to think (sb./sth.) is great or wonderful
zur Seite stehen, stand, gestanden (+ *dat.*) to be on (sb.'s) side

---

B. Wortschatzanwendung: Ergänzen Sie den Text mit einem passenden Wort oder Ausdruck aus der folgenden Liste:

Aufnahme
Foul
Gegner
Mützen
Pokal
Schiedsrichter
Schlägerei
Stadion
Teams
toll
unterstützen
Verhältnis
Zuschauer

Eishockey

Es gibt einige Leute, die das Eishockeyspiel absolut _____ (1) finden. Aber

ich bin nicht dieser Meinung. Erstens sitzen die _____ (2) in

ihren Stiefeln und _____ (3) da und versuchen, sich warm zu halten, weil das ganze _____ (4) wegen des Eises so kalt ist. Dann

kommen die Lieblingsmannschaft und ihre _____ (5) auf das

Eis. Jeder kann spüren, daß es kein gutes _____ (6) zwischen

den beiden _____ (7) gibt.

Gleich danach beginnt das Spiel. Der kleinste Ärger führt zu einer

_____ (8). Da schlagen sich zwei bis zehn Spieler. Manchmal

können die _____ (9) die Spieler gar nicht erreichen,
um den Streit zu schlichten. Ich sitze dort und frage mich, wie sie überhaupt

feststellen können, warum sie das _____ (10) bekommen haben. Es geht
alles so blitzschnell, man kann einfach nicht allem folgen.

Dann am Ende der Saison wird ein _____ (11) an die Mannschaft

vergeben, die die Saison am besten überstanden hat. Am nächsten Tag erscheint eine

_____ (12) von der Mannschaft in der Zeitung und alle
Eishockeyfans freuen sich.

Aber ich? Keineswegs! Ich _____ (13) solche
Gewalt nicht. Ich ziehe Boxen vor.

C. Hauptthemen: Überfliegen Sie den folgenden Text und ordnen Sie dann die Hauptthemen in der richtigen Reihenfolge.

____ a. Fußballfans wollen nicht bespitzelt werden.

____ b. Versuche zwischen Polizisten und Fans zu vermitteln

____ c. das Einfühlungsvermögen einer Frau

____ d. das Fan-Projekt

____ e. Ist der Fotograf ein Polizist?

____ f. ein Fußballspieler als Ordner

____ g. Fußballspieler unterstützen ihre Vereine.

ZWISCHEN DEN FRONTEN

Deutschland ist ein Fußball°-Land. Die einen spielen, die anderen gucken zu.   soccer
Wöchentlich gehen über 200.000 Menschen in die Stadien, zu „ihrem"
Verein. Unter ihnen sind auch die Fans. Sie tragen Schals und Mützen in Vereins-
farben, treffen sich in einer Kurve des Stadions und unterstützen ihre Mannschaft
5 durch lautes Singen. Doch leider bleibt es oft nicht dabei. Schlägereien, zerstörte
Eisenbahnwagen und kaputte Schaufensterscheiben: das sind die Spuren einiger
radikaler Fans, die sich nach englischem Vorbild auch „Hooligans" nennen. In
Hannover gibt es ein Projekt gegen die Gewalt. JUMA-Reporter Wolfgang Kla-

wonn wollte über die Arbeit des Projekts und über die Fans berichten. Doch das
10 war gar nicht so leicht.

Niedersachsenstadion, Samstag, 15 Uhr. Anstoß zum Spiel zwischen Hannover 96° und dem VfB° Oldenburg. Letzten Mittwoch spielten die Hannoveraner um den DFB°-Pokal. Darum ist Ruhe in der Westkurve. Die Fahnenschwenker sehen müde aus. Doch dann ein Foul an einem „96er": die Fans
15 schimpfen laut auf den Gegner. Sie fordern einen Freistoß. Der Schiedsrichter gibt ihn, aber der Schuß bringt nichts. Ich will die Fans fotografieren. Doch am Himmel sind Gewitterwolken. Ich muß näher 'ran, das Licht ist zu schlecht. Plötzlich ist es wie im Hexenkessel°. Nicht nur Schimpfwörter fliegen in meine Richtung, auch halbvolle Bierbecher. Kein Zweifel, die glauben, ich bin ein Polizist.
20 Eberhard Jordan, einer der drei Sozialarbeiter vom Fan-Projekt, erzählt: „Die Jungs° haben zu oft schlechte Erfahrungen mit Fotografen gemacht." In vielen deutschen Stadien machen Polizisten Aufnahmen von Fans, die „randaleverdächtig°" sind. So bekommt die Polizei „Fahndungsfotos°, die zu großem Ärger führen können", berichtet ein Fan. Die Fans wissen, daß bei jedem großen
25 Spiel auch Polizisten in Zivil° auf der Tribüne für „Ruhe und Ordnung" sorgen. Jordan, der seit 1988 beim Fan-Projekt ist, sagt: „Wir können zwar die Fans über Fotowünsche informieren. Doch wir erreichen längst nicht alle. Es sind zu viele Gruppen und Grüppchen." Viele Medien berichten negativ über die Fans, darum ist das Verhältnis gestört. Keine Chance für mich, schnell Vertrauen zu bekom-
30 men. Auch die Sozialpädagogen haben manchmal nach jahrelanger Betreuung Mißerfolg. Vor einigen Monaten wollte die Polizei sogenannte „Vertrauensleute°" in die Fanszene schicken, um „einen besseren Kontakt zu halten". Mehrere Fan-Projekte stoppten diesen Versuch. Die Fans fühlten sich ausgehorcht und bespitzelt.
35 Trotzdem versuchen die Sozialpädagogen, zwischen Polizisten und Fans zu vermitteln, Schritt für Schritt. „Wir haben schon oft Polizisten zu Diskussionen in den Fan-Projekt-Laden eingeladen", erzählt Christian Berg, 33 Jahre. Er ist seit vier Jahren beim Fan-Projekt Hannover. Seit dieser Zeit hat er viele Verantwortliche beim Fußballclub und bei der Polizei kommen und gehen sehen. „Der
40 Dialog wird oft gestört, sobald Ansprechpartner wechseln. Denn gemachte Versprechungen werden nicht eingelöst."

„Wir müssen immer am Ball bleiben und Kontakte neu beleben", meint Dagmar Häfker. Die 27-jährige ist erst seit wenigen Wochen beim Fan-Projekt. Trotzdem gehört sie schon voll dazu: „Fachsimpelei° ist gar nicht so wichtig. Von
45 einer Frau erwartet man eher Einfühlungsvermögen°. Ich versuche, mit Rat und Tat zur Seite zu stehen. Wo es geht, auch bei partnerschaftlichen Problemen. Toll finde ich, daß es kaum Berührungsängste° gibt." Stärke kann auch sein, Schwäche zu zeigen. Das möchte sie den gewaltbereiten Fans vermitteln. Das Team kennt keinen Acht-Stunden Tag. Man schreibt Fan-Infos°, veranstaltet Dia-
50 Abende und Diskussionen. Im eigenen Stadion und bei den Spielen in anderen Städten sind die Betreuer immer dabei. Außerdem veranstaltet man eigene Fußball-Turniere. 15 Fanclubs gibt es in und um Hannover. 250 Fans spielen selber Fußball. Sie kämpfen in der „Fan-Liga" um Punkte und Meisterehren°. Lange Zeit gab es Probleme, einen Sportplatz zu finden. Endlich konnte man vor einem
55 Jahr ein Gelände für längere Zeit mieten. Hacky, 29 Jahre, kann sich nicht

soccer team (founded 1896) /
= Verein für Ballsport
= Deutscher Fußball-Bund

witches' cauldron;
inferno

Jungen (coll.)

suspected of intending to
instigate a riot / criminal
investigation photos /plain
clothes

here: trusted persons; mediators

shoptalk
sympathetic understanding

apprehension of contact

an informational flyer for
fans

championship honors

vorstellen, „nur" Zuschauer zu sein. „Wer diesen Sport wirklich liebt, der will auch selbst mal ans Leder°!" sagt Hacky, Mitglied des Fanclubs „Heitlinger Jungs". Er sitzt übrigens zwischen den Fronten: Manchmal macht er Dienst als Ordner im Stadion. So kennt er beide Seiten. Hacky meint: „Gewalt kann man
60 gerade bei massivem Polizeieinsatz nie ausschließen. Darum halte ich das Fan-Projekt für sinnvoll. Nur die hauptberuflichen Sozialpädagogen können im Laufe der Zeit ein Vertrauensverhältnis aufbauen."

here: ball

aus *JUMA: DAS JUGENDMAGAZIN*

D. Was stimmt? Kreuzen Sie alle richtigen Antworten an. Mehr als eine Antwort kann richtig sein.

1. Wie unterstützen die Fußballfans ihren Verein?
   a. Sie singen laut.
   b. Sie schlagen andere Fans.
   c. Sie tragen Schals und Mützen in Vereinsfarben.
   d. Sie zerschlagen Schaufensterscheiben.

2. Warum schimpfen die Fans manchmal auf den Gegner?
   a. Die Gegner tragen andere Farben.
   b. Ein Spieler wurde gefoult.
   c. Die Gegner spielen sehr schlecht.
   d. Die Gegner fordern einen Freistoß.

3. Wer will die Fans fotografieren?
   a. Der Schiedsrichter.
   b. Der Polizist.
   c. Der Sozialarbeiter.
   d. Der Reporter.

4. Warum machen Polizisten Aufnahmen von den Fans?
   a. Es ist ein Fan-Projekt.
   b. Die Polizei braucht Fahndungsfotos.
   c. Die Polizei will das Benehmen der Fans studieren.
   d. Die Polizei will die „Hooligans" identifizieren.

5. Warum treten Polizisten auch in Zivil auf der Tribüne auf?
   a. Sie wollen für Ruhe und Ordnung sorgen.
   b. Sie wollen das Verhältnis zwischen Fans und Fußballspielern stören.
   c. Sie wollen Aufnahmen machen.
   d. Sie wollen besseren Kontakt mit den Fans herstellen.

6. Warum fühlen sich die Fans ausgehorcht und bespitzelt?
   a. Die Medien berichten oft negativ über die Fans.
   b. Die Sozialpädagogen haben die Fans gestört.
   c. Die Polizei wollte „Vertrauensleute" in die Fanszene schicken.
   d. Die Sozialpädagogen vermitteln zwischen Fans und Polizisten.

7. Was ist ein „Fan-Projekt"?

    a. Man kann dort mit Betreuern über Probleme sprechen.
    b. Man kann dort selber Fußball spielen.
    c. Man will Vertrauen aufbauen.
    d. Man will mehr Fans für Fußball begeistern.

8. Was meint Hacky, Mitglied eines Fanclubs?

    a. Man kann doch keinen Sportplatz für die Fans finden.
    b. Er möchte lieber als Ordner beim Fußballspiel arbeiten.
    c. Gewalt beim Polizeieinsatz kann man nie ausschließen.
    d. Die Sozialpädagogen können im Laufe der Zeit ein Vertrauensverhältnis aufbauen.

E. Was meinen Sie? Beantworten Sie die folgenden Fragen!

1. Warum spielt man in den Vereinigten Staaten nicht so viel Fußball wie in anderen Ländern? Sehen Sie sich Fernsehübertragungen von internationalen Fußballspielen an?

2. Sind Sie schon einmal bei einem Fußballspiel gewesen? Wann? Wo? Wer hat gewonnen?

3. Besitzen Sie eine Mütze oder eine Jacke in Vereinsfarben? Von welchem Verein? Wann tragen Sie sie? Wie unterstützen Sie Ihren Verein?

4. Welche Sportarten sehen Sie sich besonders gern an? Was finden Sie interessant daran?

5. Interessieren Sie sich eher für Mannschaftssport, wie zum Beispiel Basketball oder für Einzelleistungen, wie zum Beispiel Schilaufen? Warum?

6. Wer sind Ihre Lieblingssportler? Was ist Ihr Lieblingssport? Warum?

7. Wie informieren Sie sich über Ihre Lieblingssportler und über Ihren Lieblingssport?

8. Warum werden Fans manchmal nach Sportereignissen gewalttätig? Warum zerstören sie Schaufenster und Eisenbahnwagen?

9. Was kann man gegen Gewalttätigkeit tun? Ist eine größere Zahl von Polizisten in den Stadien nötig? Warum (nicht)? Ist berittene Polizei hilfreich? Warum (nicht)?

10. Sollten Ordner alle Fans vor dem Spiel nach gefährlichen Gegenständen wie Waffen, Glasflaschen oder Feuerwerkskörpern durchsuchen? Warum (nicht)?

F. Grammatik—Adjektive und Artikel: Ergänzen Sie die richtigen Endungen und setzen Sie die Artikel ein!

1. Wöchentlich gehen über 200.000 Menschen in d_____ verschieden_____ Fußballstadien.

2. Unter ihnen gibt es viel_____ treu_____ Fans.

3. Die Fans tragen bunt_____ Schals und toll_____ Mützen.

4. Sie unterstützen ihr_____ Mannschaft durch laut_____ Singen.

5. Leider gibt es auch einig_____ radikal_____ Fans.

6. D_____ radikal_____ Fans zerstören alt_____ Eisenbahnwagen und schön_____ Schaufenster in der Stadt.

7. D_____ jung_____ Reporter wollte d_____ schimpfend_____ Fans fotografieren.

8. D_____ aggressiv_____ Fans warfen halbvoll_____ Bierbecher nach d_____ jung_____ Reporter.

9. D_____ überrascht_____ Fans glaubten wohl, daß der Reporter ein_____ verkleidet_____ Polizist sei.

10. In viel_____ deutsch_____ Stadien machen Polizisten Aufnahmen von verdächtig_____ Fans.

11. Bei jed_____ groß_____ Spiel sorgen Polizisten für Ruhe und Ordnung.

12. Vor einig_____ Monaten wollte die Polizei sogenannt_____ „Vertrauensleute" in die Fanszene schicken.

13. Mehrer_____ neu_____ Fan-Projekte stoppten diesen Versuch.

14. Man hat oft Polizisten zu Diskussionen in d_____ neu _____ Fan-Projekt-Laden eingeladen.

15. Gewalt kann man bei massiv_____ Polizeieinsatz nie ausschließen.

G. Minireferat: Lesen Sie über Gewalttätigkeiten im Sport nach und berichten Sie über einen Fall. Erzählen Sie genau was passierte, warum es passierte und wie man so etwas in der Zukunft verhindern oder vermindern könnte. Verwenden Sie mindestens fünf Wörter oder Redewendungen aus dem *Aktiven Wortschatz!*

H. Rollenspiel: Zwei bis vier Studenten sind Mitglieder eines Planungsausschusses, der die Aufgabe hat, einen passenden Ort für ein Fußballänderspiel oder die Olympiade zu finden. Was sind die Kriterien, die man beachten muß? Welche Gebäude müssen vorhanden sein? Welche müssen noch gebaut werden? Welche Sportarten werden vertreten sein usw.? Verwenden Sie mindestens fünf Wörter oder Redewendungen aus dem *Aktiven Wortschatz!*

AUS DER LITERATUR

„Ich lauf, eins–zwei."

A. Einführung: Lauf-Feuer

1. Was sehen Sie auf dem Bild?
2. Warum glauben viele Leute, daß „Laufen gut für sie sei"?
3. Kann Laufen zur Sucht werden? Warum (nicht)?
4. Welche Art von Kleidung und Schuhen sollte man beim Laufen tragen?

Aktiver Wortschatz

Substantive

das Gestolper (the act of) stumbling
das Glied, -er limb; member
der Lauftreff, -s running group; club
das Schnaufen heavy breathing; panting
das Tempo, -s oder Tempi time, measure; tempo, pace

Verben

sich ab•quälen mit to struggle with; to worry about (sb./sth.)
ein•bringen, brachte ein, eingebracht to bring in; to contribute
raten (ä), ie, a + *dat.* to advise (a person to do sth.)
schmettern to smash; slam; to dash (to the ground)
traben (*aux.* **sein**) to trot
unterlegen to lay or put under; to give another meaning to

Adjektive und Adverbien

ausdauernd persevering; unflagging; enduring

blödsinnig idiotic; crazy; silly
flott chic; stylish; dashing
gleichmäßig steady; even; uniform
locker loose; limber
süchtig addicted

Redewendungen und andere Ausdrücke

aus Versehen by mistake; through oversight
sich bekehren lassen (ä), ie, a to allow oneself to be converted
darauf ist (war, ist gewesen) Verlaß you can depend on it
davon aus•gehen, ging aus, ausgegangen (*aux.* **sein**) proceeding on the assumption (that)
Es läßt sich ab•sehen. (One) can tell or (fore)see what will happen.
Es reicht mir. That is enough for me.
Der Spott zieht nicht. The mockery (ridicule) doesn't hurt.

B. Wortschatzanwendung: Ergänzen Sie den Text mit einem passenden Wort oder Ausdruck aus der folgenden Liste:

sich ab•quälen
davon aus•gehen
es läßt sich ab•sehen
es reicht ihnen
locker
raten
Tempo
traben

Fitneß?

Viele junge und auch einige ältere Leute laufen drei bis fünf Mal die Woche. Sie

_____ _____ _____ (1), um sich fit zu halten. Manche

Leute kaufen sich sogar gleich teure Kleidung dafür, aber _____

_____ _____ gar nicht _____ (2), ob sie

5   überhaupt dabeibleiben werden. Jeden Morgen stehen sie früh auf, damit sie auf den

leeren Straßen _____ (3) können. Erst aber müssen sie sich

recken und strecken, damit die Arme und Beine _____ (4) werden. Danach müssen sie auf der Stelle laufen, bis der Kreislauf in Gang gekommen ist. Endlich geht es los. Dann läuft man in der Nachbarschaft herum, bis man ein gleichmäßiges Tempo erreicht. Man muß dauernd auf die Autofahrer achten, die es eilig haben, rechtzeitig zum Arbeitsplatz zu gelangen. Ein einziger Autofahrer kann aus Versehen dem Läufer ein schnelles Ende bereiten. Aber die meisten Leute

_____ einfach _____ _____ (5), daß ihnen so etwas nicht geschehen würde. Sie denken oft nicht einmal daran. Man sollte den Läufern

_____ (6), daß sie in einem Einkaufszentrum morgens in einem schnellen

_____ (7) spazieren gehen. Oder sie könnten einem der vielen Gesundheitsklubs beitreten und dort vergnügt Leibesübungen machen bis _____

_____ _____ (8). Leider habe ich mich nicht dazu bekehren lassen, aber ich schwimme gern, wenn es eine Gelegenheit dazu gibt. Manchmal gehe ich sogar zu Fuß, wenn es nicht anders geht. Es gibt einfach zu viel zu tun, um auch noch an Laufen oder Fitneßtraining zu denken.

Über die Autorin: *Gisela Schalk (*1941)*

Gisela Schalk sagt über sich selbst: „Heute versuche ich ..., das zu werden, was ich in meiner Vorstellung schon bin: Eine Geschichtenerzählerin, der ihr Name paßt." Mit Humor versucht sie, die Menschen über Themen, wie die Lage der Frauen in der heutigen Gesellschaft, die Umwelt, das Besondere im Alltäglichen u.a. zum Nachdenken zu bringen. Sie wurde 1941 in Kattowitz, im heutigen Polen geboren, lebte später in Ostfriesland, im Rheinland, in Frankfurt und Dortmund. Ihre Berufsausbildung war unkonventionell: sie fing als Postangestellte an, wurde dann Werbetexterin, „Familienfrau", und begann langsam mit Schreiben. Seit 1980 lehrt sie als Dozentin für „Kreatives Schreiben" an der Volkshochschule Dortmund und auch bei anderen Institutionen. Der Schwerpunkt ihrer Veröffentlichungen liegt auf Erzählungen, Gedichten und Hörspielen für den Rundfunk.

C. Hauptthemen: Überfliegen Sie den folgenden Text und erfinden Sie einen Titel für jeden Absatz!

LAUF-FEUER

*E*ins-zwei, eins-zwei, eins-zwei.

Früher haben uns das die Leute am Straßenrand zugerufen, wenn wir an ihnen vorbeitrabten. Heute heben sie kaum noch den Kopf. Ihr Spott zieht nicht mehr. Wir Jogger haben die besseren Argumente. Manche von denen, die vor drei Jahren noch grinsten, laufen inzwischen mit.

Zum Beispiel die kleine Ältere vor mir. Die stand manchmal neben ihrem Mann, wenn der seine Kommentare über den Gartenzaun schmetterte. Letztes Mal hat sie mir erzählt, wie furchtbar sie uns fand. Die Weiber, wie sie rennen und schwitzen, komplett verrückt müssen die doch sein, hat sie gedacht. Kom-

10 plett verrückt. Jetzt läuft sie selber schon seit einem Jahr. Ganz gut sogar. Unser Lauftreff zweimal die Woche reicht ihr nicht. Zwischendurch läuft sie noch mit ihrem Mann, der sich auch bekehren ließ. Nur hält er es noch nicht so lange aus.

Dagegen das Paar neben ihr, die werden nicht dabeibleiben. Das seh' ich jetzt schon. Wenn die merken, daß die zwei-mal-zwei Kilometer, die sie sich in
15 der Woche abquälen, ihren Bier- und Sahnetortenbauch auch nicht zum Schmelzen bringen können, hören sie wieder auf. Hundertprozentig!

So, an diesem Volk, das zweimal kommt und dann nie wieder, bin ich endlich vorbei. Dieses Gestolpere mitten in der Hammelherde°, wo die Luft nach _herd of sheep_
Fußschweiß riecht und Deo-Spray, ist nichts für mich. Nachher laufe ich sowieso
20 wieder allein, das läßt sich jetzt schon absehen. Eins-zwei, eins-zwei, eins-zwei. Auch wenn mir das niemand mehr zuruft, diesen Takt habe ich im Kopf. In allen Gliedern. An Tagen, wo's läuft wie heute, kriege ich ihn gar nicht mehr raus. Ganz locker, ganz gleichmäßig. Eins-zwei, eins-zwei, eins-zwei. Alles, was ich mir beim Laufen so zusammendenke, ist von diesem Eins-zwei-Rhythmus unterlegt°. _based on_
25 Wenn man einen Blick dafür hat, kann man die Leute, die regelmäßig laufen, an ihrer Haltung, ihrer Figur und natürlich an ihren Beinen erkennen. Im Sommer, wenn wir kurze Hosen tragen, sieht man das besonders gut. Wer 20 Kilometer und mehr in der Woche läuft, hat eben irgendwann keine Wabbelbeine mehr. Selbst mit 50 oder 60 Jahren nicht. Ganz schön flotte Typen gibt es unter den äl-
30 teren Herrschaften. Seitdem ich die kenne, schreckt mich das Älterwerden viel weniger.

Aber der da vorn, der spinnt ja wohl. Erzählt allen laut, daß er seit Jahren keinen Sport mehr getrieben hat, geht aber ganz selbstverständlich davon aus, noch immer so schnell zu sein wie die schnellsten Frauen. Nur weil er ein Mann
35 ist und früher angeblich eine Sportkanone° war. Der wird sich wundern. Wir _sports ace_
haben ihm gleich geraten, sich erst einmal an die Anfänger zu halten. Aber sieh an, da hört er auch schon auf und hält sich die Seite. So etwas kann böse ausgehen. Ade! Wer schon so anfängt, kommt nie wieder.

Ein Glück, daß die ersten fünf Kilometer vorbei sind. Für mich sind das die
40 schlimmsten. Aber richtig gut geht's mir erst nach Kilometer acht. Da verliert sich die Erdenschwere, die Beine laufen von allein, der Atem geht ruhig, die Gedanken können sich freimachen. Auf und davonfliegen.

Wenn mir das früher jemand erzählt hätte ... Werden Sie mal nicht lyrisch, hätte ich gesagt. Ihr stumpfsinniges Getrabe kräftigt vielleicht die unteren Glied-
45 maße, aber im Kopf, da muß der Mensch ja blöde davon werden. Immer dieses eins-zwei, eins-zwei, eins-zwei. Heute denke ich ganz anders. Nur kann man das so schlecht erklären. Wer läuft, lebt in dieser Zeit auf eine ganz besonders intensive Weise. Aber Leben läßt sich nicht erklären. Höchstens nachleben.

Zuerst meinte Erich, ich sollte das mit dem Joggen mal ruhig anfangen. Paar
50 Pfund weniger könnten mir nicht schaden. Außerdem würde ich es sowieso bald wieder drangeben. Als er merkte, daß es mir mit dem Laufen ernst wurde, hat er auch angefangen. Und dann war er es, der aufhörte ... als er merkte, daß ich ihm davonlief. Jetzt sagt er nicht mehr viel. Was soll er auch sagen. Laufen stärkt eben mehr als nur die Beine und das Herz.
55 Früher kam ich mir mit meinen 1.78 und 75 Kilo vor wie ein Elefantenbaby. Damals schämte ich mich den ganzen Tag lang. Ich schämte mich, daß ich so

schwer war, daß ich ein so pausbäckiges° Gesicht hatte, und vor allem schämte   chubby-cheeked
ich mich, daß ich so groß war. Vier Zentimeter größer als mein Mann.

60   Die 15 Kilo, die ich heute weniger wiege als damals, sind nicht die
eigentliche Veränderung, die bei mir stattgefunden hat. Wirklich wichtig ist, daß
ich mich nicht mehr schäme. Ich schäme mich nicht, daß ich so große Füße habe,
ich schäme mich nicht, wenn ich beim Chef bin und mir geht aus Versehen der
Reißverschluß von der Hose auf. Ich schäme mich überhaupt nicht mehr. Und
ganz besonders schäme ich mich nicht, vier Zentimeter größer zu sein als mein
65 Mann.

    Man sagt, daß Laufen süchtig machen kann. Vielleicht bin ich es. Vielleicht
heute zum ersten Mal. Dieses eins-zwei, eins-zwei, eins-zwei ist in meinem
Kopf, in meinen Beinen, im Atem. Normalerweise würde ich spätestens hier umdrehen. Ab dem Baum da vorn kenn' ich mich nicht mehr aus. Das wären insge-
70 samt 11,3 Kilometer. Aber ich laufe heute einfach weiter. Ein bißchen ist es jetzt
so wie damals vor drei Jahren, als ich das erste Mal dieses Gefühl für mich selber, für meinen eigenen Körper hatte. Plötzlich war da nicht mehr eins-zwei,
eins-zwei, eins-zwei, da sagte ich mir: ich-lauf, ich-lauf, ich-ich. Da ist es mir
erst bewußt geworden, was das heißt – ich – zu sein, mich selbst zu spüren.
75 Wahrscheinlich bin ich auch deshalb damals dabeigeblieben, obwohl es mir
schwerfiel. Wie oft wollte ich stehenbleiben, umdrehen, für immer Schluß
machen mit dem blödsinnigen Gerenne. Aber dann bin ich jedes Mal weiterge-
laufen.

    Ich kann bis heute nicht aufhören, meine Beine zu bewegen, wenn ich an
80 bestimmte Dinge denke. An die Arbeit zum Beispiel oder an Erich. An die Art,
wie er mit mir redet, wie er mich anfaßt. Dann kommt mir unwillkürlich der
Gedanke: Erich, ich bin schneller als du, ich bin ausdauernder. Wenn ich will,
kann ich dir weglaufen, in Wahrheit bin ich dir längst weggelaufen. Ich-ich, ich-
lauf, ich-lauf, eins-zwei, eins-zwei, eins-zwei.

85   Ich könnte ihnen allen weglaufen. Zum Beispiel Rabnick, meinem Chef.
Diesem selbstgefälligen Vollbauchträger. Soll er doch mal kommen. Ich sehe ihn
schon vor mir: Jogging-Anzug für 500 Mark, Schuhe für 300 Mark und das große
Schnaufen nach 50 Metern. Aber er wird leider nicht kommen. Wo ließen sich
hier im Wald auch seine arroganten Sprüche anbringen? Etwa sein Lieblingssatz:
90 Etwas schneller, Frau Koch, geht es denn nicht etwas schneller? Na klar, Dickerchen, würde ich sagen, für dich lege ich gern noch etwas Tempo zu. – Nie mehr
könnte er das sagen, wenn er einmal zum Lauftreff gekommen wäre und mich
dabei nur kurz von hinten gesehen hätte.

    Schön ist der Wald. Zu jeder Jahreszeit ist er schön. Jetzt, im April, da ist er
95 voller Geräusche und voller Bewegung. Voller huschender, springender, fliegen-
der, laufender Wesen, die alle atmen, ihre Geräusche und Gerüche einbringen.
Ich bin eines von ihnen. Ich kann nicht fliegen, keine großen Sätze° machen, aber   jumps, leaps
laufen. – Heute laufe ich schon viel zu lange. Ich möchte gar nicht mehr
100 aufhören.

    Die anderen sind alle hinter mir geblieben. Jetzt weiß ich nicht, wo ich bin.
Aber das schreckt mich nicht. Ich bin ganz ruhig. Mein Puls fühlt sich an, als
säße ich zu Hause vor dem Fernseher. Stundenlang könnte ich noch so weiter-
laufen. Eins-zwei, eins-zwei, eins-zwei. Meinen Kollegen, meinem Mann,

105 meinem Chef, meinen Alterskameradinnen, ihnen allen bin ich davongerannt. Meinem plumpen, alternden Körper: Davongerannt. Meiner Angst, mich auf unbekannten Wegen nicht mehr zurechtzufinden: Davongerannt!

Jetzt bin ich mit mir allein. Allein mit meinem gleichmäßig schlagenden Herzen, meinem gewichtlosen Rumpf, allein mit meinen Beinen, die weiter-
110 laufen wollen. Sollen sie laufen! Eins-zwei, eins-zwei, eins-zwei. Was vorwärts will, darf man nicht aufhalten. Ich habe auf jeden Fall mich selbst. Und darauf ist Verlaß.

aus Die Engel: Prosa von Frauen

D. Fragen zum Text: Beantworten Sie die folgenden Fragen!

1. Wer spricht in dieser Geschichte? Was tut sie, während sie redet? Mit wem redet sie?

2. Was bedeutet: „eins-zwei, eins-zwei, eins-zwei ... "? Warum wird es in der Geschichte immer wiederholt?

3. Was hat die ältere Dame erst über die Läufer gedacht? Was tut sie jetzt?

4. Was meint die Läuferin mit dem Satz: „Wenn die merken, daß die zwei-mal-zwei Kilometer ... ihren Bier- und Sahnetortenbauch auch nicht zum Schmelzen bringen können, hören sie wieder auf. Hundertprozentig"? (Zeilen 14–16)

5. Woran kann man Läufer erkennen?

6. Warum schreckt das Älterwerden die Läuferin nicht mehr?

7. Wie dachte die Läuferin früher über ihren Körper? Wie denkt sie heute darüber?

8. Welche Veränderungen haben bei ihr stattgefunden?

9. Wie hat das Laufen ihr Verhältnis zu Erich, ihrem Mann, geändert?

10. Was hält sie von ihrem Chef?

E. Was meinen Sie? Beantworten Sie die folgenden Fragen!

1. Laufen Sie? Warum (nicht)?

2. Die Läuferin in der Geschichte hat sich sehr verändert, seitdem sie regelmäßig läuft. Haben Sie sich auch durch Laufen oder einen anderen Sport verändert?

3. Die Läuferin freut sich über den schönen Wald. Treiben Sie auch gern Sport im Freien oder treiben Sie ebenso gern Hallensport? Warum (nicht)?

4. Ist es Ihnen wichtig, einen Sport zu treiben, in dem Sie im Wettstreit mit anderen Sportlern sind? Warum (nicht)?

5. Treiben Sie seit Jahren denselben Sport oder wechseln Sie gern und versuchen eine neue Sportart?

6. Glauben Sie, daß alle Menschen Sport treiben sollten? Warum (nicht)?

7. Ihr Mann/Freund, Ihre Frau/Freundin ist ganz begeistert von einer Sportart, die Sie selber nicht betreiben. Was tun Sie? Versuchen Sie, mitzumachen? Sagen Sie: „Treibe deinen Sport, ich sehe gern zu"? Sagen Sie: „Ich treibe meinen Sport und du

kannst deinen Sport treiben"? Sagen Sie: „Ich kann das gar nicht verstehen, daß du so gern Sport treibst"? Oder was sagen Sie?

8. Die Läuferin denkt, sie wäre ihrem Mann längst weggelaufen. Was will sie damit sagen? Ist das wörtlich gemeint? Ist es gut, daß sie „weiterläuft", selbst wenn sie ihren Mann hinter sich läßt? Sollte sie ihre Persönlichkeit immer weiter verwirklichen oder sollte sie das „Laufen" etwas einschränken, um ihrem Mann nicht „wegzulaufen"? Warum (nicht)?

9. Was kann man tun, um ein gesünderes Leben zu führen? Was können *Sie* tun, um ein gesünderes Leben zu führen?

F. Rollenspiel: Zwei oder drei Studenten erfinden ein Minidrama, in dem ein Student/eine Studentin ein Fitneßcenter besuchen muß, weil er/sie eine Verletzung beim Schilaufen erlitten hat. Welche Trainingsübungen muß er/sie machen? Welche Geräte sind am besten, um die Beine/Arme zu stärken? Verwenden Sie mindestens fünf Wörter oder Redewendungen aus dem *Aktiven Wortschatz!*

G. Interview: Stellen Sie die folgenden Fragen an zwei oder drei andere Studenten: Läufst du? Spielst du Tennis? Spielst du Golf? Warum ist es wichtig, Sport zu treiben? Hast du überhaupt kein Interesse an Sport? Warum nicht?

H. Redewendungen: Schauen Sie sich die sechs Bilder an. Alle Bilder haben mit Verben der Bewegung zu tun.

1.

2.

3.

4.

5.

6.

Welche Redewendung paßt zu welchem Bild?

____ a. „Sehen wie der Hase läuft"

BEISPIEL: Er will keine Entscheidung treffen, bis er sehen kann, wie der Hase läuft.

____ b. „Etwas überfliegen"

BEISPIEL: Ich habe das Buch nur ganz kurz überflogen.

____ c. „Das Kind mit dem Bade ausschütten."

BEISPIEL: Du sollst nicht gleich das Kind mit dem Bade ausschütten! Nur weil einige Äpfel Würmer haben, brauchst du doch nicht alle wegzuwerfen!

____ d. „Gegen den Strom schwimmen"

BEISPIEL: Die meisten Frauen wollen heutzutage außerhalb des Hauses arbeiten. Ich schwimme gegen den Strom und bin gern „nur" Hausfrau.

____ e. „Im Gänsemarsch gehen"

BEISPIEL: Wir gehen alle im Gänsemarsch durch den Garten.

____ f. „Ins Schwarze treffen"

BEISPIEL: Mit deiner Bemerkung hast du genau ins Schwarze getroffen.

I.   Redewendungen. Ordnen Sie zu!

1. „Das Kind mit dem Bade ausschütten."   a. Check which direction the wind is blowing

2. „Im Gänsemarsch gehen"   b. To take a quick look

3. „Etwas überfliegen"   c. Right on target

4. „Gegen den Strom schwimmen"   d. To walk in single file

5. „Sehen wie der Hase läuft"   e. Throwing the baby out with the bath water!

6. „Ins Schwarze treffen"   f. To swim upstream; to go against the tide

KAPITEL 7

Der erste Schultag

Schule und Universität

Gespräch:	*Zimmersorgen*
Aus der Presse:	*Wirklich reif für die Uni?* (Stern)
Grammatik:	Passivformen
Aus der Literatur:	*Explosion im Schulbus* (Harald Grill)

„Wo kann ich ein Zimmer finden?"

A. Einführung: Zimmersorgen

1. Was sehen Sie auf dem Bild?

2. Was sind die wichtigsten Kriterien, wenn man eine Wohnung sucht?

3. Wo wohnen die meisten Studenten in Amerika? Wo in Deutschland? Warum ist das in den Vereinigten Staaten anders als in Deutschland?

4. Welches sind die wichtigsten Entscheidungen, die ein Student/eine Studentin treffen muß, wenn er/sie mit dem Studium anfängt?

5. Was wissen Sie über das Studentenleben in Deutschland?

Aktiver Wortschatz

Substantive

die Bude, -n room; apartment
das Examen, - exam
die Kochnische, -n kitchenette
der Kram junk; things
das Referat, -e lecture; talk, report
die Schwierigkeit, -en difficulty
der Strom electricity; current
das Studentenwerk, -e student administration
die Vorlesung, -en lecture; course (of lectures)
die Wirtin, -nen landlady
der Zweck, -e purpose; point

Verben

annoncieren to advertise; to announce
sich arrangieren mit to come to terms with (sb.)
aus•losen to draw lots for
beneiden to envy

vermieten to rent

Adjektive und Adverbien

allerdings by all means; indeed; certainly
an sich as such; in itself
entsetzlich dreadful; terrible; awful
merkwürdig strange; peculiar; remarkable
unerfreulich unpleasant
ungefähr approximate(ly)
wahnsinnig mad; crazy; terrible; awful

Redewendungen und andere Ausdrücke

Es geht (ging, ist gegangen) manchmal schief.
  Sometimes it goes amiss or wrong.
Hast du es mal probiert? Have you ever tried it?
Ich werde es mir überlegen! I'll think about it!
jemandem Bescheid sagen to let someone know
Paß mal auf! Pay attention! Listen!

Tonband: *Ursula, eine Studentin, hat Schwierigkeiten mit ihrem Zimmer und ihrer Wirtin. Sie fragt Jochen, einen guten Bekannten, um Rat.*

B. Hauptthemen: Hören Sie sich das Tonband an und beantworten Sie kurz die folgenden Fragen:

1. <u>Wer</u> spricht in dieser Unterhaltung?

2. <u>Was</u> ist das Thema? Worüber sprechen die beiden?

3. <u>Wann</u> findet die Unterhaltung statt?

4. <u>Wo</u> wohnt Ursula?

5. <u>Warum</u> sucht Ursula ein neues Zimmer?

6. <u>Wie</u> sieht Jürgens Bude aus?

C. Richtig oder falsch? Hören Sie sich das Tonband ein zweites Mal an und kreuzen Sie die richtigen Aussagen an. Korrigieren Sie außerdem die falschen Angaben!

1. Ursula wohnt gern in ihrem Zimmer.

2. Die Wirtin benimmt sich jetzt anders als früher.

3. Ursula darf nicht mehr ins Bad.

4. Ursula muß jedesmal fragen, wenn sie etwas in der Küche machen will.

5. Ursulas Wohnung ist 30 Minuten von der Uni entfernt.

6. Jochen meint, Ursula soll ein Inserat aufgeben.

7. Es ist sehr schwer, eine Studentenwohnung zu finden.

8. Jochens Wirtin hat im Augenblick kein Zimmer frei.

9. Jürgen will nach Hamburg und muß wahrscheinlich seine Bude aufgeben.

10. Jochen wird mit seinem Freund Jürgen über dessen Wohnung sprechen.

D. Lückenübung: Hören Sie sich das Tonband noch einmal an und ergänzen Sie den Dialog mit den passenden Wörtern aus dem *Aktiven Wortschatz!*

Zimmersorgen

URSULA: Du Jochen, jetzt muß ich dich mal was anderes fragen ...

JOCHEN: Ja, was denn?

URSULA: Ich bin eigentlich _____ unzufrieden mit meinem Zimmer.

5 JOCHEN: Wieso, das ist doch ...

URSULA: Nicht mit dem Zimmer direkt, das ist ja an sich ganz schön, aber ...

JOCHEN: Also, hör' mal, deine _____ ist doch toll.

URSULA: Ja, die ist ...

JOCHEN: Da beneiden dich doch alle drum.

10 URSULA: Ja, aber die kennen ja auch meine Wirtin nicht.

JOCHEN: Was ist denn los?

URSULA: Ich bin so, so eingeengt, ich darf also jetzt neuerdings nicht mehr in die Küche, weil der Sohn gekommen ist, oder irgendwas, und sie braucht die Küche also pausenlos für sich, ich muß jedesmal fragen, wenn ich mir auch nur einen Tee
15   machen will, kochen will ich ja gar nicht und außerdem darf ich auch nicht mehr ins Bad, ich kann also, also nicht ein bißchen Wäsche mal waschen, nichts ...

JOCHEN: Du, hör' mal, du, du warst doch mit der Frau sehr gut gestanden, das war doch alles wunderbar in Ordnung, du bist doch da jetzt schon seit zwei Semestern ...

20 URSULA: Ja, die war auch an sich ganz nett, aber nun hat sie, ich weiß nicht, vielleicht

hat sie _____ mit ihrem Sohn, oder irgendwas, ich weiß es jedenfalls nicht ...

JOCHEN: Hm.

URSULA: ... sie ist _____ unfreundlich, plötzlich, ...

25 JOCHEN: Ja, du, hör' mal, willst du, suchst du eine neue Wohnung oder was? Das wird allerdings schwierig, das sage ich dir gleich.

URSULA: Ja, ja.

JOCHEN: Und ich meine, deine Wohnung ist schon toll, ich meine, die ist

_____ 10 Minuten von der Uni weg, –

30 URSULA: Ja, –

| JOCHEN: | und du kannst da zu Fuß hingehen, wenn's sein muß, wer hat denn das heute schon. |

JOCHEN: und du kannst da zu Fuß hingehen, wenn's sein muß, wer hat denn das heute schon.

URSULA: Ja. Jaja, das stimmt.

35 JOCHEN: Ich würde mir schon schwer _____, ob du dich nicht mit deiner Wirtin wieder arrangierst, oder ob du eine neue Wohnung ... so daß ...

URSULA: Ja, ich habe nur einfach das Gefühl, sieh mal: gestern habe ich bis eins oder was, weißt du, wegen meinem _____ ...

JOCHEN: Ja, ja.

40 URSULA: ... gearbeitet, und da ist sie heute morgen gekommen und hat gesagt, ich verbrauche zu viel _____.

JOCHEN: Ach, das ist doch lächerlich!

URSULA: Das ist nun lächerlich, bei der Miete ...

JOCHEN: Ja, weiß Gott.

45 URSULA: Ich würde mich ganz gerne mit ihr arrangieren, aber ich hab' das Gefühl, es hat keinen Sinn. Was meinst du?

JOCHEN: Du, paß mal auf, du suchst also faktisch eine neue Wohnung?

URSULA: Ja, was meinst du, soll ich mir nicht doch 'n neues Zimmer ...

JOCHEN: Hast du schon mal, hast du schon mal _____, in der
50 Zeitung?

URSULA: Hat das einen Sinn?

JOCHEN: Gott, manchmal hat man Glück, meistens geht's natürlich _____, aber ...

URSULA: Das ist doch eine entsetzliche Rennerei.

JOCHEN: Ja, und vor allem kostet es ein bißchen Geld.

55 URSULA: Ja.

JOCHEN: Und mit dem _____, hast du es da mal probiert?
Weißt du, die losen manchmal Wohnungen aus.

URSULA: Nee, das ist so früh! Da muß man so früh hin!

JOCHEN: Na, da mußt du mal ein bißchen früher aufstehen, du lieber Gott, das macht
60 ja nichts.

URSULA: Mache ich nicht so gerne ...

JOCHEN: Na, ja, klar.

URSULA: Ja, gut ..., aber? ...

JOCHEN: Du, aber paß mal auf ... der Jürgen, der macht doch ... du kennst doch den
65 Jürgen?

URSULA: Jaja, jaja.

JOCHEN: Der macht doch _____ nächstes Semester.

URSULA:	Der geht weg, nicht?	
JOCHEN:	Ja, der will, der will nach Hamburg.	
70 URSULA:	Ach, ja?	
JOCHEN:	Ja. Und der hat doch diese phantastische Bude, mit der Galerie, weißt du …	
URSULA:	Na, himmlisch!	
JOCHEN:	… oben das Bett und diese, diese schöne Treppe, diese alte, die einfach raufgeht, …	
75 URSULA:	Ja, ja, ja.	
JOCHEN:	… In diesem ganz alten Haus, weißt du.	
URSULA:	Ja, ja, der hat doch diese kleine _____, das wäre für mich phantastisch.	
JOCHEN:	Ja, ja, wir waren doch, glaube ich, mal vor einem halben Jahr, damals bei der Party, nicht?	
80		
URSULA:	Ja, ja.	
JOCHEN:	Den könnte ich natürlich mal fragen, ob da was zu machen ist.	
URSULA:	Ist das denn teuer?	
JOCHEN:	Ach, nee, ich glaube, das war sogar sehr billig.	
85 URSULA:	Ja? Das ist …	
JOCHEN:	Ja. Aber du müßtest halt noch ein bißchen Geduld haben.	
URSULA:	Das ist …	
JOCHEN:	Ich meine, der, der geht ja erst in ungefähr drei vier Monaten.	
URSULA:	Na, ja, aber, wenn ich wüßte, wo ich dann hingehen kann, da würde ich das auch noch aushalten, ich meine, sooo schlimm ist es nicht, …	
90		
JOCHEN:	Ja.	
URSULA:	… aber es ist einfach _____, du weißt, wenn, wenn, …	
JOCHEN:	Du, du, paß mal auf, ich rufe den mal an, …	
95 URSULA:	Ja, …	
JOCHEN:	… oder ich sehe ihn vielleicht heute in der _____, kann sein, …	
URSULA:	Ja?	
JOCHEN:	Und ich _____ dir dann _____.	
100 URSULA:	Ja.	
JOCHEN:	Wir sehen uns ja morgen.	
URSULA:	Ist gut, ja. Tschüß, Jochen.	
JOCHEN:	Du, paß mal auf, ich wollte dich noch was fragen …	

aus *Hörverständnisübungen für Fortgeschrittene* (gekürzt)

E. Was meinen Sie? Beantworten Sie die folgenden Fragen:

1. Wo wohnen Sie? In einem Studentenwohnheim? In einem Zimmer in einem Privathaus? In einem Haus mit anderen Studenten? Zu Hause?

2. Haben Sie Schwierigkeiten gehabt, eine Wohnung zu finden? Wie kann man hier eine Wohnmöglichkeit finden? Ist Ihre Wohnung sehr teuer? Was ist teurer: Ein Zimmer im Studentenwohnheim oder eine eigene Wohnung?

3. Hat Ursula recht, sich über ihre Wirtin zu beklagen? Was würden Sie tun, wenn Sie in Ursulas Lage wären?

4. Was wollte Jochen vielleicht am Ende des Gesprächs noch sagen? Erfinden Sie eine Fortsetzung des Gesprächs.

5. Früher gab es in den amerikanischen Studentenwohnheimen sehr strenge Regeln. Beispielsweise mußten die Mädchen während der Woche um 21:00 Uhr im Haus sein; das Essen wurde nur zu einer bestimmten Zeit (zum Beispiel um 18:00 Uhr) serviert und alle Studenten aßen zur selben Zeit; nach 22:00 Uhr herrschte Nachtruhe. Warum ist das heute anders? Ist es gut, daß es sich geändert hat? Warum (nicht)?

6. Haben Ihre Eltern Ihnen von anderen Regeln erzählt, die es zu deren Zeit im College gab? Welche?

F. Rollenspiel: Schreiben Sie mit einem Partner einen Dialog über „Zimmersorgen" aus Ihren persönlichen Erfahrungen. Gebrauchen Sie mindestens fünf Wörter oder Redewendungen aus diesem Teil des Kapitels. Das Gespräch sollte mindestens zwei Minuten dauern.

G. Diskussion: Kleine Gruppen von drei bis vier Studenten besprechen die Vor- und Nachteile des „off-campus" Lebens und die des Studentenwohnheims. Jemand schreibt die Vor- und Nachteile während der Diskussion an die Tafel.

„Zusammenrücken—die neuen Abiturienten kommen!"

A. Einführung: Wirklich reif für die Uni?

1. Was sehen Sie auf dem Bild?

2. Wieviele Jahre besuchen Amerikaner die Schule? In welchem Alter dürfen sie die Schule verlassen? Wie alt sind amerikanische Studenten ungefähr, wenn sie mit ihrem Studium anfangen? Wie ist das in Deutschland?

3. Was muß ein junger Mensch in Amerika tun, um zum Studium zugelassen zu werden? Muß er bestimmte Kurse in der „high school" belegt haben? Gibt es die Möglichkeit, von der Universität angenommen zu werden, selbst wenn die Zensuren in der „high school" nicht sehr gut waren? Welche? Wie ist das in Deutschland?

4. Können die meisten Studenten in Amerika das Fach studieren, das sie gern studieren möchten? Gibt es bestimmte Fächer, bei denen es schwierig ist, zugelassen zu werden? Welche? Warum? Was muß man tun, um in diesen Fächern zugelassen zu werden? Wie ist das in Deutschland?

5. Wie groß ist der Prozentsatz von Schülern in Amerika, die an der Universität/am College studieren? Welche anderen Möglichkeiten für eine Berufsausbildung gibt es in Amerika? Was wissen Sie über die Berufsausbildungsmöglichkeiten in Deutschland?

6. Was wissen Sie über das deutsche Schulsystem? Was ist ein Gymnasium, eine Realschule? Was ist das Abitur? Gibt es auch an amerikanischen Sekundarschulen Abschlußexamen?

Aktiver Wortschatz

Substantive

das Abitur (Abi)   exam at end of "**Gymnasium**" studies, prerequisite for college/university entrance
der Absolvent, -en, -en/die Absolventin, -nen   graduate; one who has completed a course of study
die Beratung, -en   advice
die Beschränkung, -en   limitation; restriction
der Dozent, -en, -en/die Dozentin, -nen   lecturer; (assistant) professor
die Fähigkeit, -en   ability; aptitude
der Gesellenbrief, -e   journeyman's certification
(das) Jura (*pl.*)   law
das Kernfach, ⸚er   core subject
der Leistungskurs, -e   advanced course
der Numerus clausus (NC)   restricted admission
die Pädagogik   pedagogy; educational theory
die Reifeprüfung, -en   exam at end of **Gymnasium** studies; **Abitur**
das Reifezeugnis, -se   certificate showing successful completion of a secondary school
der Studienberater, -/die Studienberaterin, -nen   academic advisor

der Zugang, ⸚e   entrance; access

Verben

ab•buchen   to debit; to write off
sich an•passen   to adapt oneself to
sich bewerben (i), a, o (um)   to apply for
bemängeln   to criticize
büffeln   (*coll.*) to cram
grübeln über + *acc.*   to brood about (sth.)
pauken   to cram; to drum

Adjektive und Adverbien

mies   (*coll.*) rotten; lousy; crummy

Redewendungen und andere Ausdrücke

eine Lehre absolvieren   to finish an apprenticeship
im großen und ganzen   by and large
im Schnitt   on average
sein Abitur bauen   (*coll.*) to take the **Gymnasium** final exam

---

B.   **Wortschatzanwendung:** Welche Definition in Spalte B paßt zu dem Wort oder Ausdruck in Spalte A? Ordnen Sie zu!

A	*B*
1. die Beratung	a. sich nach den jeweiligen Umständen richten
2. büffeln	b. die Begrenzung
3. die Fähigkeit	c. die Reifeprüfung
4. sich bewerben	d. im Durchschnitt
5. sich anpassen	e. häßlich, übel, schlecht
6. der Zugang	f. angestrengt lernen
7. das Abitur	g. natürliche Begabung
8. die Beschränkung	h. die Besprechung
9. im Schnitt	i. seine Arbeitskraft anbieten
10. mies	j. der Zutritt

Hauptthemen: Überfliegen Sie den folgenden Text und schreiben Sie sechs Hauptthemen auf!

WIRKLICH REIF FÜR DIE UNI?

„Nee, auf diesen Massenbetrieb Uni steh' ich nicht°!" Nina-Leonie Schuster, 19, baut gerade am Hamburger Albert-Schweitzer-Gymnasium ihr Abitur. Ein Jahr lang will sie jobben und „ein bißchen Urlaub machen", danach an einer Fachhochschule Sozialpädagogik studieren anstelle ihres Traumfaches Jura an der Universität. Denn: „Wegen der miesen Arbeitsbedingungen dort hat mir sogar die Berufsberatung abgeraten!"

Ihre Klassenkameradin Annette Buchholz, 19, möchte vom Studium gleich gar nichts wissen. Sie will Kinderkrankenschwester werden und fürchtet: „Das, was ich in der Schule gelernt habe, kann ich wohl eher unter Erfahrung abbuchen°"...

Abiturienten 1993 – [zwei] von voraussichtlich 220.000 jungen Menschen, die in diesem Frühjahr in der Bundesrepublik das Zeugnis der „Allgemeinen Hochschulreife°" in Händen halten werden. Doch das Abitur, noch vor ein paar Jahren Anlaß zu Feiern und Festreden, hat seinen Glanz verloren. Heute maulen° Professoren über mangelnde Studierfähigkeit° der Gymnasial-Abgänger: „Das Abitur ist von einem Prüfungsverfahren zu einem Ernennungsverfahren° geworden", bemängelt etwa der Rektor der Universität Konstanz, Prof. Bernd Rüthers. Das räche sich später an der Uni, wo etwa 30 Prozent das Studium abbrechen.

Der Leiter der Abteilung Aus- und Weiterbildung der Deutschen Bank, Helmut von Natzmer, ist zwar mit dem Bildungsstandard seiner 4.500 Abiturienten, die eine Lehre absolvieren, im großen und ganzen zufrieden, bemängelt aber die „Einzelgängermentalität von vielen." Darin ist er sich einig mit Reinhold Petermann, Personalchef der Krupp Stahl AG° in Hagen, der häufig „Teamgeist und Gesprächsbereitschaft" bei seinen Azubis° mit Abitur vermißt.

„Es klaffen° einfach Welten zwischen Gymnasium und Studium", klagt Kurt Lehnstaedt, Studienberater an der Münchner Uni. Ihm fehlt° bei vielen Abiturienten die Fähigkeit, engagiert und selbständig zu arbeiten. „Die kommen extrem konsumorientiert, lieb und angepaßt an die Uni. Am besten wäre es, denen eine Schultüte[1] mit Bonbons, Äpfeln und einem fertigen Stundenplan in die Hand zu drücken, damit sie bloß nichts selbständig machen müssen."

Also liegt der Schwarze Peter° beim Gymnasium. Denn solch passive Weltsicht entspricht nicht gerade dem Ideal der „allgemeinen Menschenbildung", das Wilhelm von Humboldt° 1809 als Aufgabe der höheren Lehranstalt° entwarf. „Die meisten wissen noch kurz vor dem Abitur nicht, was sie mal machen wollen", sagt Karl-Helmut Strack, Direktor des Theodor-Heuss-Gymnasiums in Hagen, wo mittlerweile 40 Prozent eines Altersjahrgangs in die Gymnasien strö-

---

1. colorful cone-shaped cardboard container, about 2 feet long, given to children on their first day of school

Glossary (margin notes)

(coll.) not bother with

kann... is of no use to me other than the experience

general certification for college "readiness" / *(coll.)* sulk, moan / capability for study
nomination procedure

AG = Aktiengesellschaft: joint-stock company / **Auszubildende =** trainees / **Es...** are gaping / **Ihm fehlt...** he misses

Schwarze... culprit

a German educator / educational establishment

men. Der Oberstudiendirektor° beginnt zu grübeln, ob nicht „möglicherweise zu viele Schüler das Abitur machen"...

Der Run aufs Gymnasium, das mit seiner Hochschulzugangsberechtigung° als Sprungbrett für lukrative Karrieren gilt, hält seit jenen [60er u. 70er] Jahren unvermindert an. Immerhin stieg der Anteil von Arbeiterkindern, die Gymnasium und Universität durchlaufen, bis Mitte der 80er Jahre auf fast 20 Prozent.

Heute wünschen sich 60 Prozent aller Eltern für ihre Sprößlinge das Reifezeugnis am Ende der Schulkarriere. Der Trend ist eindeutig: 1980 verließen ein Fünftel aller Schüler das Gymnasium mit der allgemeinen Hochschulreife, ein Jahrzehnt später waren es schon über ein Viertel. Mittlerweile sind es fast ein Drittel.

Der Run aufs Gymnasium bringt jedoch nicht nur mehr Bildung ins Volk, sondern auch mehr Frust. Die Bildungsreform „vergaß" nämlich den Ausbau der Hochschulen. So bieten weder die Unis genügend Studienplätze noch die Wirtschaft bislang in allen Sparten° genügend qualifizierte Jobs.

Abitur – aber was dann? Die höhere Bildung in Deutschland steckt tief im Schlamassel°:

• Problem Masse: Die vielen Abiturienten entwerten die Reifeprüfung als „allgemeine Hochschulzugangsberechtigung." Zum Sommersemester 1993 haben sich 10.048 Abiturienten an der Uni Hamburg beworben — gerade 3.500 Studienplätze gibt es.

• Problem Numerus clausus: Mittlerweile gibt es für 14 Fächer Zulassungsbeschränkungen° oder Verteilungsverfahren°. In Medizin sind Uni-eigene Eingangsprüfungen im Gespräch.

• Problem Ausbildungsdauer°: Gymnasium und Hochschulstudium zusammen entlassen deutsche Absolventen im Schnitt° mit 27,9 Jahren ins Berufsleben – ihre Kollegen aus den USA fangen mit 25,5 Jahren an, Geld zu verdienen, die aus Großbritannien sogar schon mit 22,8 Jahren.

• Problem Orientierung: Noch immer stolpern die meisten Abiturienten fast ahnungslos in die Hochschulen, weil es nur dürre Informationen, kaum Wettbewerb° und deshalb keine Vergleichsmöglichkeiten zwischen den Unis gibt.

Nein, die Abiturienten des Jahrgangs 1993 sind nicht zu beneiden ...

Von einem Studium an der Uni schrecken Jan Kautz, 18, „die Größe und das Unpersönliche" ab: „Wer hilft mir dort? Wer gibt mir Rat?" Konsequenz: Nach dem Zivildienst steuert er eine Lehre als Tischler an.

Numerus clausus und Angst vor der Massen-Uni lassen etwa jeden sechsten Abiturienten eine Berufsausbildung beginnen. Rund 40 Prozent der Abitur-Azubis gehen mit dem Gesellenbrief° später noch an die Uni. Manfred Tessaring vom Institut für Arbeitsmarkt- und Berufsforschung in Nürnberg hält die Doppelqualifikation für einen Karriere-Turbo°, „weil häufig die Berufsausbildung zu zielstrebigerem Studium beiträgt" ... Der Massenandrang zum Abitur und die Klage über miese Qualität läßt Kritiker nicht ruhen. Das bayerische Kultusministerium° und der Deutsche Hochschulverband fordern eine Verschärfung der Abi-Bedingungen. Die Prüfung von fünf Kernfächern soll wieder Pflicht, der Klassenver-

Margin glossary:

principal of a secondary school

permission to enter an institution of higher education

branches; subject areas

(Yiddish) mess, jam

admission restrictions / distribution procedures

length of study
= Durchschnitt

competition

journeyman certificate

booster for a career

ministry of cultural affairs and education

band° wieder eingeführt werden. Auch über die Leistungskurse mit ihrer Spezialisierung soll nachgedacht werden ...

    Doch egal ob zwölf oder 13 Jahre – ein Elite-Abitur hilft dem Industriestandort Deutschland nicht weiter. Im Gegenteil: Im internationalen Vergleich ist
85 Deutschland bei der höheren Bildung nur Durchschnitt. Und, so Prof. Diether Breitenbach, Saar-Kultusminister°: „Wir werden in Zukunft immer mehr hochqualifizierte Leute brauchen!"

    Doch die tun sich schwer, sich überhaupt zu qualifizieren, solange die Hochschulen als Nadelöhr° nach dem Abitur so bleiben, wie sie sind. 1,8 Millio-
90 nen Studenten drängen sich mittlerweile auf knapp 900.000 Studienplätzen. In der Flut ersäuft die Qualität der Lehre – gerade das, was Abiturienten am dringendsten brauchen. Verschärft wird das Lehr-Chaos durch eine verkarstete° Bürokratie und die überhebliche Ansicht, universitäre Lehre sei Privatsache der Professoren ...

95   [Es gibt noch eine] Schwierigkeit, die ihnen aus 13 Pennälerjahren° allerdings vertraut sein dürfte. Der Aachener Geologie-Student Pascal Tourniaire, 22, nannte dem STERN auf die Frage, was für ihn das größte Problem beim Studium sei: „Morgens aufzustehen!"

aus Stern (gekürzt)

D. Was stimmt? Kreuzen Sie alle richtigen Antworten an. Mehr als eine Antwort kann richtig sein!

1. Warum wird Nina-Leonie Schuster nicht Jura studieren?

    a. Sozialpädagogik ist leichter.
    b. Jura ist zu schwer.
    c. Ihr Bruder hat schon Jura studiert.
    d. Der Arbeitsmarkt für Rechtsanwälte ist schlecht.

2. Was denkt Annette Buchholz über ihre Schulausbildung?

    a. Die Schulausbildung war sehr gut.
    b. Sie kann sie nicht beurteilen.
    c. Sie meint, sie hat nicht viel in der Schule gelernt.
    d. Sie will nicht an der Uni studieren.

3. Was bedeutet der Satz: „Das Abitur ist von einem Prüfungsverfahren zu einem Ernennungsverfahren geworden"?

    a. Fast jeder bekommt das Abitur.
    b. Die Gymnasiasten haben viele Prüfungen hinter sich.
    c. Die Gymnasiasten werden zum Abitur ernannt.
    d. Nur wenige Gymnasiasten bestehen das Abitur.

4. Wieviele Studenten beenden das Universitätsstudium?

    a. ca. 50%
    b. ca. 70%
    c. ca. 30%
    d. alle

Marginal glosses:
- class stays together as one unit
- = Minister of Education of the Saarland
- = eye-of-the-needle; funnel or filter
- barren and calcified
- = **Schuljahren**

5. Die Studienberater an der Münchener Uni kritisieren, daß …

    a. die Absolventen keinen Teamgeist haben.
    b. die Absolventen eine Einzelgängermentalität haben.
    c. die Absolventen zum Gespräch immer bereit sind.
    d. die Absolventen selbständig arbeiten.

6. Welche Probleme schafft die große Anzahl von Abiturienten?

    a. Sie bringt Frust.
    b. Sie bringt mehr Bildung ins Volk.
    c. Es gibt nicht genug Studienplätze.
    d. Das Abitur ist nicht mehr so wertvoll, wie es früher war.

7. Was tun einige Abiturienten, anstatt das Studium ihrer Träume zu machen?

    a. Einer geht zum Militär.
    b. Einer wird Tischler.
    c. Eine studiert Sozialpädagogik.
    d. Eine wird Krankenschwester.

8. Wieviele Abiturienten beginnen eine Berufsausbildung?

    a. 20 Prozent
    b. jeder sechste
    c. 40 Prozent
    d. sechs

9. Wie wollen das bayerische Kultusministerium und der Deutsche Hochschulverband das Problem des Massenandrangs zum Abitur lösen?

    a. Es soll mehr Abi-Bedingungen geben.
    b. Es soll je eine Prüfung in den fünf Kernfächern geben.
    c. Man läßt die Leistungskurse fallen.
    d. Man will den Klassenverband wieder einführen.

10. Warum nimmt Deutschland im Bereich der höheren Bildung international nur einen Durchschnittsplatz ein?

    a. Gute Abiturienten dürfen nicht studieren.
    b. Niemand will mehr in Deutschland studieren.
    c. Die Hochschulen sind überfüllt.
    d. Die Qualität der Lehre leidet unter der Überfüllung.

E. Hausarbeit: Machen Sie eine Liste von allen Sätzen, die statistische Informationen enthalten!

BEISPIEL: Im Jahre 1993 machen 220.000 junge Leute das Abi.

F. Was meinen Sie? Beantworten Sie die folgenden Fragen.

1. Kennen Sie deutsche Oberschüler? In welcher Hinsicht sind sie anders als amerikanische Schüler?

2. Haben junge Amerikaner, die hier studieren wollen, die gleichen Schwierigkeiten wie die deutschen Studenten in Deutschland? Was ist ähnlich? Was ist anders?

3. Wie sind Sie zu der Entscheidung gekommen, zu studieren?

4. Warum haben Sie sich für Ihr Hauptfach entschieden? Haben Sie Ihr Hauptfach schon einmal gewechselt? Warum? Halten Sie es für möglich, daß Sie Ihr Hauptfach noch wechseln werden? Warum?

5. Glauben Sie, daß Ihre Schule Sie gut für das Universitätsstudium vorbereitet hat? Warum (nicht)?

6. Haben Sie die Orientierungsveranstaltungen an Ihrer Universität besucht? Was hat Ihnen bei der Orientierung geholfen? Was wünschten Sie sich anders?

7. Beschreiben Sie Ihren ersten Tag an der Universität.

8. Glauben Sie, daß die amerikanischen Studenten auch „lieb und angepaßt an die Uni" kommen und auch „bloß nichts selbständig machen" wollen? Sind die amerikanischen Studenten „wirklich reif für die Universität"? Warum (nicht)?

G. **Grammatik—Passiv:** Schreiben Sie die folgenden Sätze im *Passiv.* Gebrauchen Sie die gleichen Zeitformen, die in den aktiven Sätzen verwendet werden!

BEISPIELE: Viele Studenten brechen das Studium ab.
Das Studium wird von vielen Studenten abgebrochen.

Alle Mediziner haben einen Eignungstest abgelegt.
Von allen Medizinern ist ein Eignungstest abgelegt worden.

1. Die Unis bieten nicht genügend Studienplätze an.
2. Die Gesellschaft braucht mehr hochqualifizierte Leute.
3. Die Schüler erwarten Qualität im Unterricht.
4. Der Berufsberater beriet die Studenten.
5. Der Personalchef hat die Bereitschaft zum Gespräch vermißt.
6. Die Eltern gaben den Schülern Schultüten mit Bonbons.
7. Die meisten Eltern wünschen das Abitur für ihre Kinder.
8. Der Run aufs Gymnasium hat mehr Bildung ins Volk gebracht.[2]
9. Viele Abiturienten sahen das Abitur als allgemeine Zugangsberechtigung zur Hochschule an.
10. Die Studentin belegte einen Platz in Sozialpädagogik.
11. Viele Abiturienten werden eine Berufsausbildung wählen.
12. Einige Abiturienten erwerben eine Doppelqualifikation.
13. Der Hochschulverband forderte eine Verschärfung der Abi-Bedingungen.
14. Viele Oberprimaner haben die Informationstage an der Uni besucht.

H. **Debatte:** Wo kann man heutzutage besser studieren? In Amerika oder in Deutschland? Warum? Zwei Teams von vier bis fünf Studenten debattieren dieses aktuelle Thema. Verwenden Sie Wörter aus der folgenden Liste und einige Wörter oder Redewendungen aus dem *Aktiven Wortschatz!*

---

2. Use **durch** instead of **von** in your answer.

campus	**der Campus, -**
class; lecture	**die Vorlesung, -en**
course	**der Kurs, -e**
exam	**das Examen, -/die Klausur, -en**
exchange	**der Austausch, -e**
grade	**die Note, -n**
lecture hall	**der Hörsaal,** (*pl.*) **Hörsäle**
program of study	**der Studiengang, ⸚e**
seminar	**das Seminar, -e**

I. **Rollenspiel:** Ein Student spielt die Rolle eines Lehrers und zwei spielen die Rolle der Eltern eines Schülers, der sitzengeblieben ist. Entweder muß der Lehrer die Eltern überzeugen, daß er den Schüler richtig beurteilt hat, oder die Eltern müssen den Lehrer überzeugen, daß der Schüler nicht sitzenbleiben sollte. Verwenden Sie Wörter aus der folgenden Liste und einige Wörter oder Redewendungen aus dem *Aktiven Wortschatz!*

Vokabelhilfe

to cheat	(*coll.*) **mogeln**
to copy from (someone)	**ab•schreiben von**
to cut class	**schwänzen**
to fail a class	**sitzen•bleiben**

„O mei, o mei."

A. Einführung: Explosion im Schulbus

1. Was sehen Sie auf dem Bild?

2. Was wissen Sie über das Schulsystem in Deutschland? Was ist anders als in Amerika?

3. Wie kommen die meisten Schüler heutzutage in Amerika zur Schule? Wie ist das in Deutschland? Wie war das früher? Warum ist das heute anders?

4. Was sind die Vor- und Nachteile, wenn Kinder mit dem Schulbus zur Schule fahren?

5. Welche Vor- und Nachteile hat das Zufußgehen (zur Schule und im Allgemeinen)?

Aktiver Wortschatz

Substantive

der Affe, -n, -n monkey
der Angeber, -/die Angeberin, -nen showoff; boaster
der Angriff, -e attack; raid
die Beule, -n bump; dent
der Düsenjäger, - jet fighter
die Gelegenheit, -en opportunity
die Gemeinheit, -en dirty trick
das Genick, -e back of the neck
der Kragen, - collar
das Ringen wrestling

Verben

sich auf•führen to behave
sich etwas aus•denken, dachte aus, ausgedacht to think up sth.
sich beschweren to complain

sich ein•schätzen to evaluate oneself
(sich) quälen to torment or torture (oneself)
sich raufen to fight; to brawl
verspotten to mock
sich vertragen (ä), u, a (mit) to get along with sb.
sich wälzen to roll; to toss and turn

Adjektive und Adverbien

grausam cruel
riesig gigantic

Redewendungen und andere Ausdrücke

es klappt it is working out; it goes smoothly
nicht im geringsten not in the least
um einiges stärker als somewhat stronger than
zu jemandem halten (ä), ie, a to stand by someone

B. **Wortschatzanwendung:** Ergänzen Sie den Text mit einem passenden Wort oder Ausdruck aus der folgenden Liste:

Affe
Angeber
sich auf•führen
sich etwas aus•denken
Beule
Gelegenheit
Kragen
quälen
riesig

Der Affenkönig

Hans wollte schon immer dem Fritz einen Streich spielen, da Fritz so ein großer

_____ (1) war. Er hatte ein großes Mundwerk. Er wußte alles
besser und glaubte, er könne alles besser tun als die anderen Schüler in seiner Klasse.
Fritz hielt sich für etwas Besonderes, denn er war im Vergleich zu den anderen

5   Kindern in der sechsten Klasse _____ (2) groß. Er war nicht nur sehr groß

für sein Alter, sondern auch grausam. Ständig _____ (3) er kleine, harmlose Tiere mit einem Stock oder etwas anderem, was ihm so gerade in die Hände fiel.

Eines Tages machte die ganze sechste Klasse einen Ausflug in den zoologischen Garten. Die Kinder sollten _____ gut _____ (4). Sonst

10 würden sie nie wieder einen Ausflug machen können. Hans meinte, jetzt solle er

_____ _____ _____ (5), um Fritz eine Gemeinheit anzutun. Er wollte sich gar nicht mit dem Fritz raufen, denn der Fritz war um einiges stärker als Hans. Aber vielleicht könnte er die

_____ (6) wahrnehmen, um den Fritz irgendwie zu

15 verspotten, ohne selber in Schwierigkeiten zu geraten.

Als die jungen Schüler im Zoo an den _____ (7) vorbeikamen, wollte der Fritz tatsächlich ganz nahe an den Käfig heran. Die Lehrerin hatte ihn streng verwarnt, Abstand zu halten, aber wie gewöhnlich, hörte der Fritz nicht zu und ging sogar gleich bis an die Stäbe des Affenkäfigs. In dem Augenblick fing Hans an, an

20 dem Kragen eines anderen Schülers zu ziehen. Ein alter Affe, der sehr klug war, beobachtete Hans ganz genau und zog sofort sehr hart an Fritzens

_____ (8). Dabei schlug Fritzes Kopf gegen einen Stab des Gitters und Fritz fing an, laut zu schreien. Hans lachte sich fast kaputt, als Fritz sich nicht vom Affen befreien konnte. Endlich kam ein Zoowärter und befreite Fritz, aber

25 nicht bevor dieser eine zweite _____ (9) am Kopf bekam, als er wieder gegen die Stäbe stieß.

Gott sei Dank erwischte er Hans nicht beim Lachen. Aber auf der Busfahrt nach Hause, hörte man ab und zu ganz leise: „Fritz, der Affenkönig". Hans' Plan hatte geklappt. Viele Schüler kicherten auf dem ganzen Weg nach Hause.

Über den Autor: *Harald Grill (*1951)*

Harald Grill (aus Niederbayern) gehört zur jungen Generation deutscher Schriftsteller, die nach dem Zweiten Weltkrieg geboren wurde. Nach seiner Ausbildung zum Pädagogischen Assistenten in München, lebte er im Raum Regensburg. Heute wohnt er als freier Schriftsteller in der Oberpfalz. Er hat mehrere Literaturpreise gewonnen, ist Mitglied des internationalen PEN-Clubs und mehrere seiner Werke wurden in die russische, tschechische und französische Sprache übersetzt. Die meisten seiner Veröffentlichungen befassen sich mit dem Leben im Bayerischen Raum. Die folgende Geschichte „Explosion im Schulbus" ist dem Buch *Gute Luft, auch wenn's stinkt* entnommen, in welchem die Erlebnisse der Bewohner eines kleinen Ortes in Bayern erzählt werden.

C. Hauptthemen: Überfliegen Sie den folgenden Text und ordnen Sie dann die Stichworte, die hier aufgeführt sind, in der richtigen Reihenfolge!

____ a. Fritz ist stärker.

____ b. Wer ist schuld?

____ c. die Folgen der Rauferei

____ d. Stehen im Bus bei der Rückfahrt

____ e. Der Lehrer hat kein Verständnis.

____ f. Die Eltern hatten es schwerer.

____ g. die Explosion

____ h. Radfahren ist zu gefährlich.

EXPLOSION IM SCHULBUS

Vom Gruber-Hof bis zur Grundschule° sind's ungefähr vier, fünf Kilometer. Zum Zufußgehen ist das viel zu weit. Drum werden alle Kinder, die so weit weg wohnen, vom Schulbus abgeholt.

Die Mamma und der Pappa sagen immer zum Hansi: „Mei, habt ihr das
5 schön heutzutag°! So schön haben's wir nie gehabt–und wir haben doch genauso weit weg gewohnt; aber da hat's nix° anderes gegeben als zu Fuß gehen, zu Fuß gehen und noch einmal zu Fuß gehen ... Mei, habt ihr das schön heutzutage!"

Wenn der Hansi das hört, könnte ihm der Hut hochgehen°, wenn er einen
10 aufhätte. Da kann er richtig grantig° werden. Dann will er seinen Eltern oft klarmachen, daß das Schulbusfahren das letzte ist, daß das Schulbusfahren einfach furchtbar ist, grausam!

Aber der Pappa und die Mamma wollen das nicht glauben. „Sei doch nicht so wehleidig, Hansi!" sagen sie nur. ‚Die sollten einmal selber jeden Tag mit dem
15 depperten° Schulbus fahren', denkt der Hansi, ‚dann täten die schon spannen°, wie schön das ist.'

Das ist nämlich jeden Tag ein Mordskampf. Jedes Mädchen und jeder Bub° will einen Sitzplatz. Aber so ein Schulbus hat einfach nicht so viele Sitzplätze wie Kinder mitfahren.

20 Ja, und was heißt das?

Logisch: wer keinen Sitzplatz hat, der muß stehen. Die ganze Fahrt lang stehen.

In der Früh hat's der Hansi ja noch leicht, denn er ist einer von den ersten, die einsteigen. Da kriegt er immer einen Sitzplatz – meistens sogar einen Fenster-
25 platz.

Beim Heimfahren klappt das bloß, wenn der Lehrer Dobler die Klasse ein paar Minuten eher hinausläßt. Aber der Herr Dobler läßt sie meistens nicht eher hinaus. Er läßt sie meistens erst gehen, wenn es gegongt hat. Und dann ist es natürlich zu spät für einen Sitzplatz. So gibt es alle Tage den gleichen Kampf
30 nach der Schule: rennen, drücken, schieben, raufen, kratzen, kreischen, plärren°,

primary school

Mei... Wow, you have it nice nowadays! / *nichts*

könnte ... could blow his top / grumpy

(dial.) stupid / to catch onto

(coll.) boy

to bawl

154 Kapitel 7

spucken, fußstellen°, hinschmeißen, hinfallen, beißen, reißen, weinen, alles auf   to trip
einmal!

Der Hansi kommt oft so heim, daß seine Mamma meint, da ist ein Unfall
passiert.

35   „Ja, Hansi, wie schaust denn du aus?"

„Ja, Hansi, bist vielleicht in ein Auto reingelaufen?"

„Ja, Hansi, ist was passiert mit dem Omnibus?"

„O mei, o mei, o mei!"

Eine zerrissene Strickjacke, ein Kratzer am Hirn, so tief, daß sogar zwei, drei
40 Blutstropfen herauskommen, die Hose von oben bis unten voller Dreck – so
kommt der Hansi nicht gerade selten von der Schule heim.

Und wenn er seine Hausaufgaben machen will und die Schultasche auf-
macht, dann sieht er erst, was da drin alles kaputt ist: der Füller schreibt nicht
mehr, ein Bleistift ist abgebrochen, Hefte und Bücher sind verknickt und weiß
45 der Teufel, was noch alles.

Die Mamma war sogar schon einmal beim Lehrer deswegen und hat sich
beschwert. Und andere Eltern haben sich auch schon beschwert.

Doch der Lehrer sagt immer nur: „Ja, mein Gott, da kann ich auch nichts
machen, die dürfen sich halt nicht immer aufführen wie die Verrückten!"

50   Der hat leicht reden. Der hat ja jeden Tag einen bequemen Sitzplatz in   *lit.:* no one will tear his heel
seinem Auto. Da reißt ihm freilich keiner einen Haxen aus°. Und sein Anzug   out
bleibt auch sauber. Und einen Fensterplatz hat er sowieso.

Auch die Mädchen, die mit dem Schulbus fahren müssen, haben es nicht
leicht, obwohl DIE wirklich selten raufen. Sie kriegen meistens nur einen Steh-
55 platz, weil sie nicht stark genug sind, sich gegen die Buben durchzusetzen.

Und wer einen Stehplatz hat, der ist von vornherein verloren!

„Nicht bloß, daß er keine Aussicht hat", erklärt der Hansi den Eltern. „Nein   **= Affe**
– bei jedem Bremser, den der Busfahrer macht, mußt du dich wie ein Aff° an der
Stange festhalten, wennst° nicht wie ein Düsenjäger mit dem Kopf voraus zum   **= wenn du**
60 Fahrer vorfliegen und dir eine Riesenbeule ins Hirn hauen willst ..."

Der Hansi würde lieber mit dem Bulldog° in die Schule fahren. Aber: „Da ist   **= Zugmaschine**
nix drin°!" sagt die Mamma. „Ich glaub, du spinnst°" oder „Was hat denn dich für   That's not possible! / you're
ein narrischer° Aff gebissen", so redet dann der Pappa.   crazy / *(dial.)* = **närrischer**

Nicht einmal mit dem Radl° darf der Hansi in die Schule fahren. Obwohl das   **= Fahrrad**
65 viele Kinder aus seiner Klasse dürfen. Nein, da geben seine Eltern nicht nach.
Denn da müßte der Hansi die Bundesstraße überqueren.

„Zu gefährlich", sagt die Mamma.

„Da sind schon so viele schlimme Unfälle passiert", sagt der Pappa.

Oft erwischt es bei diesen Unfällen auch Kinder. Der Bub vom Freilinger,
70 vom Nachbarn, der ist vor ein paar Jahren mit seinem Radl unter einen Lastwagen gerutscht und überfahren worden. Der muß heute noch mit Krücken gehen,
weil seine Beine kaputt sind und nicht mehr gesund werden.

Dabei erzählen sich die Leute, daß der Bub froh sein kann, daß er noch
lebt ...

75   Also bleibt dem Hansi nichts anderes übrig als Schulbus fahren, Schulbus
fahren und immer wieder Schulbus fahren. Und nichts anderes als weiterraufen,

weiterkratzen, weiterdrücken, weiterschieben, weiterspucken, weiterbeißen, weiterreißen, weiterschlagen ...

Dabei ist der Hansi nicht unbedingt ein Streithansl°. Der Hansi ist eher einer, der nachgibt und Streitereien lieber aus dem Weg geht. Der kann sich selber recht gut einschätzen, der weiß genau, daß er nicht der Stärkste ist.

(dial.) quarrelsome person

Und trotzdem: es gibt Gelegenheiten, da geht's nicht anders ...

Da gibt's in Renzenbach zum Beispiel einen Buben namens Fritz. Mit dem verträgt sich der Hansi überhaupt nicht. Immer wenn er mit dem zusammenkommt, gibt's Streit.

Den Fritz kann der Hansi nicht im geringsten leiden. Und der Fritz kann den Hansi nicht im geringsten leiden.

Dabei müssen die zwei jeden Tag mit dem gleichen Schulbus fahren. Und leider ist der Fritz um einiges stärker als der Hansi – er geht ja auch schon in die sechste Klasse.

Eines Tages sagt der Hansi zum Fritz schlicht und einfach: „Trampel°, Rindskanoppel°!" Weil ihn der Fritz beim Einsteigen von der Omnibustür wegschubst.

clumsy oaf

uncouth (person), vulgar, without any manners

Da haut der Fritz gleich so zu, daß dem Hansi die Nase blutet.

Von nun an geht der Hansi nicht mehr so nah an den Fritz heran. Und reden mag er auch nicht mehr mit ihm.

Höchstens aus sicherer Entfernung verspottet er ihn: „Angeber, Angeber!" oder „Stinkerter Dreckhammel°!"

stinking dirty beast (ram)

Also: die beiden sind richtige Feinde geworden ...

Der Fritz hat eine Wut auf den Hansi.

Und der Hansi hat eine Wut auf den Fritz.

Da passiert es einmal, daß der Hansi beim Heimfahren im Schulbus einen Sitzplatz kriegt und der Fritz nicht. Er, der Fritz, der viel stärker ist, er muß stehen! Den Fritz wurmt das. „Der kleine Hansdampf° darf sitzen – wo gibt's denn so was!"

"know-it-all"

Und dann denkt sich der Fritz eine ganz große Gemeinheit aus. Er kramt eine Tintenpatrone aus seiner Schultasche, legt sie auf den Boden und tritt sie mit dem Fuß auf. Dann drängt er sich in die Nähe vom Hansi und steckt sie ihm hinten in den Hemdkragen ... Der Hansi spürt was im Genick, langt nach hinten, schaut seine feuchte Hand an.

„Alles blau, alles voller Tinte! Verdammte Sauerei! Was ist das für ein Misthund° gewesen!" schreit er.

filthy dog

Er dreht sich um, sieht den Fritz und weiß sofort, was los ist.

„Ich weiß genau, warum du so dreckig lachst!" brüllt er ihn an.

Die anderen Kinder werden nun auch alle aufmerksam. Sie lachen, weil der Hansi ganz blau ist im Gesicht und am Hals und an den Händen.

Das macht den Hansi nur noch wütender. Er wird auf einmal so zornig, wie ihn noch nie einer gesehen hat. Mitten im Schulbus explodiert der Hansi.

„Misthund!" schreit er noch einmal und springt von seinem Sitzplatz auf, dem Fritz entgegen. „Gemeiner Kerl, gemeiner!"

Der Hansi schreit wie verrückt und reißt den Fritz zu Boden.

Damit hat der Fritz nicht gerechnet. Der Überraschungsangriff vom Hansi trifft ihn völlig unerwartet. Beide Buben wälzen sich auf dem Busboden. Einmal ist der Hansi oben, dann wieder der Fritz. Es ist ein verbissenes Ringen, die bei-

den schenken sich nichts. Viel zuviel Wut hat sich in der letzten Zeit angesam-
125 melt.

Während der Bus schon fährt, stehen immer mehr Kinder auf und wollen
sehen, was da los ist. Sie fangen an zu schreien. Die einen halten zum Hansi, die
anderen zum Fritz. Die einen schreien, wenn der Hansi wieder einen Schlag
angebracht hat, die anderen kreischen, wenn der Fritz zugeschlagen hat.

130   „Sauber, Hansi, so ist's recht!"

„Vorwärts, Fritz, zeig's ihm!"

Plötzlich bremst der Busfahrer scharf ab. Viele Kinder fliegen nach vorn.
Manche halten sich gerade noch fest und schauen erschrocken zum Busfahrer.

Aber der Fritz und der Hansi merken nichts. Sie raufen weiter, bis der Bus-
135 fahrer die Geduld verliert.

„Ihr verdammten Streithanseln!" schimpft er, steht auf, packt die beiden
Buben mit zwei festen Fäusten am Kragen und schleift sie nach vorn. Dort läßt er
sie los, öffnet die Bustür und schreit: „Ab mit euch, wer im Bus herinnen rauft,
der kann auch zu Fuß gehen!"

140   Dann wirft er ihnen noch die Schultaschen nach, schließt die Bustür und
fährt weiter.

Irgendwie ist es komisch. Der Hansi und der Fritz sitzen am Straßenrand auf
der Erde. Sie schauen sich an – und müssen lachen.

Von diesem Tag an sind die beiden nicht mehr ganz so verfeindet. Von
145 diesem Tag an haben sie etwas gemeinsam: Der Busfahrer hat sie beide aus dem
Bus geschmissen – so was kommt nicht oft vor!

Aber befreundet sind die beiden deshalb noch lange nicht. Der Hansi kann es
dem Fritz nicht so einfach vergessen, daß der ihm eine Tintenpatrone in den Kragen geschoben hat. Und der Fritz kann es dem Hansi nicht so einfach vergessen,
150 daß der ihn so angesprungen und zu Boden gerissen hat – mitten im Bus vor allen
Kindern.

Schuld aber ist eigentlich der depperte Schulbus. Wenn der Hansi nicht jeden
Tag mit dem blöden Kasten fahren müßte, dann käme er nicht jeden Tag mit dem
Fritz zusammen, und wenn er nicht jeden Tag mit dem Fritz zusammenkäme,
155 hätte er im Leben noch nie mit jemandem gerauft ...

Wer's glaubt!

aus *Gute Luft – auch wenn's stinkt*

D. Fragen zum Text: Beantworten Sie die folgenden Fragen!

1. Was sagen die Eltern immer zu Hansi, wenn er sich über den Schulbus beklagt?

2. Warum fährt Hansi nicht gern im Schulbus?

3. Warum findet Hansi morgens immer einen Sitzplatz, aber nach der Schule auf der
   Heimfahrt fast nie?

4. Wie sah Hansi oftmals aus, wenn er heimkam? Warum?

5. Worüber haben sich die Eltern beim Lehrer beschwert? Was war die Antwort des
   Lehrers?

6. Was tun die Mädchen im Bus? Warum?

7. Was geschieht, wenn der Fahrer bremst? Warum?

8. Wie würde Hansi lieber in die Schule kommen? Warum ist das nicht möglich?

9. Was für ein Mensch ist Hansi eigentlich?

10. Warum sind Hansi und Fritz Feinde?

11. Was tut Fritz eines Tages, als Hansi einen Sitzplatz hat und er nicht?

12. Warum heißt die Geschichte: „Explosion im Schulbus"? Wer oder was explodiert? Warum?

13. Warum lachen Hansi und Fritz, als der Fahrer sie aus dem Bus geworfen hat? Sind sie hinterher noch Feinde?

14. Welche Ausdrücke im Text sind süddeutscher Dialekt?

E. Was meinen Sie? Beantworten Sie die folgenden Fragen!

1. Wie sind Sie zur Schule gekommen? Sind Sie zu Fuß gegangen oder mit dem Fahrrad, dem Schulbus, dem Auto gefahren? Haben Ihre Eltern Sie zur Schule gefahren? Wovon hing es eigentlich ab, wie Sie zur Schule gekommen sind?

2. Sind Sie gern im Bus gefahren? Warum (nicht)?

3. Mußten Sie auch rennen, drücken, schieben, raufen, kratzen, kreischen, plärren, spucken, fußstellen, hinschmeißen, hinfallen, beißen, reißen und weinen, um einen Sitzplatz zu bekommen? Was ist der Unterschied zwischen der Situation im Schulbus in dieser Geschichte und Ihrem eigenen Bus? Was, glauben Sie, hätte der Busfahrer in Ihrem Bus in einer ähnlichen Situation getan?

4. Haben Ihre Eltern sich jemals beim Lehrer oder Schuldirektor beschwert? Worüber? Hat die Beschwerde eine Änderung zur Folge gehabt? Welche?

5. Suchen Sie einige Stellen im Text, die den Humor des Erzählers zeigen. Warum sind sie komisch?

6. Wie alt sind die Kinder wohl in dieser Geschichte? Warum glauben Sie das?

F. Wettbewerb: Zwei Gruppen werden gebildet. Beide Gruppen besprechen die Probleme an den Schulen. Sie machen eine Liste von allen Problemen, die Sie finden können. Nach etwa 10 Minuten schreibt der Lehrer (Professor) abwechselnd die Vorschläge von Team A und Team B an die Tafel. Das Team mit den meisten Vorschlägen hat gewonnen. Diskutieren Sie dann gemeinsam, welche Lösungen Sie zu den Problemen vorschlagen können!

G. Rollenspiel: Thema: Der Schüler soll mit dem Bus fahren. Dieses ist ein Rollenspiel für ein Elternpaar und einen Schüler. Entweder müssen die Eltern den Schüler überzeugen, daß er mit dem Bus fahren muß, oder der Schüler überzeugt die Eltern, die ungern nachgeben, daß er nicht zu fahren braucht. Verwenden Sie mindestens fünf Wörter oder Redewendungen aus dem *Aktiven Wortschatz!*

KAPITEL 8

Ausländer in Deutschland

Ausländer

Gespräch:	*Heimreise: Ein Kurzhörspiel* (Gabriele Di Ciriaco)
Aus der Presse:	*Jeder in seiner Ecke* (Die Zeit)
Grammatik:	Präpositionen
Aus der Literatur:	*Ganz unten* (Günter Wallraff)

Historischer Hintergrund

The area we know as Germany has through the centuries been entered by migrating peoples, including the Germanic tribes themselves. However, until fairly recently, further migration into it remained limited in scale, a mere trickle of individuals or small groups. Occasionally, special factors such as the efforts of a prince to increase the population of his territories or a welcome offered to the victims of religious persecution accelerated its tempo. Foreign workers, attracted by relatively high wages, began to enter Germany in large numbers in the later 19th century. However, the number of foreign workers in Germany first assumed vast proportions during World War II. The majority of these workers had not voluntarily come to work in Germany, but were conscripts forced to help sustain the titanic Nazi war effort. So shattered was the German nation at the end of the war in 1945 that its inhabitants appeared to be inescapably condemned to many years of grinding poverty, and recovery seemed unlikely in the near future. However, in defiance of these gloomy expectations, a spectacular recovery was underway by the mid-1950's. Once again a need for additional workers was felt and German authorities invited non-Germans to seek work in the expanding economy. Many nationals from other European countries responded, usually intending to stay only for a limited period. But many remained and came to constitute a substantial but imperfectly assimilated minority within the German population. Two major developments of recent years, the reunification of the former German Democratic Republic with the Federal Republic of Germany and the emergence of a massive unemployment problem, have brought about tensions between foreigners and Germans. Unfortunately, the frustrations of some Germans tend to be vented against foreigners who are viewed as holding jobs that Germans should have. Particular prejudice has been directed against southern European workers, and especially Turks, who have come to Germany in large numbers in the post-war years.

GESPRÄCH

Eine Ferienidylle. Aber auf die Dauer hier leben?

A. Einführung: Heimreise

1. Beschreiben Sie das Bild.
2. Wohin reisen Schüler und Studenten in den Ferien? Wie lange bleiben sie dort?
3. Wer entscheidet, wohin die Schüler und Studenten reisen? Warum?
4. Welchen Einfluß haben Eltern auf ihre Kinder?
5. Was machen junge Leute heutzutage in ihrer Freizeit?

Aktiver Wortschatz

Substantive

der Ausbruch, ¨e outburst
die Aussteuer, dowry
das Besteck, -e cutlery; knife, fork, and spoon
die Einsamkeit, -en loneliness; solitude
das Elend misery; misfortune
das Mahl meal
die Mitgift dowry
die Pflicht, -en duty
der Schluck, -e sip; gulp
der Schulabschluß, ¨sse completion of school (usually secondary school graduation)
das Schweigen silence
der Segen, - blessing; benediction
die Verteidigung, -en defense
die Ziege, -n goat
der Zug, ¨e train; sip; draft

Verben

an·rühren to touch; to eat
begütigen to calm; pacify
beschließen, beschloß, beschlossen to decide
sich entscheiden, ie, ie to decide
enttäuschen to disappoint
genießen, genoß, genossen to enjoy

nach·schenken to re-fill (a glass, etc.)
nähen to sew
rülpsen to burp
sich verteidigen to defend oneself
verzeihen, ie, ie to forgive
wahr·nehmen (i), a, o to notice; observe

Adjektive und Adverbien

bedächtig cautious; slow
bescheiden modest
betonend emphasizing
schüchtern shy; timid
trotzig defiant; insolent
verächtlich scornful; despicable; contemptible
widerspenstig stubborn; obstinate
wütend enraged; furious
zickig odd; obstinate

Redewendungen und andere Ausdrücke

(auf jdn.) ein·reden to urge (sb.)
jdm. ins Wort fallen (ä), ie, a to interrupt sb.
jdn. in Frieden lassen (ä), ie, a to leave sb. alone
jdn. nicht zu Wort kommen lassen (ä), ie, a not give
   s.o. a chance to get a word in edgewise

Tonband: *Die Geschichte spielt in einem kleinen süditalienischen Ort. Die Familie sitzt gerade beim Essen. Patrizia ist wieder „zu Hause".*

B. Hauptthemen: Hören Sie sich das Hörspiel an und beantworten Sie kurz die folgenden Fragen!

1. <u>Wer</u> meint, Patrizia soll heiraten?

2. <u>Wann</u> soll Patrizia heiraten?

3. <u>Warum</u> soll Patrizia heiraten?

4. <u>Wen</u> soll Patrizia heiraten?

5. <u>Wo</u> soll Patrizia wohnen?

6. <u>Wo</u> ist Patrizia geboren und zur Schule gegangen?

7. <u>Was</u> wird Patrizia tun?

C. Richtig oder falsch? Hören Sie sich das Tonband ein zweites Mal an und kreuzen Sie die richtigen Aussagen an. Korrigieren Sie außerdem die falschen Angaben!

1. Diese Geschichte spielt in Norditalien.
2. Patrizia fährt immer wieder nach Italien, weil ihre Eltern dort wohnen.
3. Der süditalienische Ort gefällt Patrizia nicht mehr.
4. Deutschland gefällt Patrizia sehr gut.
5. Die Tante will, daß Patrizia einen Italiener heiratet und in Italien wohnt.
6. Die Großeltern unterstützen Patrizia.
7. Patrizia glaubt, sie sei alt genug, um zu heiraten.
8. Die Tante meint, Patrizia solle zurück nach Deutschland fahren.
9. Die Großeltern haben keine Vorurteile.
10. Patrizia will nicht in Süditalien bleiben.

D. Wortschatzanwendung: Schreiben Sie einen eigenen Satz für jedes Wort aus der folgenden Liste!

der Ausbruch
bescheiden
beschließen
das Besteck
das Elend
enttäuschen
schüchtern
die Verteidigung
verzeihen
wütend

Über den Autor: *Gabriele Di Ciriaco (*1946)*

Gabriele Di Ciriaco ist Italiener. Seit 1984 ist er in der Bundesrepublik Deutschland berufstätig. Zu seinen Veröffentlichungen zählen: Gedichte wie „Kürbiskern" (1984 bis 1986), „Dialog mit einer Pistole" (nordrheinwestfälischer Dramatikerpreis 1985), die Erzählung „Claudio las auf der Piazza", die 1986 einen Preis der Universität Trier bekam, Hörspiele wie „Eiskunstlauf" (BR, WDR, Radio Bremen), „Gramsci" (Theaterverlag Dr. Nysen und Bansemer), „Remigrazione" (italienisches Programm des BR und WDR), Kritiken und Essays und Ausstellungen.

HEIMREISE

Personen:

PATRIZIA	17 Jahre
ANNUNZIATA, *gen.* NUNA, *ihre Tante*	45 Jahre
ATTILIO, *ihr Großvater*	75 Jahre
EVELINA, *ihre Großmutter*	70 Jahre

(Geräusche von Tellern, Besteck, Gläsern/gelegentlich wird Wein nachgeschenkt/ Großmutter wischt sich gelegentlich geräuschvoll den Mund/Großvater rülpst befriedigt/die Szene muß geräuschmäßig das Kolorit eines einfachen, aber durchaus reichlichen mediterranen Mahls haben.)

ANNUNZIATA: (*Spricht zunächst noch mit vollem Mund*): Meine liebe Patrizia. Jetzt bist du also schon ganze vier Wochen bei uns. Inzwischen solltest du dich ja wieder an das Leben hier im Süden gewöhnt haben. (*Trinkt einen kräftigen Schluck Wein.*)
5 Wie oft hast du jetzt bei deinen Großeltern und mir deine Ferien verbracht?

PATRIZIA: (*Etwas eingeschüchtert/fühlt sich von der dominanten Tante zu sehr ausgefragt*): Ich weiß nicht mehr genau, Tante Nuna. Fast in allen Schulferien. Acht- oder neunmal vielleicht.

10 ANNUNZIATA: (*Jetzt mit noch mehr Entschiedenheit*): Na gut. Dann kannst du dich ja jetzt endlich mal entscheiden, was du machen willst! Auch wenn du dort droben im Norden geboren und aufgewachsen bist, bleibst du doch immer noch Italienerin und gehörst zu uns in den Süden.

15 GROßMUTTER: Rede doch nicht immer so auf sie ein, Nuna. Das arme Kind weiß ja gar nicht mehr, was es sagen soll! Komm, Picina°, iß erst mal richtig! Das Fleisch hast du ja fast gar nicht angerührt ...

(*Gesprochen: Pitschina = Meine Kleine*)

ANNUNZIATA: (*Hat kaum zugehört/fällt ihr ins Wort*): Nun hör' mir mal gut zu, Patrizia...

20 GROßMUTTER: (*Streng*): Ich hab' gesagt, du sollst sie in Frieden lassen. Sei jetzt endlich ruhig, Nuna!

ANNUNZIATA: Ach, Mama – ich will ihr doch nur helfen! Schließlich muß sie sich in diesen Tagen entscheiden; deshalb ist sie ja nach dem Schulabschluß noch mal hierhergekommen. Und je
25 schneller sie sich entscheidet, was sie machen will, desto besser ist es für sie ... und für ihre Eltern auch.

PATRIZIA: (*Trotzig und widerspenstig, wie junge Mädchen ihres Alters im allgemeinen sind*): Kein Mensch hat mich gefragt, ob ich hierherkommen will. Mama und Papa haben das einfach

30	beschlossen ... das finde ich ganz beschissen° ... nur weil ich noch nicht volljährig bin ...	(vulg.) lousy; crappy

GROßVATER: (*Begütigend*): So redet man nicht über seine Eltern, Picina! Sie wollen nur dein Bestes! Das darfst du nie vergessen!

ANNUNZIATA: Sie tun doch alles nur für dich! Glaubst du etwa, sie hätten sonst jahrelang so weit weg von zu Hause gelebt? Niemand spricht dort oben unsere Sprache, keiner weiß wirklich, wie wir hier leben! Die Leute, die bei uns ihre Ferien verbringen, haben doch keine Ahnung von uns! Sie interessieren sich ja auch nicht dafür, wie wir leben! Sonne und Wein – mehr wollen sie nicht von uns!

GROßMUTTER: Sie müssen hart arbeiten, deine armen Eltern! Ohne Heimat, ohne Freunde ... aber jetzt, wo wenigstens du wieder bei uns bist ...

PATRIZIA: (*Fällt ihr ins Wort, weil sie ahnt, was die Großmutter sagen will*): Ich bin dort geboren, Großmutter! Ich bin dort zur Schule gegangen, jetzt hab' ich meinen Abschluß gemacht, ich hab' alle meine Freunde dort, wir gehen miteinander aus, Jungen und Mädchen, das ist ganz normal – und nicht so alt-modisch wie hier! Ich will nicht mit den zickigen Mädchen hier abends (*verächtlich betonend*) über die Piazza° schlen-dern und mit einem Jungen nur baden gehen dürfen, wenn Tante Nuna mal Zeit hat und auf uns aufpassen kann; und für meine Aussteuer näht, nur weil sie selber keinen Mann abgekriegt hat!

(spricht dieses Wort bewußt mit deutschem Akzent aus: Pi-a-za)

GROßMUTTER: Schluß damit, Patrizia! Du bist und bleibst eine von uns. Du bleibst hier und gewöhnst dich wieder an uns, auch wenn es dir am Anfang vielleicht schwerfällt. Du wirst es schon schaffen, Picina, und dann bist du wieder gerne bei uns.

ANNUNZIATA: (*Schenkt sich etwas Wein nach*): Die Großstadt ist nichts für ein Mädchen wie dich. Du gehörst hierher, wo deine Eltern und Großeltern geboren sind, wo jeder aus unserer Familie begraben liegt und wo wir alle leben, wie es Gott gefällt: Im Schweiße deines Angesichts sollst du dein Brot verdienen![1] Aber wir sind zufrieden gewesen mit dem, was wir hatten ...

GROßVATER: (*Fällt ihr ins Wort, dabei bedächtig*): Ja, ja, wir haben's immer gut gehabt, der Boden hat uns genug gegeben, wir sind alle satt geworden. Bescheiden muß man schon sein. Aber damals, da waren die Frauen noch für das Haus und die Kinder da und hatten den Kopf nicht voller Flausen°!

nonsense

GROßMUTTER: Ja, Großvater. Die Männer haben auf dem Feld gearbeitet, und die Tiere versorgt. Das war harte Arbeit, freilich. Aber

---

1. quote from the Bible (Genesis 3:19)

abends waren dann alle im Stall, Tier und Mensch. Und alle
haben wir zusammen gebetet. – Ja, ja, Patrizia. Früher war
das so bei uns im Süden. Heute haben die Menschen wohl
keine Zeit mehr. Alle sitzen vor dem Fernseher oder gehen
75   aus. Und wer glaubt heute noch an Gott?

PATRIZIA: (*Versucht sich zu verteidigen*): Ach Großmutter, das war
früher. Das ist schon so lange her! Heute ist alles anders!
Heute geht man in eine Diskothek, wenn man Freunde finden
80   will. Ihr sagt immer, das wäre nichts für mich, aber wir gehen
doch nur zum Tanzen hin und zum Reden. Niemand raucht
Hasch oder... Kein Mensch macht da so schreckliche Sachen,
wie ihr immer meint! Aber es ist was los! Es ist nicht so langweilig wie hier, sondern einfach interessant und toll. Und
85   deshalb will ich in der Stadt leben! Versteht das doch!

ANNUNZIATA: Sei nicht zu vertrauensvoll, Patrizia, und höre auf die Menschen, die es gut mit dir meinen und klüger sind als du.
Hochwürden Don Giuseppe° hat selbst in seiner letzten
Predigt gesagt, die Jugend von heute sei verdorben. Von
90   Grund auf. Drogen, Vergewaltigungen, Terrorismus, Mord –
sogar Selbstmord! Das ist die Großstadt. Und nichts anderes!

                                                                     Reverend Father Guiseppe

PATRIZIA: (*Noch immer in der Verteidigung*): Ach, Tante Nuna! Was der
Pfarrer euch sagt, ist doch gar nicht wahr. Meine Freundinnen und Freunde nehmen keine Drogen, und niemand von
95   meinen Leuten interessiert sich für Politik.

ANNUNZIATA: Vielleicht sind ein paar junge Leute so, wie du behauptest.
Aber die Mehrzahl ist verdorben, von Grund auf verdorben!

GROSSVATER: (*Will begütigen*): Du mußt endlich heiraten, Patrizia, und
einen eigenen Haushalt führen. (*Ißt.*) Als ich deine Großmut-
100   ter kennenlernte, da war sie ...

PATRIZIA: (*Unterbricht ihn wütend*): Großvater, ich bin doch kein
Heiratsobjekt! Ich denke überhaupt nicht ans Heiraten – auf
jeden Fall nicht so früh! Ich will meine Jugend genießen! Ich
will die Welt kennenlernen und nicht in einem gottverlas-
105   senen Nest am Ende der Welt versauern! Ich mache, was ich
will ...

ANNUNZIATA: (*Unterbricht sie und führt den Gedanken des Großvaters fort,
als hätte sie Patrizias Ausbruch gar nicht wahrgenommen*):
Großvater hat ganz recht. Du solltest heiraten. Der Vater von
110   Lorenzo hat sich schon sehr nach dir erkundigt.

GROSSMUTTER: (*Neugierig*): Welcher Lorenzo? Der von dem großen Hof?

ANNUNZIATA: (*Eifrig*): Ja, Mutter, Lorenzo Boccarossa.

GROSSMUTTER: Das ist ein braver Junge! Der würde gut zu dir passen!

ANNUNZIATA: (*Eifrig*): Er bekommt eine große Mitgift! Nach dem Tod
115   seiner Mutter hat er alles geerbt, was sie in die Ehe mitge-

bracht hat! Das ganze Land, das an unsere Felder angrenzt! Er ist ein guter Junge. Er ist gesund – und fleißig. (*Patrizia möchte etwas sagen, aber Annunziata läßt sie nicht zu Wort kommen*.) Sieh mich an, Patrizia. Wenn man älter wird, ist es

120 nicht schön, allein zu sein. Jetzt liegt die Welt noch vor dir, aber wenn du älter bist, kräht kein Hahn mehr nach dir. Ich bin nicht so dumm, wie du meinst. Ich weiß, daß ihr heute eure Kindheit und eure Jugend aus vollen Zügen genießt. Euch geht's zu gut! Zu meiner Zeit, da hat man sich

125 geschämt, wenn man in deinem Alter noch nicht verheiratet war und keine Arbeit hatte. Das war nichts für uns! Höchstens für die Herren Studenten! Mama – gib mir noch ein bißchen Wein, bitte! (*Wein wird nachgegossen/sie trinkt einen Schluck*.) Früher mußten schon die Kinder mithelfen.

130 Als dein Vater vierzehn Jahre alt war, hat er die Ziegen vom ganzen Dorf gehütet, und deine Mutter hat das Haus und ihre kleinen Geschwister versorgt, als ihre Mutter im Kindbett gestorben war! Ihren Vater und vier Geschwister mußte sie versorgen! (*Trinkt wieder einen Schluck*.) Ich war immer ein

135 zartes, kränkliches Kind, deshalb mußte ich nicht soviel arbeiten. (*Großmutter möchte etwas sagen/Annunziata läßt sie nicht zu Wort kommen*.) Schon gut, Mama! Faul war ich schließlich nicht! Als ich größer war, bin ich Tag für Tag vier Kilometer hin und zurück barfuß ins nächste Dorf gelaufen,

140 weil ich dort eine Schneiderlehre machen konnte. Aber die Arbeit auf dem Feld war viel härter als meine. Die Kreisstadt wurde größer und größer und Fabriken wurden immer mehr gebaut. Ja, und dann sind die jungen Leute in die Stadt gezogen, haben die Alten hier alleingelassen und die Felder lagen

145 brach°. Damals kam die Einsamkeit zu uns. (*Kleine Pause. Niemand spricht*.) Deine Eltern haben noch im Dorf geheiratet. Aber dann sind sie gleich in den Norden gezogen. Die Felder, die seit Generationen von deiner Familie bestellt° worden sind, lagen da und verödeten. Gott verzeih mir armer

150 Sünderin, aber meine Großeltern würden sich im Grabe umdrehen, wenn sie dieses Elend und diese Verlassenheit hier sehen könnten! Du konntest das alles nicht wissen, Patrizia, und deshalb habe ich es dir gesagt. Du gehörst zu uns und wirst mit deinem Mann und deinen Kindern wieder hier

155 leben. Ihr könnt heute all die Maschinen kaufen, die's zu unserer Zeit nicht gab und unser Land wieder bestellen. Unser Land ist gutes Land, aber es braucht die Menschen, die es bearbeiten, hörst du! (*Schweigen*) Du gehörst zu uns, Patrizia. Es ist deine Pflicht, bei uns zu bleiben!

160 GROSSMUTTER: Nun ist's aber genug, Nuna. Laß das arme Kind in Ruhe. Iß, Patrizia, du sollst mir hier nicht hungern! Und trink einen Schluck Wein, damit du wieder Farbe bekommst!

Felder... fields lay idle

cultivated

PATRIZIA:	(*Leise, schüchtern, aber bestimmt*): Ich fahre morgen früh. (*Schweigen*) Schon bevor ich gekommen bin, war ich mir ganz sicher, daß ich nicht bei euch bleibe. Ich bin nur gekommen, um meinen Eltern eine Freude zu machen. Sie haben mich dazu überredet; ich konnte sie einfach nicht enttäuschen. Ich habe gewußt, was mich hier erwartet. Tante Nuna redet Tag für Tag auf mich ein. Ich will jetzt nicht mehr zuhören!
ANNUNZIATA:	(*Besorgt*): Aber du hast doch noch keine Fahrkarte, deine Eltern müssen dir doch erst das Geld schicken ...
PATRIZIA:	(*Unterbricht sie*): Ich hab' eine Schülerkarte, mit der man durch ganz Europa fahren kann, Tante Nuna. Und ich habe sie von meinem eigenen Geld gekauft. Ich weiß, daß ihr jetzt enttäuscht seid und daß meine Eltern sehr traurig sein werden. Aber es ist mein Leben, und ich will nie mehr zu euch kommen ... außer vielleicht in den Ferien.
ANNUNZIATA:	Ich hab' alles versucht, aber du willst anscheinend wirklich mit dem Kopf durch die Wand. Was soll man da noch sagen ... ach Gott ... (*Sie ißt ein wenig*) ... wir sind dir nicht böse, Patrizia. Unser Segen soll dich begleiten ...
GROSSVATER:	(*Gedankenverloren*): Als ich jung war, wäre ein Mädchen nie auf die Idee gekommen, alleine zu entscheiden ...
GROSSMUTTER:	(*Fällt ihm energisch ins Wort*): Ja, ja, das kennen wir! Die gute alte Zeit! Aber heute ist heute, und heute ist alles anders! Daran mußt du dich gewöhnen, Attilio! (*Gießt sich noch ein wenig Wein nach*) Nach dem Abendessen packe ich dir ein paar schöne Sachen für deine Eltern ein. Oliven mit Fenchel° von Tante Nuna, echten Schafskäse und einen schönen, luftgetrockneten Schinken. Gute Sachen, Patrizia, nicht das Konservenzeug, das ihr in der Stadt bekommt. (*Gießt Patrizia noch etwas Wein nach*) Komm, trink' noch einen Schluck mit uns auf deine Heimreise ... und daß du gesund wiederkommst!
PATRIZIA:	Grazie, Nonna°.
	(*Gläserklirren, kein Zuprosten°, da die Stimmung ja eher gedämpft ist/Gläser klingen langsam aus.*)

Margin glosses:
fennel
granny
to raise one's glass to

E. Was meinen Sie? Beantworten Sie die folgenden Fragen!

1. Waren Sie schon einmal in einer Situation wie Patrizia, die von der Tante und den Großeltern bestürmt wird? Erzählen Sie, was passiert ist.

2. Wie kann man sich am besten behaupten, so daß die Gesprächspartner nicht immer dominieren?

3. Haben Ihre Eltern Sie einmal zu Verwandten oder Freunden geschickt, bei denen Sie sich nicht besonders wohl gefühlt haben?

4. Warum sind die Eltern von Patrizia nach Deutschland gezogen? Warum haben sie nicht ihr Land in Süditalien bearbeitet?

5. Warum wollen Eltern, daß es ihren Kindern besser geht, als es ihnen selbst ging?

6. Ist das Leben von Patrizia wirklich besser? Wo fühlt sie sich zu Hause?

F. Rollenspiel: Schreiben Sie ein Rollenspiel für vier Personen, ähnlich wie in diesem Hörspiel. Versuchen Sie, eine eigene Geschichte zu erfinden. Gebrauchen Sie mindestens zehn Wörter und Redewendungen aus dem *Aktiven Wortschatz*.

G. Diskussion: Wie üben Eltern auf ihre Kinder Einfluß in Bezug auf Freundschaften, zukünftige Ehepartner usw. aus? Warum können manche Bekannte einen ebenso starken Einfluß auf Jugendliche ausüben wie die Eltern? Welchen Gefahren sind Jugendliche ausgesetzt, die unter starkem Einfluß anderer Menschen stehen?

Isoliert in der fremden Kultur?

A. Einführung: Jeder in seiner Ecke

1. Was sehen Sie auf dem Bild?

2. Dieser Artikel handelt von Schwierigkeiten, die Ausländer, die in Deutschland wohnen, haben können. Was wissen Sie darüber?

3. Gibt es ein Ausländerproblem in den USA? Nennen Sie einige Beispiele.

4. Was machen die meisten Leute, wenn sie in einer fremden Umgebung sind? Wie versuchen sie, mit dem Alleinsein fertig zu werden?

5. Warum gibt es viele Türken, Polen, und andere Ausländer in Deutschland? Welcher Religion gehören diese Volksgruppen gewöhnlich an?

Aktiver Wortschatz

Substantive

der Altersgenosse, -n, -n/die Altersgenossin, -nen peer; contemporary

das Angebot, -e offer; bid

der Anteil, -e share; portion

der Asylant, -en, -en/die Asylantin, -nen person seeking (political) asylum

die Einrichtung, -en furnishing(s); establishment

die Entwicklung, -en development; evolution

die Feindlichkeit, -en hostility

die Folge, -n sequence; result

der Hauch, -e breath

die Ursache, -n cause; reason

die Veranstaltung, -en event; function

das Vorurteil, -e prejudice; bias

Verben

sich ab·geben (i), a, e (mit) to bother or concern oneself with

absolvieren to complete; to graduate from

bedauern to regret

sich engagieren to become involved

fertig werden (i), u, o (*aux.* **sein + mit**) to be able to cope with

überfallen (ä), ie, a to attack; assault

vermitteln to arrange; to mediate

vermuten to suspect

Adjektive und Adverbien

angesichts in view of; in the face of

gewissermaßen so to speak; in a way; to a certain extent

Redewendungen und andere Ausdrücke

etwas zur Verfügung haben to have sth. at one's disposal

im Schnitt (im Durchschnitt) on the average

keinen Spaß verstehen (verstand, verstanden) to not understand/be able to take a joke

(den) Vorrang haben to have precedence

zu etwas bei·tragen (ä), u, a to contribute to sth.

zwischen die Mühlsteine geraten (ä), ie, a to get between a rock and a hard place

---

B.   Wortschatzanwendung: Ergänzen Sie den Text mit einem passenden Wort oder Ausdruck aus der folgenden Liste:

Angebot
Asylanten
bedauern
bei•tragen
Folge
überfallen
Vorrang haben
Vorurteile

Die Asylanten

Deutschland ist nicht das einzige Land mit _____ (1) gegen Ausländer. Daß Kuba nicht sehr weit von den Vereinigten Staaten liegt und ein

kommunistisches Land ist, hat zur _____ (2), daß viele Kubaner

in Florida landen, um als _____ (3) aufgenommen zu werden.

5   Präsident Jimmy Carter hieß alle Kubaner, die ein freies Leben führen wollten, willkommen.

Bald danach _____ (4) Präsident Carter seine

Worte, denn Kubas Präsident Fidel Castro hatte das _____ (5)
ausgenutzt. Keiner konnte voraussehen, was Castro machen würde. Er öffnete die
Türen der kubanischen Gefängnisse und schickte unter anderem viele Kriminelle und
Drogenabhängige in Booten nach Florida. Manche von diesen Leuten haben sich im
Drogenhandel in Florida etabliert. Und manche haben Einwohner und Touristen

_____ (6), um Geld für ihre Drogen zu bekommen.

Angesichts dieser Probleme mußten die Behörden viele von diesen sogenannten
Asylanten in Lagern einsperren, denn die Sicherheit der Menschen in Florida mußte

_____ _____ (7). Leider _____

der idealistische amerikanische Präsident Carter zur Entstehung dieser Lager

_____ (8).

C. **Hauptthemen:** Überfliegen Sie den folgenden Text und denken Sie sich dann sechs
Fragen zu den Haupthemen des Textes aus!

JEDER IN SEINER ECKE

Junge Deutsche und Türken–die Entfremdung wächst

(**BÖNEN/DORTMUND**)   Ganz hinten, am Ende des Gangs in einem kleinen Raum
des Jugendhauses, hocken sechs türkische Jungen vor Musikvideos. Eine lila
Neonröhre vermittelt einen Hauch von Disco, die Luft ist vor Zigarettenqualm
zum Schneiden dick. „Nein, nein, Sie stören nicht“, sagt Ömer, siebzehn Jahre
5 alt, und schaltet sofort den Fernseher ab.

Dieses Haus, ein Flachdachpavillon, früher Sitz der Gemeindeverwaltung,
ist das einzige Jugendzentrum in der Kleinstadt Bönen bei Dortmund. Hier
wohnen viele türkische Bergleute mit ihren Familien. Im Jugendhaus aber ist der
Anteil der türkischen Jugendlichen noch höher als in der Stadt insgesamt. „Es
10 kommen immer weniger deutsche Jugendliche hierher“, hat der neunzehnjährige
Senol beobachtet. Woran liegt das? „Ich glaub’, das sind die Eltern, die sagen
ihren Kindern, sie sollen sich nicht mit uns abgeben“, vermutet Senol. „Das ist
auch in der Schule so“, sagt Ömer. „In der Pause stehen die Türken in der einen
Ecke und die Deutschen in der anderen.“

15 Vor allem im vergangenen Jahr sei das Klima frostiger geworden. Als erst im
Osten und dann auch im Westen immer mehr Asylantenheime brannten, seien
auch sie immer häufiger angepöbelt worden, erzählen Senol und Ömer. In Dortmund hätten jugendliche Skinheads mehrfach Jugendhäuser überfallen, in denen
Türken verkehren. Seither haben sich die Türken in ein einziges Jugendhaus
20 zurückgezogen und es gewissermaßen in Beschlag genommen. Nun trauen sich
die Skinheads nicht mehr anzugreifen, aber dafür kommen auch keine deutschen
Jugendlichen mehr dorthin.

Neu ist diese Entwicklung nicht, aber sie hat sich in jüngster Zeit zugespitzt.
Enver Muti arbeitet als Honorarkraft° in einem Wuppertaler Jugendhaus, in dem   a volunteer

25 früher sowohl türkische als auch deutsche Jugendliche zusammenkamen. Mittlerweile, sagt er, verkehrten dort nur noch Türken. Die Deutschen verstünden ihre türkischen Altersgenossen nicht und seien auch immer weniger bereit dazu. Zur Zeit etwa ist der Fastenmonat Ramadan zentrales Thema bei den Türken. Die meisten Familien sind gläubige Moslems, auch die Kinder und Jugendlichen dür-
30 fen tagsüber dann nichts essen. Doch welche Probleme ihnen das macht, darüber können sie mit den Deutschen nicht sprechen. Die hätten nicht mal Interesse, das Kartenspiel Ellibir kennenzulernen, eine Art Rommé, das die türkischen Jugendlichen allabendlich spielen. Vor allem aber, meint Muti, könnten Deutsche und Türken nicht gemeinsam lachen. Ein Jugendlicher habe ihm neulich erklärt:
35 „Mit den Deutschen kann ich mich zwar unterhalten, aber die Späße, die ich mit meinen türkischen Freunden mache, kann ich mit ihnen nicht machen, die verstehen sie nicht."

Deutsche und ausländische Jugendliche, vor allem türkische, haben sich in den vergangenen Jahren entfremdet. Eine Ursache dafür sei, daß „die Jugend-
40 szene so vielfältig" geworden ist, sagt der Essener Jugendamtsleiter Dieter Greese. Die Cliquenbildung habe zugenommen, jede Gruppe pflege ihren eigenen Stil, ihre eigenen Regeln. Immer häufiger dominierten einzelne Cliquen ganze Jugendhäuser. „Wenn eine Gruppe ein Haus besetzt hat, sind da ihre Symbole, ihre Accessoires drin", sagt Greese. Angehörige anderer Jugendcliquen
45 meiden dann die Einrichtung. Das bedeutet, „daß die Jugendzentren ihre sozialintegrative Funktion zu einem großen Teil verloren haben", heißt es im letzten Jugendbericht der nordrheinwestfälischen Landesregierung.

Wegen der wachsenden Ausländerfeindlichkeit sind auch die Türken enger zusammengerückt und treten fast nur noch in Gruppen auf – mit der Folge, daß
50 deutsche Jugendliche dann verschreckt wegbleiben. „In der eigenen sozialen Gruppe fühlen sich die Türken sicherer", meint Peter Krieg vom Wuppertaler Jugendamt. „Einige Kommunen sprechen davon, daß – je nach örtlicher Lage – Jugendzentren fast ausschließlich von ausländischen Kindern und Jugendlichen besucht werden", stellt der Jugendbericht fest. „Unbewußt und ungewollt", sagt
55 Jugendamtsleiter Greese, trügen die Türken auf diese Weise zu der von ihnen beklagten Entfremdung bei.

Eine weitere Ursache für das Auseinanderleben ist das krasse Wohlstandsgefälle° zwischen Deutschen und Ausländern. „Ausländische Jugendliche haben im Schnitt weniger Geld zur Verfügung als deutsche", sagt Greese. Die Einkommen
60 der Ausländer liegen deutlich unter denen der Deutschen, „wobei die türkischen Arbeitnehmer nochmals unter dem Durchschnittsnettoverdienst° aller Ausländer liegen", heißt es im Landesjugendbericht. Dies bedeutet, „daß die Mehrzahl der ausländischen Kinder und Jugendlichen unter unterschichttypischen° Lebensbedingungen aufwächst".
65 Geld spielt jedoch angesichts der „Kommerzialisierung der Freizeit" auch für Jugendliche eine immer größere Rolle. Die meisten deutschen Jugendlichen verfügen über mehr Geld als früher und sind daher „nicht mehr auf die Angebote der traditionellen Jugendarbeit angewiesen", konstatiert der Bericht. Dies treffe insbesondere auf „Schüler weiterführender Schulen"[2] zu. Sie besuchen
70 Diskotheken und schicke Kneipen, absolvieren Reitkurse oder gehen zur

difference in living standard

average net earnings

typical of the lower class

---

2. schools which lead to advanced training and education

75 Musikschule. Die Jugendzentren seien so immer mehr zum Auffangbecken° für
„Jugendliche aus dem Bereich der Haupt- oder Sonderschulen sowie für ausländische Jugendliche" geworden.

(fig.) collecting center

Hinzu kommt, daß die meisten Jugendhäuser schon von außen wenig ein-
ladend wirken. Viele entstanden Anfang der siebziger Jahre zur Zeit der
80 sogenannten „Jugendzentrumsbewegung", als sich viele Jugendliche politisch
engagierten und für selbstverwaltete Jugendhäuser kämpften. Viele Häuser sehen
so aus, als sei die Zeit seitdem stehengeblieben. Giftgrüne Teppichböden und
knallgelbe Büromöbel verschandeln° zum Beispiel das Haus der Jugend in
Bönen. Ramponierte Einrichtung, zerrissene Stoffbespannung auf den Billard-
85 tischen, kaputte Tischfußballspiele: Um die Jugendhäuser wieder attraktiv zu
machen, müßten sie gründlich aufpoliert werden, meint Jugendamtsleiter Greese.
Und um wieder Jugendliche aus allen sozialen Schichten unter ein Dach zu
bekommen, müßten die Einrichtungen ein breites Angebot an Veranstaltungen
und Aktivitäten bieten – zumal die Jugendlichen heute kaum noch an Eigeninitia-
90 tive und Gruppenarbeit interessiert seien, sondern „kurzfristige, leicht zu kon-
sumierende Freizeitangebote" wünschten. Doch dafür fehlt das Geld. „Die Jugendarbeit gerät zwischen die Mühlsteine", bedauert Greese. Gelder würden eher
für Kindergartenplätze oder Jugendberatungsstellen ausgegeben – Bereiche, in
denen der Gesetzgeber in jüngster Zeit „Rechtsansprüche" geschaffen habe und
95 die daher Vorrang hätten. In dem Wuppertaler Jugendzentrum, in dem Enver
Muti arbeitet, wurden die Personalausgaben so zusammengestrichen, daß es nur
noch zweimal in der Woche für je drei Stunden am Abend öffnen kann.

spoil or ruin

Was wünschen sich die türkischen Jugendlichen? „Das Jugendzentrum neu
machen!" sagt der siebzehnjährige Ömer wie aus der Pistole geschossen. Erst
mal die kaputten Geräte reparieren und dann „Graffiti an den Wänden, voll die
geilen° Bilder". Senol wünscht sich auch, daß mehr Deutsche herkommen. „Vor
allem schöne Mädchen!" rufen seine Freunde und brechen in schallendes
Gelächter aus.

super *(Jugendsprache)*

aus *Die Zeit*

D. Was stimmt? Kreuzen Sie alle richtigen Antworten an. Mehr als eine Antwort kann
richtig sein!

1. Für wen ist das Jugendhaus da?
   a. nur für deutsche Jugendliche
   b. nur für türkische Jugendliche
   c. nur für deutsche und türkische Jugendliche
   d. für Jugendliche aller Nationalitäten
   e. Keine der Antworten ist richtig.

2. Warum kommen immer weniger deutsche Jugendliche ins Jugendhaus?
   a. Sie werden dort von den Türken angepöbelt.
   b. Ihre Eltern wollen nicht, daß sie sich mit Türken anfreunden.
   c. Sie gehen auf verschiedene Schulen und lernen sich daher nicht kennen.
   d. Es gibt nur wenige türkische Jugendliche dort, und daher kann man dort nur wenige Freundschaften mit Türken schließen.
   e. Keine dieser Antworten ist richtig.

3. Auf welche Art zeigt sich die Fremdenfeindlichkeit einiger Deutsche?
   a. Sie wollen türkische Mädchen kennenlernen und heiraten.
   b. Sie gehen zu Jugendhäusern, um sich da zu treffen.
   c. Asylantenheime werden in Brand gesteckt.
   d. Die Türken werden angepöbelt.
   e. Skinheads überfallen Jugendhäuser.

4. Wann zeigen sich kulturelle Unterschiede?
   a. beim Sport
   b. beim Kartenspiel
   c. im Fastenmonat Ramadan
   d. beim Spaßmachen
   e. Keine der Antworten ist richtig.

5. Warum haben sich deutsche und ausländische Jugendliche in den letzten Jahren entfremdet?
   a. Einzelne Cliquen dominieren ganze Jugendhäuser.
   b. Angehörige anderer Jugendcliquen meiden Häuser, die von einer Clique dominiert werden.
   c. Die Türken treten fast nur noch in Gruppen auf.
   d. Es gibt viele Cliquen im selben Jugendhaus, die alle gleich stark sind und miteinander kämpfen.
   e. Keine der Antworten ist richtig.

6. Warum ist Geld ein wichtiger Faktor für das Auseinanderleben von deutschen und ausländischen Jugendlichen?
   a. Die ausländischen Jugendlichen verdienen so viel, daß die Deutschen neidisch sind.
   b. Die deutschen Jugendlichen haben mehr Geld zur Verfügung als die ausländischen.
   c. Deutsche Schüler, die ihre Berufsausbildung nach dem Schulabschluß weiterführen wollen, geben ihr Geld für andere Freizeitaktivitäten aus.
   d. Die ausländischen Jugendlichen besuchen Diskotheken, schicke Kneipen und nehmen Reitstunden.
   e. Nur die deutschen Jugendlichen aus den armen und ungebildeten sozialen Schichten gehen zu den Jugendhäusern.

7. Was bieten die Jugendhäuser an?
   a. Sie sind modern und attraktiv.
   b. Sie bieten viele verschiedene Veranstaltungen und Aktivitäten an.
   c. Sie bieten Gruppenarbeit für Jugendliche an.
   d. Sie haben genug Geld, um leicht konsumierbare Freizeitangebote zu machen.
   e. Keine der Antworten ist richtig.

8. Was wünschen sich die türkischen Jugendlichen?
   a. Alles, was kaputt ist, soll repariert werden.
   b. Sie wollen ein anderes, neues Gebäude.
   c. Sie wünschen sich, daß auch hübsche, deutsche Mädchen kommen.
   d. Sie möchten wertvolle Bilder an den Wänden haben.
   e. Das Jugendzentrum soll renoviert werden.

E. Was meinen Sie? Beantworten Sie die folgenden Fragen!

1. In den fünfziger und sechziger Jahren haben die Deutschen es sehr begrüßt, daß viele Ausländer nach Deutschland kamen und durch ihre Arbeit halfen, das Land wieder aufzubauen und das „deutsche Wirtschaftswunder" möglich zu machen. Jetzt gibt es so viele Ausländer in Deutschland, daß viele keine Arbeit finden. Was sollte die Bundesregierung Ihrer Meinung nach tun?

2. Ist es wünschenswert, daß die Ausländer, die in Deutschland wohnen, und die Deutschen häufig Kontakt miteinander haben? Warum (nicht)? Was geschieht, wenn sie immer getrennt leben?

3. Warum wollen so viele Ausländer in Deutschland (und in Amerika) leben? Woher kommen diese Ausländer? Sind ihre Erwartungen realistisch? Warum (nicht)?

4. Was sind Ihrer Meinung nach die größten Schwierigkeiten, mit denen Ausländer fertig werden müssen?

5. Sind Sie daran interessiert, Ausländer kennenzulernen? Warum (nicht)? Worüber sprechen Sie, wenn Sie eine(n) Ausländer(in) kennenlernen? Laden Sie Ausländer zu sich nach Hause ein? Warum (nicht)?

6. Was kann der Einzelne tun, um Ausländern das Leben bei uns leichter und angenehmer zu machen?

7. Was muß man vermeiden, wenn man mit Ausländern zusammenkommt?

F. Grammatik—Präpositionen: Ergänzen Sie die richtigen Präpositionen, Artikel und Adjektive (wo notwendig).

1. Ein großes Schild hing _____ (on the) Tür des Jugendhauses.

2. Dieses Jugendzentrum war das einzige _____ (in the) Stadt.

3. Viele türkische Bergarbeiter wohnen hier _____ (with their) Familien.

4. _____ (In the) Schule stehen die türkischen Jungen während der

   Pause _____ (in a) Ecke und die deutschen Jungen in einer anderen.

5. _____ (Above all) im letzten Jahr ist das Klima frostiger geworden.

6. In einer anderen Stadt hatten Skinheads Jugendhäuser überfallen,

   _____ (in which) Türken verkehrten.

7. Nun treffen sich türkische Jugendliche nur noch _____ (in a) einzigen Jugendhaus.

8. Drei türkische Jungen saßen _____ (at the) Tisch in einer Ecke.

9. Zwei Jungen standen _____ (at the) Ende des Gangs.

10. _____ (In a small) Raum hockten fünf türkische Jungen vor Musikvideos.

11. Plötzlich kamen zehn deutsche Mädchen _____ (into the) Jugendhaus.

12. Zwei Mädchen gingen _____ (behind the) Kicker und zwei türkische Jungen standen auf und forderten sie zu einem Spiel auf.

13. _____ (In all the) Jahren war es diesen Jungen nicht gelungen, die Bekanntschaft eines einzigen deutschen Mädchens zu machen.

14. Die anderen acht Mädchen gingen _____ (into the small) Raum, wo die anderen drei türkischen Jungen auch hingegangen waren, und fingen an, zur Musik zu tanzen.

15. Die fünf Jungen standen auf und gingen _____ (to the) Mädchen hinüber.

16. Alle tanzten _____ (to the loud) Musik.

17. _____ (After a short time) hörte die Musik auf und die Jungen und die Mädchen gingen zu den Automaten, um sich Cola zu ziehen.

18. Die türkischen Jungen und die deutschen Mädchen unterhielten sich

    _____ (in the larger) Zimmer.

19. _____ (On the average) waren diese Jugendlichen sechzehn Jahre alt.

20. _____ (In view of) der Tatsache, daß alle viel Spaß hatten, beschloßen sie sich wieder zu treffen.

G. **Gruppenarbeit:** Drei oder vier Studenten arbeiten zusammen und entwerfen einen Plan für ein Jugendzentrum für deutsche und türkische Jugendliche. Welche Veranstaltungen und Aktivitäten sollte man dort anbieten? Der Gruppensprecher berichtet dann über den entworfenen Plan vor der Klasse oder die ganze Gruppe kann darüber sprechen.

AUS DER LITERATUR

„Im Olympia-Stadion habe ich das deutsche Team angefeuert."

A. Einführung: Ganz unten

1. Was sehen Sie auf dem Bild? Stellen Sie sich vor, Sie wären ein Ausländer in der Menschenmenge auf dem Bild. Welche Gefühle würden Sie vielleicht haben?

2. Was stellen Sie sich unter dem Titel „Ganz unten" vor? Was könnte er bedeuten?

3. Woran kann man Ausländer erkennen?

4. Kann es manchmal auch von Vorteil sein, Ausländer zu sein? Warum (nicht)? Nennen Sie ein paar Beispiele.

5. Warum verkleiden sich Leute auf Kostümfesten gern als exotische Ausländer?

Aktiver Wortschatz

Substantive

die Aufforderung, -en   request; demand
das Erlebnis, -se   experience; adventure
der Konkurrent, -en, -en/die Konkurrentin, -nen   rival; competitor
der Lohn, ̈e   wage(s); pay
der Stammtisch, -e   table reserved for the regular patrons
die Theke, -n   bar; counter
die Verachtung   contempt
die Wut   rage; fury

Verben

aus•probieren   to try out
besorgen   to buy; to get; to acquire
genehmigen   to approve; to permit
stöhnen   to groan; to moan
sich stürzen auf + *acc*.   to pounce on (sb./sth.)
verzehren   to consume

Adjektive und Adverbien

bemerkenswert   remarkable
besonnen   considered; level-headed
buchstäblich   literal(ly)
flehend   pleading; imploring
unberechenbar   unpredictable

Redewendungen und andere Ausdrücke

es gelingt, a, u, mir (*aux*. **sein**)   I am successful
für jemanden eine Runde schmeißen (schmiß, geschmissen) (*slang*)   to buy a round of drinks for sb.
sich als ... zu erkennen geben (i), a, e   to reveal oneself as ...
sich ins Abseits begeben (i), a, e   to move out of the mainstream
sich über Wasser halten (ä), ie, a (*fig*.) to keep one's head above water

B. Wortschatzanwendung: Ergänzen Sie den Text mit einem passenden Wort oder Ausdruck aus der folgenden Liste:

aus•probieren
es gelingt ihm
Konkurrent
Lohn
eine Runde schmeißen
Stammtisch
sich stürzen auf
sich über Wasser halten
sich zu erkennen geben
Verachtung
verzehren

Der Ausländer

Ein Mann wollte in einem fremden Land ein neues Leben beginnen. Er wollte

_____ (1), ob er die Sprache des anderen Volkes genü-

gend gelernt hatte, um _____ _____ _____ zu

_____ (2).

Der Mann war schon etwas älter und darum war er froh, daß er überhaupt Arbeit

fand. Er _____ _____ _____ (3) die erste Ar-

beit, die er kriegen konnte. Der _____ (4) für diese Drecksarbeit war gering.
Er mußte jeden Tag eine Autowerkstatt sauber machen. Manchmal

bekam dieser Mann die _____ (5) seiner Mitarbeiter zu

spüren, wenn er nicht alles genau so gemacht hatte, wie sie es gewohnt waren.

Wenn er sein Schwarzbrot aß und seinen Kaffee trank, aß und trank er alleine.

Öfters _____ (6) er sein Brot gierig und schluckte den

kalten Kaffee schnell herunter. Er wollte _____ als ein tüchtiger Arbeiter

_____ _____ _____ (7), der nur

eine kurze Mittagspause hielt.

_____ _____ _____ (8) nach einiger Zeit,

das Vertrauen seiner Mitarbeiter zu gewinnen. Sie betrachteten den älteren Ausländer

nicht mehr als _____ (9). Eines Tages luden seine Mit-

arbeiter ihn am Feierabend zum _____ (10) in einer

benachbarten Kneipe ein. Natürlich mußte er für die Mitarbeiter _____

_____ _____ (11).

Es herrschte gute Stimmung und alle unterhielten sich gut. Der ältere Mann
fühlte sich wie zu Hause, wie in alten Zeiten.

Als der Mann am nächsten Morgen aufwachte, stöhnte er, denn er hatte Kopfschmerzen, weil er mehr als gewöhnlich getrunken hatte. Nach einiger Zeit ließen
die Kopfschmerzen nach und der Mann begann zu grinsen. Es war doch ein netter
Abend gewesen. Nun fühlte er sich nicht mehr so allein und fremd.

Günter Wallraff wurde im Kölner Raum als Sohn eines Arbeiters und einer Fabrikantentochter geboren. Nach dem Schulabschluß mit der „Mittleren Reife" folgten eine Lehre im Buchhandel und vier Jahre Arbeit als Buchhändler. Als er 1963 zur Bundeswehr eingezogen wurde, bemühte er sich vergeblich, als Kriegsdienstverweigerer anerkannt zu werden. Dieses Erlebnis beeinflußte ihn stark.

Er wurde Journalist, arbeitete als einfacher Arbeiter in Fabriken und wurde zum Sprecher und Anwalt der Massen. Wallraff hat im Laufe seines Lebens mit stets wechselnder Identität verschiedene Arbeiten angenommen und dann über seine Erfahrungen geschrieben. Dabei hat er oft Wahrheitsfälschungen und illegale Werkschutzpraktiken aufgedeckt. „Er unterwirft sich einer Situation und schildert sie vom Standort des Unterworfenen aus", sagt Heinrich Böll über ihn. Mehrere Bücher und zahlreiche Artikel in verschiedenen Zeitungen und Zeitschriften haben seinen Namen in Deutschland sehr bekannt gemacht.

In der Geschichte „Ganz unten" erlebt Günter Wallraff den Alltag eines türkischen Arbeiters.

C. Hauptthemen: Überfliegen Sie den folgenden Text und finden Sie dann einen Titel für jeden Absatz!

GANZ UNTEN

*I*m März 1983 gab ich folgende Anzeige in verschiedenen Zeitungen auf:

> **Ausländer,** kräftig, sucht Arbeit, egal was, auch Schwerst- u. Drecksarb., auch für wenig Geld. Angebote unter 35 84 58

5   Viel war nicht nötig, um mich ins Abseits zu begeben, um zu einer ausgestoßenen Minderheit zu gehören, um *ganz unten* zu sein. Von einem Spezialisten ließ ich mir zwei dünne, sehr dunkel gefärbte Kontaktlinsen anfertigen, die ich Tag und Nacht tragen konnte. „Jetzt haben Sie einen stechenden Blick wie ein Südländer", wunderte sich der Optiker. Normalerweise verlangen seine Kunden
10 nur blaue Augen.

    Tatsächlich bekam ich auf meine Anzeige hin einige „Stellen"-Angebote: Fast alles Drecksarbeiten mit Stundenlöhnen zwischen fünf und neun Mark. Keiner dieser Jobs wäre von Dauer gewesen. Einige davon habe ich ausprobiert, geprobt habe ich auch dabei meine Rolle.

15   ... Fast ein Jahr lang hatte ich so versucht, mich mit den verschiedensten Jobs über Wasser zu halten. Wäre ich wirklich nur Ali gewesen, hätte ich kaum überleben können. Dabei war ich doch bereit, buchstäblich jede Arbeit anzunehmen: Für einen Wuppertaler Großgastronomen und Kinokettenbesitzer wechselte ich die Bestuhlungen° aus und half beim Renovieren seiner Bars, in einer Husumer
20 Fischverarbeitungsfabrik schaufelte ich Fischmehl, und im bayerischen Straubing° versuchte ich mich als Drehorgelmann°. Stundenlang hab ich umsonst georgelt.

    rows of chairs attached to the floor

    city on the Danube

    organ grinder

Überrascht hat mich das nicht. Der alltägliche Ausländerhaß hat keinen Neuigkeitswert mehr. Da war es schon wieder bemerkenswert, wenn einem mal keine Feindschaft entgegenschlug°. Kinder vor allem waren gegenüber dem selt-

25 samen Leierkastenonkel mit seinem Schild „Türke ohn Arbeit, 11 Jahr Deutschland, will hierbleiben. Dank" sehr nett – bis sie von ihren Eltern weggezerrt wurden. Und dann gab es noch ein Gauklerpärchen,° das sich auf dem Straubinger Marktplatz mir genau gegenüber postiert hatte. Auch sie hatten eine Drehorgel dabei. Sie luden mich, Ali, ihren Konkurrenten, in ihren Zirkuswagen ein. Es

30 wurde ein sehr schöner Abend.

Oft genug ging es weniger gemütlich zu. Zum Beispiel an jenem Faschingstag° in Regensburg. Keine deutsche Kneipe braucht ein Schild an der Tür „Ausländer unerwünscht". Wenn ich, Ali, ein Wirtshaus betrat, wurde ich meist ignoriert. Ich konnte einfach nichts bestellen. So war es schon eine Über-

35 raschung für mich, daß ich in dieser Regensburger Kneipe voll christlicher Narren mit lautem Hallo angesprochen wurde. „Du schmeißt jetzt für uns eine Runde!" rief einer der Gäste. „Nee", antwortete ich (Ali), „ihr mir ein geb' aus. Ich arbeitslos. Ich für euch hab auch mitarbeit, hab auch für euch Beitrag für Rent' zahlt." Mein Gegenüber lief rot an und pumpte sich auf wie ein Maikäfer

40 (so, wie es auch Strauß° oft machte) und stürzte dann in wahnwitziger Wut auf mich los. Der Wirt wollte sein Mobiliar retten und rettete mich (Ali) damit. Jedenfalls wurde der unberechenbare Bayer von mehreren Gästen aus dem Lokal geschleppt. Einer, der sich später als kommunalpolitische Größe zu erkennen gab, saß derweil ruhig und scheinbar besonnen am Tisch. Kaum war die Situation

45 geklärt, zog er ein Messer und rammte es in die Theke. Ich „dreckiges Türkenschwein" solle endlich verschwinden, brach es aus ihm heraus.

Trotzdem – solche Wut habe ich selten erlebt. Aber schlimmer war fast die kalte Verachtung, die täglich mir (Ali) entgegenschlug. Es schmerzt, wenn im überfüllten Bus der Platz neben einem leer bleibt.

50 Wenn die vielbeschworene° Ausländerintegration schon nicht in öffentlichen Verkehrsmitteln zu verwirklichen ist, wollte ich zusammen mit einem türkischen Freund es wenigstens mal mit einem türkischen Stammtisch in einem deutschen Lokal probieren, mit einem „Türk Masasi". Unter unserem selbstgebastelten Wimpel° mit der zweisprachigen Aufforderung „Serefe! Prost!" wollten wir uns

55 regelmäßig in irgendeiner Kneipe zu irgendeiner beliebigen Zeit treffen. Und wir wollten viel verzehren, so versprachen wir den Wirten. Keiner von ihnen, und wir fragten Dutzende, hatte einen Tisch frei.

Mein siebenundzwanzigjähriger Kollege Ortgan Öztürk macht solche Erfahrungen seit fünfzehn Jahren. Als Zwölfjähriger kam er in die Bundesrepublik.

60 Inzwischen spricht er ein fast akzentfreies Deutsch. Er sieht gut aus, um seine Herkunft zu verleugnen, hat er sich sogar die Haare blond gefärbt. Aber in all den Jahren ist es ihm nicht gelungen, die Bekanntschaft eines deutschen Mädchens zu machen. Wenn er seinen Namen nennt, ist es aus.

Ausländer werden in der Regel nicht beschimpft. Jedenfalls nicht so, daß sie

65 es hören. Hinter ihrem Rücken wird gern über den angeblichen Knoblauchgestank° gestöhnt. Dabei essen deutsche Feinschmecker heutzutage bei weitem mehr Knoblauch als die meisten Türken, die sich höchstens noch am Wochenende mal eine der gesunden Zehen° genehmigen. Sie verleugnen sich, um akzeptiert zu werden. Aber die Kontaktsperre bleibt.

Marginal glosses:

einem... one was not met by any hostility

juggler; *here:* street musicians

Fasching = Karneval

Franz Joseph Strauß (German politician of the right, †1988)

frequently affirmed

small flag; pennant

garlic stench

clove of garlic

70   Dennoch kommt es auch in deutschen Kneipen vor, daß Ausländer zuvor-
kommend bedient werden. Wenn sie von Ausländern bedient werden. Ich hatte
solch ein Erlebnis im Kölner Gürzenich,° bei einer Prunksitzung[3] im Karneval.   *medieval festival hall*
Daß ich als Türke dort eingelassen wurde, hatte mich schon sehr gewundert. Und
als ich dann von jugoslawischen Kellnern besonders freundlich behandelt wurde,
75 fühlte ich (Ali) mich fast schon wohl. Bis die Schunkellieder[4] anfingen. Ich saß
inmitten der Tollheiten wie ein Fels in der wogenden Schunkelei. Keiner wollte
sich bei mir einhaken.

    Von Zeit zu Zeit aber bricht der Ausländerhaß offen aus. Fast regelmäßig bei
Fußball-Länderspielen. Schlimmste Befürchtungen gab es schon Wochen vor
80 dem Spiel Deutschland-Türkei im Sommer 1983 im Westberliner Olympia-Stadion. Geradezu flehend wandte sich Richard von Weizsäcker[5] übers Fernsehen
an die Bevölkerung: „Wir wollen dieses deutsch-türkische Fußballspiel zu einem
Zeichen des guten und friedlichen Zusammenlebens der Deutschen und Türken
in unserer Stadt machen. Wir wollen es zu einem Beweis der Völkerverständi-
85 gung machen." Hierfür wurde eine nie dagewesene Polizeistreitmacht aufge-
boten.

    Auch ich (noch: Ali) will mir das Spiel ansehen und besorge mir eine Karte
für die deutsche Kurve.° Eigentlich wollte ich mich da als Türke nicht ver-   *section of stadium where fans of the German team sit*
stecken, hab sogar einen Türkenhut mit Halbmond und Fähnchen mitgebracht.
90 Beides habe ich schnell verschwinden lassen. Ich geriet in einen Block junger
deutscher Neonazis. Was heißt Neonazi? Jeder einzelne von ihnen kann ein netter
Kerl sein, die meisten haben offene, sympathische Gesichter. Aber in dieser
Menge waren sie verhetzte Masken. Zitternd habe ich mich an diesem Tag zum
ersten- und letztenmal als Türke verleugnet, habe sogar mein holpriges Idiom
95 aufgegeben und mit den fanatisierten Fans Hochdeutsch gesprochen. Trotzdem
hielten sie mich nach wie vor für einen Ausländer, warfen mir Zigaretten ins
Haar, gossen mir Bier über den Kopf. Nie zuvor im Leben wirkten herannahende
Polizisten auf mich beruhigend. Daß ich sie tatsächlich einmal als Ordnungsmacht erleben würde, hätte ich mir nicht träumen lassen. So wurde „Sieg heil"
100 gebrüllt, „Rotfront verrecke!"[6] und ununterbrochen gröhlten Sprechchöre
„Türken raus aus unserm Land" und „Deutschland den Deutschen!". Zum Glück
floß kein Blut, es gab kaum mehr Verletzte als bei „normalen" Länderspielen.
Nicht auszudenken, was passiert wäre, wenn die deutsche Mannschaft verloren
hätte. Ich bin alles andere als ein Fußballfan. Aber dort im Olympia-Stadion hab
105 ich das deutsche Team angefeuert. Aus Angst.

aus *Tintenfisch* 25

---

3. „formalized" session of the executive board of a carnival brotherhood open to the public.

4. Songs where each person hooks arms with his/her neighbors and moves side-to-side in a wave-like motion.

5. President of the Federal Republic of Germany (1984–1994)

6. *(lit.)* Redfront perish! (Battle-cry of the National Socialists against the Communists)

D. Fragen zum Text: Beantworten Sie die folgenden Fragen!

1. Was machte der Autor im März 1983?

2. Ist der Autor wirklich Ausländer? Woher wissen Sie das?

3. Was machte der Autor, um wie ein Türke auszusehen? Was meinte der Optiker dazu?

4. Wie hat der Autor seine Rolle als „Ali" ausprobiert? Welche Jobs hat er angenommen?

5. Wieviel hat „Ali" verdient? Hätte er davon leben können? Warum (nicht)?

6. Wer war nett zu dem Leierkastenonkel? Warum?

7. Warum wurde der Bayer in der Kneipe so böse? Wie reagierte der Kommunalpolitiker, der die Szene beobachtet hatte?

8. Was geschah, als „Ali" mit einem türkischen Freund einen Stammtisch in deutschen Lokalen organisieren wollte?

9. Was hat der türkische Kollege Ortgan Öztürk getan, um von den Deutschen akzeptiert zu werden? Wie lange war er schon im Land? Sprach er gut Deutsch? War er erfolgreich? Warum (nicht)?

10. Was geschah, als die Deutschen im Karneval in Köln anfingen zu schunkeln? Warum?

11. Wie ging der Autor im Sommer 1983 zum Fußball-Länderspiel? Warum hat er seinen türkischen Hut und sein Fähnchen verschwinden lassen? Was hat er getan, als er merkte, daß er von Neonazis umgeben war?

E. Was meinen Sie? Beantworten Sie die folgenden Fragen:

1. Vergleichen Sie den Artikel aus der ZEIT „Jeder in seiner Ecke" mit der Erzählung „Ganz unten". Was ist an den beiden Situationen gleich, was ist verschieden?

2. Glauben Sie, daß Sie als Ausländer in Deutschland Probleme haben würden? Warum (nicht)? Falls Sie schon einmal in Deutschland gewesen sind, erzählen Sie, ob jemand Sie schlecht behandelt hat.

3. Was würden Sie tun, wenn Sie sich von feindseligen Menschen umgeben glauben, z.B. im Lokal, beim Fußballspiel, in der Straßenbahn usw.?

4. Würden Sie den Mut haben, sich in diesem Land als Ausländer auszugeben? Warum (nicht)? Was, glauben Sie, würde geschehen?

5. Glauben Sie, daß Fremde überall gleich behandelt werden? In der Großstadt? In der Kleinstadt? Auf dem Land? Im Norden? Im Süden? Wo fühlen Ausländer sich wahrscheinlich am wohlsten?

6. Der ehemalige Bundespräsident Richard von Weizsäcker sagte: „Wir wollen dieses deutsch-türkische Fußballspiel zu einem Zeichen des guten und friedlichen Zusammenlebens der Deutschen und Türken ... machen." Glauben Sie, daß Fußballspiele dazu geeignet sind, die Völkerverständigung zu fördern? Warum (nicht)? Was geschieht oftmals nach den Spielen? Nennen Sie einige notorische Zwischenfälle, von denen Sie gehört oder die Sie im Fernsehen gesehen haben.

7. Wie sieht es in Amerika aus? Nach welchen Spielen gibt es oft Unruhen und Gewalttätigkeiten? Sind Sie schon einmal dabei gewesen, als das geschehen ist? Erzählen

Sie, was Sie dabei beobachtet und erlebt haben. Was kann man tun, um so etwas zu vermeiden? Was wird an Ihrer Universität dagegen getan?

F. **Diskussion:** Günter Wallraff hat sein Aussehen und Handeln verändert, um eine authentische Geschichte zu schreiben. Geben Sie Beispiele von anderen Leuten, die ihr Aussehen und Handeln verändert haben, um sich anzupassen oder andere zu täuschen. Warum tun Menschen das? Ist es fair, so etwas zu tun?

G. **Diskussion:** Warum sehen viele Deutsche Amerika und die Amerikaner als etwas Positives?

KAPITEL 9

Die Mauer vor der Öffnung

Aus der Vergangenheit

Gespräch:	*Das vergesse ich nie! (23:00)*	
Aus der Presse:	*Die bittere Freiheit der Inge B.* (Welt der Frau)	
Grammatik:	Reflexive Verben	
Aus der Literatur:	*Einmal Zackenzin und zurück* (Christian Graf von Krockow)	

Historischer Hintergrund

The Second World War left much of Europe morally and physically shattered. Germany, spectacularly victorious in the early years of the war, shared fully in the devastation and suffering during its later stages. The desperate flight of Count von Krockow's family before the advancing Soviet forces reflects the fate of millions who lived in what were then the eastern regions of Germany (see *Aus der Literatur,* pg. 203).

The crimes against humanity that the National-Socialist government and its underlings committed during the 12 years of Hitler's reign shocked the world and most Germans when their extent and cruelty became apparent after World War II was over. The victorious powers proclaimed their intention to punish the guilty and to keep Germany permanently in a state of military impotence. Some even proposed that the German living standard be permanently reduced to something like a subsistence level. In accordance with a resolution reached during the Conference of Yalta, the victorious powers divided Germany into four zones, each occupying one.

The emergence of the Cold War divided the victorious powers into two increasingly hostile camps, pitting the Soviet Union against the Western powers, principally the United States, Great Britain, and France. The consequences of this development for Germany were great. As the Cold War intensified, each side moved from a punitive policy in dealing with Germany toward a more and more open solicitation of its support. In 1949, with the approval of the Western Powers, a liberal-democratic German state, the Federal Republic of Germany, was created in the zones under the occupation of the United States, Great Britain, and France. In the Soviet Zone of occupation, almost simultaneously a Communist-controlled state emerged with totalitarian characteristics such as restrictions of freedom of speech, press, travel, political activity, and an all-pervasive surveillance by the secret police. Following a massive exodus of its citizens, the construction of a wall of barbed wire and concrete was begun on August 13, 1961, dividing the city of Berlin, which had also been divided into four zones. This wall and the rest of the fortified border effectively confined the populace of the "German Democratic Republic" (GDR) for almost forty years. The fall of the Berlin Wall on November 9, 1989, opened the way for the liberation of the population of the GDR from this oppressive regime and its reunification with the Federal Republic of Germany in the West.

GESPRÄCH

„Das vergesse ich nie!"

A. Einführung: Das vergesse ich nie!

1. Beschreiben Sie das Bild.

2. Im Herbst 1989 brach die Kontrolle der Sozialistischen Einheitspartei Deutschlands (SED) über die Deutsche Demokratische Republik (DDR) plötzlich zusammen, und Gorbatschow, der Staats- und Parteichef der Sowjetunion, verhinderte die Vereinigung der DDR mit der Bundesrepublik Deutschland nicht. Können Sie sich daran erinnern?

3. Wie lange haben die Kommunisten die „DDR" regiert?

4. Was geschah mit Berlin am Ende des Krieges?

5. Warum wurde am 13. August 1961 die Mauer in Berlin gebaut? Wer baute sie? Was waren die Folgen für die Menschen in Ostberlin? In Westberlin?

Aktiver Wortschatz

Substantive

der Beamte -n, -n/die Beamtin, -nen official; civil
servant; officer
die Decke, -n cloth; blanket; ceiling
die Erinnerung, -en memory; remembrance
der Geburtstagskuchen, - birthday cake
der Glückwunsch, ̈e congratulations
die Grenze, -n border; frontier
die Hochzeit, -en wedding; marriage
die Mauer, -n wall
die Trümmer *(pl.)* rubble; ruins

Verben

fallen (ä), ie, a *(aux.* **sein***)* to fall; to be killed in war
feiern to celebrate
sich freuen to be happy

gratulieren to congratulate
sich setzen to sit down
zerstören to destroy

Adjektive und Adverbien

zufrieden satisfied

Redewendungen und andere Wörter

Alles Gute zum Geburtstag! All the best or good
luck for (your) birthday!
Das ist (war, gewesen) etwas Herrliches! That is
something marvelous!
Herzlichen Glückwunsch! (I sincerely wish you)
good luck!
Schau mal! Just look!

🖥 **Videoband:** *Stefan und Katrin feiern Tante Waltrauds Geburtstag und sie unterhalten sich über die Vergangenheit. (23:00)*

B. Hauptthemen: Sehen Sie sich das Videoband an und beantworten Sie kurz die folgenden Fragen:

1. Wer spricht in diesem Video?

2. Was ist das Thema? Worüber sprechen die Leute?

3. Wann findet die Unterhaltung statt?

4. Wo findet die Unterhaltung statt?

5. Warum spricht man über die Vergangenheit?

C. Richtig oder falsch? Sehen Sie sich das Videoband ein zweites Mal an und kreuzen
Sie die richtigen Aussagen an. Korrigieren Sie außerdem die falschen Angaben!

1. Stefan und Katrin gehen zur Geburtstagsfeier seiner Tante Waltraud.

2. Stefan hat Geburtstag.

3. Stefan und Katrin bringen einen Geburtstagskuchen mit.

4. Tante Waltraud zeigt Fotos aus ihrem Leben.

5. Stefan hat viele schöne Erinnerungen an Tante Waltrauds Haus im Süden der „DDR".

6. Tante Waltraud hat immer in Berlin gewohnt.

7. Tante Waltraud lebte nach Kriegsende in Berlin.

8. Am 9. November 1989 fiel die Mauer zwischen Ostberlin und dem Westteil der
Stadt.

9. Die Trümmer in Berlin wegzuräumen war sehr schwere Arbeit.

10. Da der Enkel Markus in Westberlin wohnte, waren Bananen für ihn etwas Besonderes.

D. Lückenübung: Sehen Sie sich das Videoband noch einmal an und ergänzen Sie den Dialog mit passenden Wörtern aus dem *Aktiven Wortschatz.*

Das vergesse ich nie!

Erster Teil (23:00)

STEFAN: So, da sind wir bei Tante Waltraud.

TANTE: Bitte kommt 'rein ins Wohnzimmer.

STEFAN: Tante Waltraud, herzlichen

_____ zum Geburtstag.

5   TANTE: Danke Stefan. Ich dank' dir.

STEFAN: Die Eltern kommen später nach mit dem

_____.

TANTE: Das ist aber schön.

STEFAN: Das ist Katrin Berger. Sie wohnt seit einiger Zeit bei uns.

10   TANTE: Guten Tag, Fräulein Berger.

KATRIN: Guten Tag.

TANTE: Ich _____ _____ auch, daß Sie dort wohnen.

KATRIN: Nennen Sie mich doch ruhig Katrin.

TANTE: Oh, danke.

15   KATRIN: Übrigens, herzlichen Glückwunsch zum Geburtstag.

TANTE: Nochmals, danke. Du bringst bitte die Jacke 'raus. Setz' dich, Katrin.

KATRIN: Vielen Dank.

TANTE: Ich stelle die Blumen in die Vase.

20   KATRIN: Ja.

TANTE: Oh, eine blaue _____. Das ist aber schön. Vielen Dank. Blau ist für mich die schönste Farbe.

STEFAN: Wie geht es deinem Bein, Tante?

TANTE: Ach, danke. Es tut noch ein bißchen weh. Aber ich bin

25   _____.

KATRIN: Was ist denn das?

TANTE: Ein Fotoalbum. Soll ich Euch das mal zeigen?

KATRIN: Ja, gern.

TANTE: Bitte. _____ _____. Da habe ich als
30   Kind gewohnt. Das Haus steht nicht mehr. Es stand im

Süden der „DDR". Viele schöne _____

hängen daran. Das vergesse ich nie. Das war in Stettin. Mein erster
Schultag. Ich war sechs Jahre alt. Das ist meine Mutter. Ich war
sechzehn. Wir gingen jeden Sonntag miteinander spazieren. Das
35   sind Bilder meiner _____. Hier ist Otto, und das ist

Großvater, der im Krieg _____ _____.
Das ist Berlin. Berlin war nach dem Zweiten Weltkrieg ganz zer-
stört. Viele Frauen mußten in den Trümmern schwer arbeiten. Das
war die einzige Arbeit, die es gab.

40   KATRIN: Ist das nicht ein Bild vom 9. November, als man die _____

öffnete?

TANTE: Genau! Das habe ich von meinem Enkel Markus bekommen. Er
war da. Man kann sich gar nicht vorstellen, wie es da war. Die

_____ war offen, und die Beamten waren
45   freundlich. Hier ist mein Enkel Markus, siehst du?

KATRIN: Was hat er zuerst im Westen gemacht?

TANTE: Lach' nicht. Er hat sich Bananen gekauft. Das war für ihn etwas
Herrliches. Ach, Stefan, das sind deine Eltern. Ich laß' sie rein.

TANTE: Hallo, ach, ist das schön.

50 FAMILIE BACHMANN: Halloooo ...

FRAU BACHMANN: Hallo, liebes Geburtstagskind, hallo.

TANTE: Brigitte, ach ...

FRAU BACHMANN: Herzlichen Glückwunsch, ja ...

TANTE: Sabrina, meine Liebe, och ...

E. Was meinen Sie? Beantworten Sie die folgenden Fragen!

1. Welche Ausdrücke benutzen Stefan, Katrin, Sabrina und die Eltern, um Tante Waltraud zu gratulieren? Wie kann man sonst noch Geburtstagsglückwünsche formulieren?

2. Wie spricht Tante Waltraud Katrin am Anfang an? Wie spricht sie Katrin später an?

3. Haben Sie ein Fotoalbum? Was für Bilder haben Sie darin? Haben Sie einen Fotoap-
parat? Was für Aufnahmen machen Sie gern? Tun Sie auch andere Dinge in Ihr Fotoalbum, wie z. B. Postkarten, Fahrkarten usw.? Was zum Beispiel? Warum sind
diese Dinge Ihnen wichtig?

4. Haben Sie eine Lieblingsfarbe? Welche? Warum ist diese Farbe Ihre Lieblingsfarbe?
Ist diese Farbe immer Ihre Lieblingsfarbe gewesen, oder hat sich im Laufe der Jahre
Ihr Geschmack geändert? Ist diese Wahl von der Mode beeinflußt worden? Gefällt

Ihnen die selbe Farbe auch für Kleidung, Wohnungseinrichtung, Blumen, Gemälde usw.? Welche Farbe(n) mögen Sie nicht gern?

5. Erinnern Sie sich an Ihren ersten Schultag? Was tun die Eltern für das Kind in diesem Land am ersten Schultag? Wie ist das in Deutschland? Warum ist der erste Schultag so wichtig für Eltern und Kind?

6. Tante Waltrauds Vater ist im Krieg gefallen. Ist ein Verwandter von Ihnen im Krieg gefallen, oder kennen Sie eine Familie, die jemanden im Krieg verloren hat? Welche Folgen hat so ein Verlust für die ganze Familie?

7. Was kann man tun, wenn man nicht weiß, was man jemandem zum Geburtstag schenken soll?

F. **Rollenspiel:** Erfinden Sie mit einem Partner ein Gespräch über etwas aus Ihrer Jugend, das Sie nie vergessen werden. Verwenden Sie mindestens fünf Wörter oder Redewendungen aus dem Gespräch „Das vergesse ich nie!".

G. **Minireferat:** Berichten Sie über ein wichtiges Ereignis aus der deutschen Geschichte. Sprechen Sie mindestens fünf Minuten darüber und gebrauchen Sie Bilder oder Zeichnungen, um Ihr Referat anschaulicher zu machen. Verwenden Sie mindestens fünf Wörter oder Redewendungen aus dem *Aktiven Wortschatz*.

H. **Minireferat:** Berichten Sie über ein persönliches Ereignis aus der Vergangenheit, das Sie nicht vergessen können. Zeigen Sie Bilder oder Gegenstände, um Ihren Vortrag verständlicher zu machen.

„Hier kommt keiner 'raus!"

A. Einführung: Die bittere Freiheit der Inge B.

1. Was sehen Sie auf dem Bild?

2. Was geschah mit Deutschland nach dem Zweiten Weltkrieg, als die Alliierten gesiegt hatten? Wer waren die Alliierten?

3. Was baute die Regierung der „DDR" im Jahre 1961 in Berlin? Wie reagierten die Amerikaner darauf?

4. Was wissen Sie über Präsident Kennedy und sein Verhältnis zu Deutschland?

5. Was geschah am 9. November 1989 in Deutschland? Erinnern Sie sich daran? Haben Sie es im Fernsehen gesehen? Woran erinnern Sie sich?

Aktiver Wortschatz

Substantive

das Bedürfnis, -ses, -se need
die Begeisterung enthusiasm
der Betrieb, -e business; concern
die Entlassung, -en dismissal; discharge
die Erschütterung, -en emotion, shock; disruption
der Ferienaufenthalt, -e vacation stay
die Gewerkschaft, -en labor union
der Katzenjammer depression; hangover
die Klinke, -n door handle
das Mitglied, -er member
die Neugier curiosity; inquisitiveness
die Rente, -n pension
die Rückkehr return
die Widerrede, -n argument; contradiction

Verben

bespitzeln to spy on
sich bewähren to prove oneself

fördern to promote; support
verordnen to prescribe; order
verzweifeln (*aux.* **sein**) to despair

Adjektive und Adverbien

bedenklich dubious; questionable
ehrgeizig ambitious
einwandfrei perfect; faultless
öffentlich public

Redewendungen und andere Wörter

eine reine Weste haben to have a clean slate
Fuß fassen können to be able to gain a foothold
sich als Lug und Trug erweisen, ie, ie to prove to be lies and deception
Stillschweigen bewahren über + *acc.* to observe or maintain silence about

---

B. Wortschatzanwendung: Ergänzen Sie den Text mit einem passenden Wort oder Ausdruck aus der folgenden Liste:

bespitzeln
Erschütterung
Lug und Trug
Mitglied
Neugier
Rückkehr
Widerrede

Meine Freundin Sigrid aus der DDR

Als meine Freundin Sigrid, die in der Deutschen Demokratischen Republik (DDR) wohnte, 60 Jahre alt wurde, bekam sie zum ersten Mal in ihrem Leben die Erlaubnis, ihre Ferien in der Bundesrepublik zu verbringen. Sie hatte sich im Betrieb bei ihrer

Arbeit bewährt; sie war _____ (1) der Partei und der Gewerkschaft,

5   sie hatte sich immer ohne _____ (2) den Befehlen des Staates gefügt. Sie hatte ein „politisch einwandfreies" Leben geführt.

Kurz und gut, sie hatte eine reine Weste. Sie war voller _____ darüber (3), wie es wohl „drüben" im Westen aussehen würde, denn sie wußte nur sehr wenig über das Leben im Land des „kapitalistischen Klassenfeindes". Die wenigen Menschen,

10   die sie kannte, die schon im Westen gewesen waren, durften nicht darüber sprechen, sie

mußten Stillschweigen bewahren, denn der Staat _____

(4) alles, was gesagt wurde. Als Sigrid dann endlich alle ihre Papiere hatte, fuhr sie in das unbekannte Westdeutschland. Man kann sich ihre _____

15 (5) gar nicht vorstellen, als sie zum ersten Mal die dortigen Kaufhäuser sah, die mit Obst, Gemüse, Blumen, Kleidung und vielen anderen Herrlichkeiten gefüllt waren! Alles, was die Regierung der „DDR" über den Westen gesagt hatte, erwies sich als

_____ _____ _____ (6). Sigrid blieb zwei Wochen im Westen, so lange galt ihre Besucherlaubnis. Beinahe wäre sie nicht in den Osten zurückgefahren, aber sie fuhr dann doch zurück, weil ihre Tochter dort wohnte. Aber

20 in den Wochen nach ihrer _____ (7) war sie zunächst sehr verzweifelt, und den Katzenjammer hat sie lange nicht überwunden.

C. **Hauptthemen:** Überfliegen Sie den folgenden Text und ordnen Sie dann die Stichwörter, die hier aufgeführt sind, in der richtigen Reihenfolge!

____ a. die kaderpolitisch einwandfreie Familie

____ b. Nachrichten aus dem Westen

____ c. Inge B. am Bodensee

____ d. Arbeitslosigkeit und Ratlosigkeit

____ e. Inges Arbeit bei der Stasi

____ f. die Abgötter

____ g. der Aufstieg von Inges Mann

DIE BITTERE FREIHEIT DER INGE B.

„Belogen und betrogen stehen wir vor den Trümmern unseres Lebens!" sagt Inge B., etwa 50 Jahre alt, aus einer Kleinstadt im Thüringer Wald. Hinter ihr liegt ein Jahr, das für die meisten Menschen im ehemaligen Osten Deutschlands mit einem Freudenrausch° begonnen und mit einem Katzenjammer geendet hat. Inge B. hat noch mehr zu verkraften. Sie war eine „Stasi"[1]-Frau. Helga Reichart-Landschbauer hat mit ihr gesprochen.

state of euphoria

$\mathcal{I}$ch treffe Inge B., ihren Mann und ihre beiden Töchter zufällig am Bodensee, wo sie einige Tage bei Bekannten verbringen. Die B.s sind einfache, nette Leute, wie man sie manchmal auf Reisen trifft und auf Anhieb° sympathisch findet. Doch bald fällt mir ihre große Niedergeschlagenheit auf. Mein Versuch,
5 Frau B. näherzukommen, stößt auf Schwierigkeiten. Obwohl freundlich und höflich, scheint Inge B. innerlich wie erstarrt° zu sein. Nie sehe ich sie lachen.

auf Anhieb = from the start

(lit.) frozen; petrified

---

1. Staatssicherheitsdienst: secret police of the German Democratic Republic used to spy on citizens

Und dann höre ich es: „Die da war doch bei der Stasi!" Stasi das war der all-
gegenwärtige ostdeutsche Staatssicherheitsdienst. Meiner ersten Reaktion, mich
rasch von dieser Frau zurückzuziehen, folge ich dann doch nicht. Warum auch?

10 Und nach einigen Tagen bricht es aus Inge B. heraus. Das Bedürfnis, sich
verständlich zu machen, sich alles Leid von der Seele zu reden, wird übermächtig. Meine anfängliche, beklommene° Neugier weicht beim Zuhören betroffe-   uneasy
ner Teilnahme° und zuletzt der Erschütterung. Die Geschichte der Inge B.   **betroffener...** stunned
beleuchtet ein Geschick°, das eine Vielzahl von Menschen ihres Landes unver-   sympathy
15 schuldet getroffen hat, aus einer mir bisher unbekannten Perspektive.   fate; fortune

Ins Regime hineingewachsen

Inge war fünf Jahre alt, als der Zweite Weltkrieg zu Ende ging. Während wir
hier in Österreich nach den Entbehrungen der Nachkriegsjahre unbekümmert
einem „goldenen Zeitalter" entgegenwuchsen, wurde Inge „dort drüben" von
frühester Kindheit an mit marxistisch-leninistischen Doktrinen gefüttert. In der
20 Schule, während ihrer Lehrjahre und später im Büro der Nadelfabrik, in der sie
als Schreibkraft zu arbeiten begann.

„Ich bin in das Regime hineingewachsen", sagt Inge ruhig, „es war mein
Leben. Ich kannte nichts anderes. Bis 1949 gab es Religionsunterricht in den
Schulen, dann nicht mehr. Unsere Abgötter° waren die vom Staat verordneten,   idols
25 die großen Begründer der sozialistischen Ideologie. An ihnen hielt ich mich fest."

Inge, in bescheidenen Verhältnissen° lebend, war intelligent und ehrgeizig.   **bescheidenen...** modest cir-
Sie wollte es zu etwas bringen, gemeinsam mit ihrem Mann Volker, den sie schon   cumstances
mit achtzehn Jahren geheiratet hatte. „Unter Staatspräsident Ulbricht ging es
aufwärts. Das Geld war knapp, aber auf Raten° konnte vieles angeschafft werden,   **auf Raten** = in installments
30 das man später unter Honecker° nicht mehr bekam."   former GDR leader

Inge B. bewährte sich als Sekretärin, ihr Mann brachte es vom einfachen
Kleinbauernsohn zum zweifach graduierten Ingenieur. Für die Betreuung der beiden Töchter war gesorgt, erst in der Kinderkrippe,[2] dann im Hort.[3]

Die Partei ist alles

„Der Staat gab uns Arbeit, Essen und Wohnung. Also traten wir in die Partei,
35 in die SED (Sozialistische Einheitspartei Deutschlands), und in den FDGB
(Freier Deutscher Gewerkschaftsbund) ein. Ohne Gewerkschaft und Partei
konnte man bei uns nichts erreichen. Wir waren jung, ehrgeizig und fleißig, und
wir wollten hinauf."

Auf meine naive Frage, was denn geschehen wäre, wenn sie nicht bei Partei
40 und Gewerkschaft gewesen wären, sagt Inge B.: „Ganz einfach: Keine Bezugs-
scheine° für Kleidung, keine ordentliche Arbeit. Im besten Fall im Bergwerk.   (ration) coupons
Vielleicht wurde man auch nur ignoriert und verlor dadurch jede Lebenschance."
Und sie ergänzt: „Man wurde nicht lange gefragt, man hatte sich zu fügen.° Aber   **sich...** to be obedient

---

2. day care center for infants and toddlers

3. day care center for pre-school children

man wurde auch gefördert, und mit dem Aufstieg kam die Begeisterung für die
45 Bewegung."

Im Gespräch mit Inge wurde mir rasch klar: Mit ihr und ihrem Mann war
nichts anderes geschehen als das, was man auch im Hitlerregime einem her-
anwachsenden, begeisterungsfähigen „Jungvolk"° angetan hatte. Die Slogans   Nazi-youth organization
„Die Fahne hoch ..."° und „Der Freiheit gehört unser Leben"° wirken immer und   frequently-played Nazi songs
50 überall, wenn sie der Jugend genügend lang vorgetrommelt° werden. Inges und   drummed into
Volkers Leben gehörte dem Machtapparat, weil er ihnen von klein auf
aufgezwungen worden war. Und sie glaubten an dieses Regime.

„Eine geschliche Diktatur"° nennt Inge es heute verbittert, was sie lange   insidious dictatorship
nicht durchschaut hat.

Perfektes Spitzelsystem

55 Die B.s waren eine durch und durch „kaderpolitisch[4] einwandfreie" Familie.
Inge erklärt mir, daß von jedem Genossen° und jeder Genossin schon mit Schul-   comrade
beginn eine „Kaderakte"[5] (Personalakte) angelegt wurde. Jeder Mensch wurde
genau registriert und beobachtet. Es gab eigene „Kaderabteilungen"[6] in Be-
trieben und öffentlichen Institutionen, in denen die Lebensumstände sämtlicher
60 Genossen genauestens als VVS (Vertrauliche Verschlußakte°) dokumentiert wur-   sealed personnel file
den. Aber die B.s hatten eine reine Weste. Das bedeutete: keine Westver-
wandtschaft, keinen Zutritt° in die westkapitalistischen Staaten, niemals eine   admission; entry
negative Äußerung über den Staat, kein Westfernsehen, kein Westradio, kein
Westgeld, keine Einkäufe in den Intershops[7] (Devisengeschäfte). Sie näherten
65 sich niemals, auch nicht von weitem, der Staatsgrenze ...

Angeworben von der Stasi

Volker wurde bald zu einem einflußreichen politischen Funktionär.° Inge,   functionary, official
zur Sekretärin avanciert, wurde vom Staatssicherheitsdienst angeworben, für den
sie 15 Jahre tätig war. „Diskutiert wurde nicht. Du machst das, du wirst das. So
einfach ging es. Es gab keine Widerrede."
70 „Der Staatssicherheitsdienst dient dem Schutz des Staates", davon war Inge
überzeugt und unterzeichnete ein Dokument, in dem sie zugesichert hat, niemals
über ihre Arbeit zu sprechen.

Ein Netz administrativer und inoffizieller Mitarbeiter observierte das
gesamte ostdeutsche Volk. Die inoffiziellen Mitarbeiter der Stasi wurden auch
75 nach Westdeutschland geschickt, um dort Leute zu bespitzeln und die allgemeine
Situation zu erkunden.° Ihre Namen waren unbekannt. Inge, die öfter Tonbänder   to investigate

---

4. *here:* a specially-trained group of Communist party members

5. a personnel file with details which can be used against an individual

6. personnel divisions that collected detailed information on almost everybody

7. state-owned stores in which one could purchase (Western) goods only with hard (Western) currency
   (this was a money-making scheme employed by the government of the German Democratic Republic)

abtippte, erkannte den einen oder anderen an der Stimme und war oft sehr überrascht über seine wahre Identität.

80 Inge B. will mir auch heute noch nicht glauben, daß in der Schule, in der ich
früher als Lehrerin gearbeitet habe, keine als Lehrer getarnte Spione für den Staat
gearbeitet haben, um Sabotage oder Hetze° gegen die Regierung aufzudecken.   agitation

Blumen am Bahnhof

Zwischen Inge und mir liegt eine Welt, obwohl wir ungefähr gleich alt sind,
dieselbe Sprache sprechen und kaum eine Tagesreise voneinander entfernt leben!

Statt schicker Kleider trug Inge meist Kampfuniform. Sie war kaum aus
85 ihrem Land herausgekommen, und auch die Tür zu ihrem Amtsgebäude hatte
weder außen noch innen eine Klinke, da niemand ohne höheren Befehl in dem
Gebäude ein- und ausgehen durfte.

Die B.s dachten, daß es ihnen eigentlich recht gut ginge. Durch Volkers ein-
flußreiche Position flossen der Familie durch inoffizielle Kanäle immer wieder
90 einmal Obst, Gemüse, Kleider und andere Waren zu, obwohl die wirtschaftliche
Lage immer bedenklicher wurde. Vom „Wirtschaftswunder" des Westens wußten
sie nichts. Sportler oder Künstler, die ihr Land fallweise° verlassen durften,   on a case-by-case basis
waren verpflichtet, über ihre Eindrücke im Westen strengstes Stillschweigen zu
bewahren. Ein einziges Mal wagte es Inge, eine der Sekretärinnen ihres Mannes,
95 die dienstlich im Westen gewesen war, zu bitten, ihr irgend etwas von „drüben"
zu erzählen. Da flüsterte diese beinahe atemlos: „Blumen am Bahnhof!" „Was?
Blumen?" Inge konnte es gar nicht glauben. In ihrer Stadt gab es weit und breit
weder Blumenanlagen noch Blumengeschäfte.

Die Fassade bröckelt°   crumbles

Als vor ein paar Jahren ein sowjetischer Offizier ihre älteste Tochter ganz in
100 der Nähe des Hauses vergewaltigte, begannen für die Stasi-Frau die Grundfesten°   foundation(s); fundamental
ihrer Welt zu erbeben. Nach und nach bröckelte die Fassade des „geheiligten   beliefs
Staatsapparates" mehr und mehr ab.

Tochter Karin, die in einem Betrieb arbeitete, dem ihr Vater vorstand,
brachte Nachrichten aus dem Westen heim, die sie in der Disco aufgeschnappt°   snapped up; picked up
105 hatte. Sie sprach über ein Leben in Freiheit, das für die Eltern so nicht vorstellbar
war. Die Jugend meuterte° gegen die Regierung, die nur immer verlange und sel-   rebelled
ber nichts gebe. Nicht einmal den immer wieder versprochenen Ferienaufenthalt
im kommunistischen Ausland. Und die Kleider, die die Mädchen, die Westverwandtschaft hatten, in der Disco trugen, traumhaft schön waren die!

110 Die große politische Wende kam für die B.s nicht unvorbereitet. Volker
stellte sich seinen Entlassungsschein selbst aus. Inge war schon vor einiger Zeit
aus Krankheitsgründen in Frührente gegangen. Karin hatte ihr Parteibuch
abgegeben.

Heute sind alle arbeitslos

Heute ist die gesamte Familie B. arbeitslos, und die Renten der Eltern sind
auf ein Minimum gekürzt. Die Fabriken im Heimatort stehen still, da die Maschinen veraltet sind. Arbeitslosigkeit und Ratlosigkeit lassen viele Menschen fast
verzweifeln.

„Als wir das erste Mal im Leben die Grenze gesehen haben, haben wir gezit-
tert und geweint", erzählt Inge. „In Coburg, der ersten größeren westdeutschen
Stadt nahe der Grenze, sind wir mit den 100 Mark Begrüßungsgeld,[8] das wir erhalten haben, staunend vor den Kaufhäusern gestanden. Die Türen sind von
selbst aufgegangen! Wir haben nicht gewußt, daß es so etwas überhaupt gibt! Da
lagen Südfrüchte, Säfte, Lebensmittel in den Regalen, die wir noch nie in natura
gesehen hatten. Es war wie im Schlaraffenland!° Wir haben nur einen Sack voll   land of milk and honey
Obst gekauft, sonst nichts. Mir sind die Tränen über die Wangen gelaufen. Davon
hatten wir nicht die geringste Ahnung gehabt! Das war also das verpönte°, kapi-   frowned (up)on, forbidden
talistische Ausland. Unser größter Feind!"

Alles, woran die B.s jemals geglaubt hatten, wofür sie gelebt und gearbeitet
haben, hat sich als Lug und Trug erwiesen. „Die Jungen, unsere Töchter und
Enkelkinder, werden sich in das neue Deutschland hineinleben. Aber wir, mein
Mann und ich, wir sind am Ende. Wir sind noch nicht alt, aber mein Mann ist
ohne Aussicht, jemals wieder in seinem Beruf Fuß fassen zu können. Wir sind
gescheitert, obwohl wir fleißig waren. Wir haben niemandem etwas angetan,
waren beliebt in unserer Stadt. Aber heute sind wir in unserer Heimat geächtet°.   ostracized
Bestraft wofür? Das würde ich gerne einmal in einem Brief an Bundeskanzler
Kohl schreiben. Nur wer das alles selbst erlebt hat, kann unsere Lage verstehen."

aus *Welt der Frau*

D. Was stimmt? Kreuzen Sie alle richtigen Antworten an. Mehr als eine Antwort kann
richtig sein!

1. Die Autorin des Artikels interviewt ...
   - a. eine Frau, die ungefähr 50 Jahre alt ist.
   - b. eine Frau aus einer Kleinstadt am Bodensee.
   - c. eine Frau aus einer Kleinstadt im Thüringer Wald.
   - d. eine Frau, einen Mann und ihre beiden Töchter aus der ehemaligen DDR.

2. Frau B. ...
   - a. ist freundlich und höflich.
   - b. ist zurückhaltend und niedergeschlagen.
   - c. lacht viel.
   - d. erzählt gleich beim ersten Kennenlernen gern von sich selbst.

---

8. money given to every East German at the first crossing into West Germany

3. Vom fünften Lebensjahr an hat Frau B. ...

   a. unter den Nationalsozialisten gelebt.
   b. marxistisch-leninistische Doktrinen gehört.
   c. in Westdeutschland gewohnt.
   d. Religionsunterricht gehabt.

4. Inge B. und ihr Mann traten in die Partei (SED) ein, weil ...

   a. alle anderen Leute auch eintraten.
   b. man ihnen sagte, daß sie es machen müßten.
   c. sie sonst keine Bezugsscheine für Kleidung und keine ordentliche Arbeit bekommen hätten.
   d. sie ohne Mitgliedschaft nicht hinaufgekommen wären.

5. Inge B. und ihr Mann waren eine „kaderpolitisch einwandfreie" Familie, denn ...

   a. sie hatten zwei Töchter.
   b. sie reisten sehr viel.
   c. sie hatten kein Radio und keinen Fernseher.
   d. sie hatten eine reine Weste und taten alles, was die Regierung befahl.

6. Inge B. arbeitete fünfzehn Jahre für die Stasi.

   a. Sie sprach niemals über ihre Arbeit.
   b. Sie hörte bei ihrer Arbeit Tonbändern zu und schrieb den Text auf der Schreibmaschine.
   c. Sie erkannte auf den Tonbändern die Stimmen von Menschen, die als Spitzel für die Stasi arbeiteten.
   d. Sie war oftmals über die Identität von Spitzeln überrascht.

7. Warum bröckelte für die Stasi-Frau die Fassade des Staatsapparates ab?

   a. Weil es im Westen Blumen am Bahnhof gab.
   b. Weil ihre älteste Tochter von einem russischen Offizier vergewaltigt wurde.
   c. Weil sie durch ihre Töchter Nachrichten über den Westen hörte.
   d. Weil die jungen Menschen über ein Leben in Freiheit im Westen sprachen.

8. Frau B. glaubt, daß sie und ihr Mann ...

   a. gescheitert seien.
   b. niemandem etwas angetan hätten.
   c. bald wieder eine Arbeit finden würden.
   d. sich in das neue Deutschland hineinfinden würden.

E. Was meinen Sie? Beantworten Sie die folgenden Fragen!

1. Was haben Sie über Frau Inge B. gedacht, als Sie den Bericht gelesen haben? Tut sie Ihnen leid? Können Sie verstehen, daß sie verbittert ist? Sollte man ihr helfen? Warum (nicht)? Wie könnte man ihr helfen?

2. Glauben Sie Inge B., wenn sie sagt, daß „sie niemandem etwas angetan" hätten und daß sie „beliebt gewesen" seien? Warum (nicht)?

3. Versuchen Sie sich vorzustellen, daß Sie in einem totalitären Staat leben. Wie würden Sie sich verhalten?

4. Nach dem Zusammenbruch des kommunistischen Regimes wurden die Stasi-Akten der Öffentlichkeit zugänglich gemacht. Einige Leute haben beim Lesen dieser Akten herausgefunden, daß ihre besten Freunde, Familienmitglieder oder sogar ihre Ehepartner Spitzel für die Stasi waren und Informationen über sie weitergegeben haben. Was würden Sie in so einem Falle tun?

5. Stellen Sie sich vor, daß Sie ihr Leben lang in einem Land gelebt hätten, wo man kaum etwas kaufen konnte: kaum Kleidung, keine Blumen, kaum Bücher, kaum Lebensmittel usw. Auf einmal gibt man Ihnen 100,-DM. Sie dürfen damit tun, was Sie wollen, und die Geschäfte sind voller Waren. Wofür würden Sie das Geld ausgeben?

6. Glauben Sie, daß es möglich war, *nicht* in die Partei einzutreten und doch ein verhältnismäßig angenehmes Leben zu haben? Sollten die Menschen bestraft werden, die mit der Stasi zusammengearbeitet haben? Warum (nicht)?

7. Haben Sie auch von Vorteilen im Leben der DDR-Bevölkerung gehört, die jetzt durch die Wiedervereinigung verloren gegangen sind?

F. Grammatik—Reflexive Verben: Beantworten Sie die folgenden Fragen. Benutzen Sie die *reflexiven Verben,* die sich in den Fragen befinden, in Ihren Antworten:

1. Warum kamen die Berichterstatterin und Frau Inge B. sich nicht leicht näher?

2. Warum sagte die Berichterstatterin: „Ich wollte mich schnell von dieser Frau zurückziehen"?

3. Wer wollte sich verständlich machen?

4. Warum redete Frau Inge B. sich alles Leid von der Seele?

5. Was meinte Frau Inge B., als sie sagte: „Ich hielt mich an ihnen jahrelang fest"?

6. Wie hatte sich Frau Inge B. in der Arbeitswelt bewährt?

7. Warum sagte Frau Inge B. zur Berichterstatterin: „Wir haben uns niemals der Staatsgrenze genähert"?

8. Was hat sich Frau Inge B.s Mann selber ausgestellt?

9. Was hatte sich als Lug und Trug erwiesen?

10. Warum sagte Frau Inge B. zu ihren Töchtern: „Ihr werdet euch in das neue Deutschland hineingewöhnen"?

G. Ein Silbenrätsel: Arbeiten Sie mit einem Partner und setzen Sie Wörter aus den Silben zusammen. Alle Wörter sind diesem Artikel entnommen, aber nicht alle Wörter sind im *Aktiven Wortschatz.* Schreiben Sie eine Silbe auf jeden Strich. Wenn Sie alle Wörter eingesetzt haben, ergeben die Anfangsbuchstaben, von oben nach unten gelesen, den Namen eines Landes. Wer das Rätsel zuerst gelöst hat, hat gewonnen.

Die Silben:

**aus–bricht–burg–co–co–der–dis–dis–er–ge–gen–hei–heit–jah–ku–land–lehr–mat–
me–nah–nie–re–ren–rung–schla–schüt–si–sta–te–teil–tie–ul**

Das Rätsel:

1. _____ _____ *(place for dancing)*

2. _____ _____ _____ _____ *(shock, emotional
   upset)*

3. _____ _____ *(head of state of former East Germany)*

4. _____ _____ _____ *(participation)*

5. _____ _____ *(German state police for security)*

6. _____ _____ *(West German town near the border)*

7. _____ _____ *(homeland)*

8. _____ _____ _____ *(years of apprenticeship)*

9. _____ _____ *(foreign country)*

10. _____ _____ _____ _____ _____

    _____ *(depression)*

11. _____ _____ _____ _____ *(to discuss)*

Das Land: ____ ____ ____ ____ ____ ____ ____ ____ ____ ____ ____

H. **Rollenspiel:** Erfinden Sie ein Gespräch zwischen einem Stasi-Mitglied und einem
   Bundesbürger. Verwenden Sie mindestens fünf Wörter oder Redewendungen aus dem
   Aktiven Wortschatz. Machen Sie außerdem Gebrauch von der folgenden Liste:

Vokabelhilfe	
advantage	**der Vorteil, -e**
border	**die Grenze, -n**
disadvantage	**der Nachteil, -e**
division	**die Teilung, -en**
economy	**die Wirtschaft, -en**
standard of living	**der Lebensstandard, -s**
tension	**die Spannung, -en**
victim	**das Opfer, -**
wall	**die Mauer, -n**

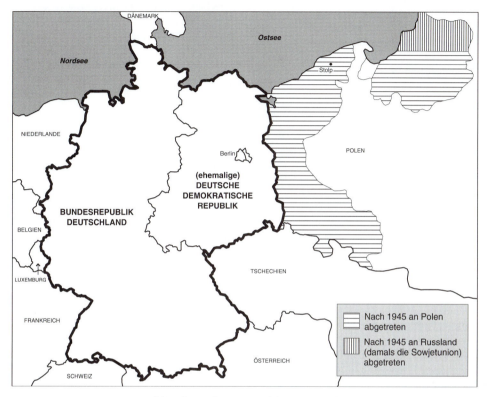

Deutschland vor dem 2. Weltkrieg und danach

A. Einführung: Einmal Zackenzin und zurück

1. Sehen Sie sich die Karte von Ostdeutschland an. Erklären Sie den Unterschied der Grenzen vor dem Krieg und nach dem Krieg. Was geschah mit Polen?

2. Was wissen Sie über das Ende des Zweiten Weltkrieges in Deutschland? Was geschah im Westen Deutschlands? Was geschah im Osten?

3. Kennen Sie Menschen aus Osteuropa, die ihre Heimat wegen des Krieges verlassen mußten? Was haben sie von diesem Erlebnis erzählt?

4. Warum flüchten Menschen vor herannahenden Truppen? Welchen Gefahren setzen sie sich aus, wenn sie in der Kriegszone bleiben und nicht flüchten? Was kann den Menschen geschehen? Was geschieht oftmals mit ihrem Besitztum?

Aktiver Wortschatz

Substantive

die Erschöpfung   exhaustion; fatigue
der Flüchtling, -e   refugee
die Geborgenheit   security
der Kriegsgefangene, -n, -n/die Kriegsgefangene, -n
  prisoner of war
das Quartier, -e   accommodation; quarters
die Sperre, -n   barrier; roadblock
das Unheil   disaster
der Vorrat, ¨e   stock; supply
die Vorsorge   precaution; foresight
der Zustand, ¨e   state of affairs; situation

Verben

ab•drängen   to push away
auf•muntern   to cheer up
bei•stehen, stand bei, beigestanden + *dat.*   to stand
  by (sb.)
herein•dringen (ä), a, u (*aux.* **sein**)   to come in
räumen   to clear; to evacuate
schleichen, i, i (*aux.* **sein**)   to creep; to sneak
umher•irren (*aux.* **sein**)   to wander around or about
sich um•schauen   to look around or back

unter•bringen, brachte unter, untergebracht   to accommodate; to house
sich verkriechen, o, o   to hide; to creep away

Adjektive und Adverbien

ausgeschlossen   out of the question; impossible
fassungslos   beside oneself; stunned
gefälligst   kindly (often used in a threatening manner)
köstlich   exquisite; delightful
tadellos   perfect; faultless
überflüssig   superfluous
unüberwindbar   invincible

Redewendungen und andere Ausdrücke

jemanden an•fahren (ä), u, a   (*fig.*) to snap at sb.
jemanden bei etwas ertappen   to catch sb. doing sth.
mißbilligend an•schauen   to look at (sb./sth.) with
  disapproval
sich satt essen (ißt), aß, gegessen   to eat one's fill
die Stimmung ist umgeschlagen   the mood has
  changed
Zuspruch finden (fand, gefunden)   to be popular; to
  meet with acclaim

B.   Wortschatzanwendung: Welche Definition in Spalte B paßt zu dem Ausdruck in
  Spalte A?

A	*B*
1. Erschöpfung	a. fröhlich machen
2. räumen	b. außer sich; aufs höchste erstaunt
3. „ausgeschlossen"	c. für jemanden Platz finden
4. Zuspruch	d. hierhin und dahin gehen, ohne zu wissen, wo man ist
5. Geborgenheit	e. augenblickliche Lage
6. aufmuntern	f. vollkommene Ermüdung
7. fassungslos	g. guter Rat; Trost
8. umherirren	h. Sicherheit
9. jemanden unterbringen	i. kommt nicht in Frage
10. Zustand	j. verlassen

Professor Dr. Christian Graf von Krockow wurde in Pommern geboren. Seine Familie mußte wie viele Ostdeutsche nach dem Zweiten Weltkrieg die Heimat verlassen. Er studierte Philosophie, Soziologie und Staatsrecht, wurde Professor für Politikwissenschaften in Göttingen, Saarbrücken und Frankfurt a.M. Er hat zahlreiche Bücher geschrieben, von denen viele von den ostdeutschen Gebieten handeln. Die Titel einiger seiner Bücher heißen: *Die Reise nach Pommern, Fahrten durch die Mark Brandenburg* und *Preußen*. Seit 1969 ist er freier Schriftsteller.

Der hier vorliegende Ausschnitt wurde aus dem Buch *Die Stunde der Frauen* entnommen, in welchem er in der Ich-Form von den Erlebnissen seiner Schwester Libussa am Ende des Zweiten Weltkrieges berichtet.

Das Buch beginnt mit der Hochzeit von Libussa von der Wickerau, Gräfin von Krockow, der Hauptperson des Buches, im Jahre 1944. Sie wohnt mit ihrer Familie auf einem Gut in der Nähe von Stolp in Pommern. Während die Hochzeit noch fast „wie im Frieden" gefeiert wird, macht sich die Wirklichkeit des Krieges einige Monate später sehr bemerkbar. Die russischen Truppen nähern sich dem Gut, und die Familie beschließt zu fliehen. Libussa ist schwanger.

C. Hauptthemen: Überfliegen Sie den Text und schreiben Sie dann die Hauptthemen als Stichwörter auf!

EINMAL ZACKENZIN UND ZURÜCK

„Comment allez-vous,° Madame, wo geiht dat?"° Heftiges Klopfen zerreißt einen unruhigen Schlaf. Rufe werden laut: „Treckbefehl!° Aufstehen, rasch, Abfahrt so bald wie möglich, Treckbefehl ..." Es ist die Nacht zum 8. März 1945, noch tief in der Dunkelheit. Während ich mich hastig anziehe, erscheint 5 schon Frieda, um meine Koffer zu holen.

Bald sind alle versammelt; in der Halle türmt sich das Gepäck, als seien wir in einem Bahnhof. Dann wird das Frühstück serviert.

„Eßt gefälligst!" kommandiert Vater Jesko°, „ein Mittagessen wird es nicht geben." Aber kaum jemand bringt einen Bissen hinunter; bloß der Kaffee findet 10 Zuspruch. Keiner mag reden.

Inzwischen schleppt Marie ihre Vorräte herbei: einen Waschkorb mit belegten Broten und den Thermosflaschen, den zweiten mit Brot, den dritten mit Schinken, Würsten, Weckgläsern, immer noch mehr ... Vater schaut sie mißbilligend an. Er nimmt ein Weckglas, reißt es auf, schüttelt die Sülze° heraus, auf den 15 Teppich hinab. Ein Winken, ein Fingerzeig für „Faust", den Jagdhund, der freudig zu fressen beginnt.

Eine stumme Szene, aber gewiß nicht nur mir versetzt sie Stiche ins Herz:[9] Dieser Teppich ist ein Prunkstück, der Stolz des Hauses. „Wehe, wehe!°" hieß es immer, falls jemand es wagen sollte, ihn anders als mit tadellos sauberen

French: "How are you?"/Low German: "How are you?"
march order

stepfather of narrator

aspic; pickled or jellied meat or fish

Just you wait! (You're going to get it!)

---

9. (*fig.*) thrusts a dagger into the heart

20 Schuhen zu betreten. Und wohl niemand hat es je getan. Doch nun ein Freßplatz°   "feeding place"
für den Hund. Kein Wort hätte so schneidend das sagen, so hart das einbrennen
können: Es ist vorbei, für immer vorbei.

Die Haustür steht schon offen, Geräusche dringen von draußen herein,
Räderrollen und Hufschlag; die Wagen fahren vor. Ein paar Minuten wird es
25 dauern, bis das Gepäck verladen ist. Ich gehe in mein Zimmer hinauf, schließe
die Tür, lehne mich an die Wand: einmal noch hier atmen und mich umblicken
zum Abschied.

Die Tür schiebt sich auf. Zwei Frauen schleichen herein, sehr leise, auf Zehenspitzen, zwei von den Bombenflüchtlingen,[10] die im Haus untergebracht sind.
30 „Da, der Schrank!" flüstert eine.

„Warten Sie gefälligst, bis wir weg sind! Zum Plündern bleibt noch Zeit
genug°."   [Libussa speaking]

Die Frauen fahren herum, starren mich an. Habgier steht in den Gesichtern
und die Wut der Ertappten. Dann verschwinden sie so leise, wie sie gekommen
35 sind.

Aufbruch in eine erste Ahnung des Morgenlichtes hinein ... Doch nur
langsam, viel zu langsam geht es vorwärts. Die Wege befinden sich in einem jäm-
merlichen Zustand. Tauwetter hat seit einiger Zeit die Winterkälte abgelöst:
Frostaufbrüche, tiefe Schlaglöcher°, Spurrinnen° überall, vom Eiswasser gefüllt.   potholes / ruts
40 Zwar sind unsere Pferde kräftig und ausgeruht, und Vater Jeskos Vorsorge, uns
nicht mit Überflüssigem zu belasten, könnte sich jetzt bewähren. Aber viele,
allzu viele sind mit uns unterwegs; von einer vergessenen Nebenstraße kann
längst nicht mehr die Rede sein. Viele, allzu viele haben ihre Wagen noch immer
hoffnungslos überladen. Manche irren schon seit Wochen umher, ihre Gespanne
45 sind müde und lahm. Ein Überholen ist unmöglich. Als die Dämmerung ein-
bricht, tun die Gendarmen ihren Dienst wie gewohnt. Sie räumen die Straßen für
Wehrmachttransporte, von denen freilich nirgendwo etwas zu sehen ist. Wir werden zu einem kleinen Gut° gewiesen.   estate

„Wie weit sind wir gekommen?" frage ich Vater, als wir steifbeinig ab-
50 steigen.

Er schaut sich erst um, ob jemand zuhört. Nein, niemand. „Nicht weit
genug", heißt die halblaute Antwort.

Die Menge der Flüchtlinge wird auf dem Gutshof versorgt, wie es nur
möglich ist. Alle verfügbaren Räume haben sich in Massenquartiere mit
55 Strohlagern° verwandelt, doch Mutter und ich bekommen sogar ein kleines Zim-   straw on the floor
mer mit zwei Betten zugewiesen. In der Küche herrscht zwischen brodelnden
Kesseln Hochbetrieb; jeder kann sich satt essen. Für die Überraschung des
Abends sorgt indessen Pierre:[11] Er bringt mir eine Tasse mit heißer Schokolade.
So etwas hat es bei uns schon lange nicht mehr gegeben; der Kakao stammt wohl
60 aus Rot-Kreuz-Paketen für die Kriegsgefangenen.

---

10. German refugees from a bombed-out city or town

11. French prisoner of war who worked on the estate and now drives (leads) a wagon.

Ein Hauch von Geborgenheit beinahe. In die Stille des Schlafzimmers allerdings klirrt leise das Fenster. Ich öffne es und höre den Donner wie von einem aus der Ferne herandrängenden Sommergewitter; auch ein Widerschein der Blitze läßt sich erkennen. Doch wir sind nicht im Sommer, und das Unwetter
65 stammt von Menschenhand.

Am nächsten Morgen brechen wir so früh wie möglich auf, noch vor dem Dämmern des Tages. Ach, alle tun das; jeder möchte jedem zuvorkommen,° und keiner gewinnt einen Vorteil. Mit dem Vortag verglichen geht es sogar noch mühsamer, noch stockender voran. Denn wir kreuzen die Chaussee von Lauenburg
70 nach Leba und damit den Strom der Trecks,° die an die Küste drängen und sich dort Rettung erhoffen. Aber Leba ist längst überfüllt und darum gesperrt; der Zug nach Norden wird auf unseren Weg nach Osten abgedrängt.

An diesem Abend erreichen wir Zackenzin, noch einen Tagesmarsch von der vielleicht rettenden Seenenge° entfernt. Und diesmal braucht niemand mehr auf
75 die Stille der Nacht zu warten, um das Gewittergrollen zu hören. Panzer gegen Pferde: Die Sieger sind schneller als die Besiegten. Viel zu schnell; zum Zusammenzucken laut dröhnen die Abschüsse und Einschläge° ihrer Kanonen. Vom Westen her mischen sich ins letzte Tageslicht schon die Fackeln der Nacht: Gehöfe oder ganze Dörfer, die im Feuersturm versinken.

80 Wieder werden wir im Gutshaus einquartiert; wieder bekommen Mutter und ich Betten und alle anderen ihr Lager auf Stroh.

Wieder bringt mir Pierre seine Tasse mit der köstlich duftenden Schokolade. Aber die Stimmung ist umgeschlagen. Gestern noch herrschte die Geschäftigkeit,° die sich aus der Hoffnung nährt: Mit etwas Glück können wir es schaffen. Über
85 all gab es kräftiges Stimmengewirr und manchmal sogar ein Gelächter. Jetzt wird bloß noch geflüstert. Die Furcht vor dem Unheil regiert: Was erwartet uns morgen?

Uralte, eigentlich längst vergessene Kinderängste vor der Dunkelheit und dem Einschlafen. Erinnerungen an die Kinderzeiten: ein Versteck suchen, sich
90 verkriechen. Erinnern an den alten Singsang der Kinder:

> Maikäfer, flieg!
> Dein Vater ist im Krieg.
> Deine Mutter ist in Pommernland,
> Pommernland ist abgebrannt.

95 Doch dann das Versinken in der schieren Erschöpfung.

aus *Die Stunde der Frauen,* gekürzt

D. Fragen zum Text: Beantworten Sie die folgenden Fragen!

1. Warum ist das Datum 8. März 1945 wichtig? Was geschah zu der Zeit in Deutschland?

2. Warum sagt Vater Jesko: „Ein Mittagessen wird es nicht geben"?

3. Erklären Sie die Bedeutung der Szene mit dem Jagdhund Faust, für den der Vater die Sülze auf den Teppich schüttet.

4. Was wollen die Frauen tun, die auf Zehenspitzen ins Zimmer schleichen?

[Randglossen:]
get ahead of
Strom... column of wagons
narrowing of the lake
strikes; impacts
hustle and bustle

5. Beschreiben Sie Pierre und sein Verhältnis zur Familie.

6. Warum kommen die Flüchtlinge mit dem Wagen nur langsam voran?

7. Wo findet die erste Übernachtung statt, und wie werden Libussa und ihre Mutter untergebracht? Warum bekommen Libussa und ihre Mutter ein Bett, während alle anderen auf Stroh auf der Erde schlafen müssen?

8. Was bedeutet der Satz: „ ... das Unwetter stammt von Menschenhand"?

9. In welchem Teil Deutschlands wohnen Libussa und ihre Familie? Wohin wollen sie fliehen?

E. Was meinen Sie? Beantworten Sie die folgenden Fragen!

1. Haben Sie Verwandte, die im Krieg gewesen sind? In welchem? Was haben sie von dem Erlebnis erzählt?

2. Die Familie von Krockow flieht vor der russischen Armee. Mit welchem Ereignis in der Welt in den letzten Jahren können Sie das vergleichen?

3. Die Familie von Krockow trifft eine sehr wichtige Entscheidung. Haben Sie je in Ihrem Leben eine wichtige Entscheidung treffen müssen, die Ihr Leben verändert hat? Welche?

4. Haben Sie in Ihrem Leben ein Erlebnis gehabt, das Sie nie vergessen werden? Welches?

F. Gruppenarbeit: Gruppen von vier oder fünf Studenten werden gebildet. Jede Gruppe soll eine Geschichte improvisieren. Der Professor gibt jeder Gruppe einen Anfangssatz, zum Beispiel, „Mein Bruder hat vor zwei Wochen einen schweren Autounfall gehabt". Dann denken sich die Studenten mit möglichst viel Phantasie eine Fortsetzung der Geschichte aus. Jeder Student in der Gruppe fügt einen Satz hinzu; jeder Satz soll ein Wort oder einen Ausdruck aus dem *Aktiven Wortschatz* enthalten. Die Geschichte ist fertig, wenn niemandem mehr etwas einfällt.

G. Rollenspiel: Erfinden Sie zusammen mit zwei oder drei anderen Studenten ein Minidrama über ein ernstes Problem. Verwenden Sie mindestens fünf Redewendungen aus dem *Aktiven Wortschatz*.

H. Minireferat: Erzählen Sie eine Geschichte, in der eine oder mehrere Personen in Gefahr sind, oder erzählen Sie von einem Buch, das Sie gelesen haben, in dem eine Katastrophe beschrieben wird. Verwenden Sie mindestens fünf Wörter oder Redewendungen aus dem *Aktiven Wortschatz*.

Principal Parts of Strong and Mixed Verbs

befehlen (ie), a, o   to order, command
beginnen, a, o   to begin
beißen, biß, gebissen   to bite
bieten, o, o   to offer
bitten, bat, gebeten   to ask
blasen (ä), ie, a   to blow
bleiben, blieb, geblieben (*ist*)   to remain
brechen (i), a, o   to break
brennen, brannte, gebrannt   to burn
bringen, brachte, gebracht   to bring

denken, dachte, gedacht   to ponder
dringen, a, u (*ist* or *hat*)   to urge, press forward

empfehlen (ie), a, o   to recommend
entstehen, a, a   to come into being, spring up
erschlagen (ä), u, a   to kill, strike
erschrecken (erschrickt), erschrak, erschrocken   to startle (sb.)
erweisen, ie, ie   to prove to be sth.
erwerben (i), a, o   to acquire
essen (ißt), aß, gegessen   to eat

fahren (ä), u, a (*ist* or *hat*)   to drive
fallen (ä), ie, a (*ist*)   to fall
fangen (ä), i, a   to catch
finden, a, u   to find
fliegen, o, o (*ist* or *hat*)   to fly
fliehen, o, o   to flee
frieren, o, o (*ist* or *hat*)   to freeze

geben (i), a, e   to give
gehen, ging, gegangen   to go
gelingen, a, u (*dat.*) (*ist*)   to succeed
gelten (i), a, o   to be valid, be in force
geraten (ä), ie, a   to get, fall, or come into sth.
geschehen, a, e (*ist*)   to happen
gestehen, a, a (*dat.*)   to admit, confess
gewinnen, a, o   to win
greifen, griff, gegriffen   to grab, seize

halten (ä), ie, a   to hold, stop
hängen, i, a   to hang
hauen, haute (hieb), gehauen   to hit, belt, clobber

heben, o, o   to lift
heißen, hieß, geheißen   to be called
helfen (i), a, o   to help

kennen, a, a   to know
klingen, a, u   to sound
kommen, kam, gekommen (*ist*)   to come
kriechen, o, o (*ist*)   to crawl

laden (ä), u, a   to load
lassen (ä), ie, a   to stop; to let
laufen (ä), ie, au (*ist*)   to run, go
legen, lag, gelegen   to lay, place
leiden, litt, gelitten   to suffer
lesen (liest), las, gelesen   to read
liegen, a, e   to lie, recline
lügen, o, o   to lie, tell a falsehood

meiden, ie, ie   to avoid
mögen (a), mochte, gemocht   to like

nehmen (nimmt), nahm, genommen   to take
nennen, a, a   to name

pfeifen, pfiff, gepfiffen   to whistle

raten (ä), ie, a   to guess
reiben, ie, ie   to rub, scour, grind
reißen, riß, gerissen   to tear; to pull
riechen, o, o   to smell
rufen, ie, u   to yell

saufen (ä), soff, gesoffen   to drink (of animals)
schaffen, schuf, geschaffen   to create
scheiden, ie, ie   to separate
scheinen, ie, ie   to appear, shine, seem
schelten (i), a, o   to scold
schieben, o, o   to push
schießen, schoß, geschossen   to shoot
schlafen (ä), ie, a   to sleep
schlagen (ä), u, a   to hit, strike
schleichen, i, i (*ist*)   to creep, sneak
schleifen, i, i   to drag (a person or thing)
schließen, schloß, geschlossen   to close
schmelzen (i), o, o   to melt

schneiden, schnitt, geschnitten   to cut
schreiben, ie, ie   to write
schreien, ie, ie   to cry, scream
schreiten, schritt, geschritten (*ist*)   to stride, march
schweigen, ie, ie   to be quiet
schwimmen, a, o (*ist*)   to swim
sehen (ie), a, e   to see
sein (ist), war, gewesen (*ist*)   to be
singen, a, u   to sing
sinken, a, u (*ist*)   to sink
sitzen, saß, gesessen   to sit
sprechen (i), a, o   to speak
springen, a, u (*ist*)   to jump
stehen, a, a   to stand
steigen, ie, ie (*ist*)   to climb, rise
sterben (i), a, o (*ist*)   to die
stoßen (ö), ie, o   to push, thrust, shove, kick, hit
streichen, i, i   to eliminate; to cross out
streiten, stritt, gestritten   to argue

tragen (ä), u, a   to carry; to wear
treffen (trifft), traf, getroffen   to meet; to hit
treiben, ie, ie (*ist*)   to drive, propel; drift, float
treten (tritt), trat, getreten   to kick; (*ist*) to step
trinken, a, u   to drink
trügen, o, o   to deceive, cheat

verderben (i), a, o   to spoil
vergessen (vergißt), vergaß, vergessen   to forget
verlieren, verlor, verloren   to lose
verschwinden, a, u (*ist*)   to disappear

wachsen (wächst), wuchs, gewachsen (*ist*)   to grow
weisen, ie, ie   to show, produce
wenden, a, a (*also reg.*)   to turn
werben (i), a, o   to recruit
werfen (i), a, o   to throw

ziehen, zog, gezogen   to pull

German–English Vocabulary

This vocabulary consists of (1) all words from the **Aktiver Wortschatz** of each chapter; (2) any new words used in the exercises; and (3) most other words used in the text beyond the common 1,000 high-frequency words. Definitions are often limited to the specific context in which a particular word or expression occurs in this textbook. One aim of this book is the active use of 2,000 words.

The top 1,000 high-frequency words in German are generally not listed in this vocabulary. A raised dot (°) following an entry indicates that the verb is irregular; you should refer to its basic form in the list of principal parts on pp. 209–210. In addition, the following information is provided:

1. Verbs which take the auxiliary *sein* are indicated by: (aux. *sein*).

2. Separable verbs are indicated by a bullet: *an·fangen*

3. Reflexive verbs are preceded by *sich*. If the verb can be used nonreflexively with the same meaning, (*sich*) is used.

4. If a verb requires an accusative object, this structure is indicated by *jdn.* or (*acc.*); a dative object is shown by *jdm.* or (*dat.*).

5. Noun plurals are indicated unless the noun occurs only in the plural or a plural form does not exist.

6. For weak nouns, both the genitive and plural endings are given: **der Mensch, -en, -en.**

7. Related entries are listed together, with nouns immediately following their related verbs. A ~ indicates that the same word or stem is to be substituted, for example, **"die Ahnung: keine ~ von etwas haben."**

8. The following abbreviations are used:

acc.	accusative		*n.*	noun
adj.	adjectival		*naut.*	nautical
arch.	archaic		*o.s.*	oneself
biol.	biology		*pl.*	plural
coll.	colloquial		*reg.*	regular
conj.	conjunction		*sg.*	singular
dat.	dative		*sl.*	slang
dial.	dialect		*sb.*	somebody
fig.	figuratively		*sth.*	something
gen.	genitive		*usu.*	usually
jdm.	jemandem		*wk.*	weak
jdn.	jemanden			

German–English Vocabulary

ab·bauen   to cut back; to reduce
ab·buchen   to debit; to write off
ab·drängen   to push away
der Abendkurs, -e   evening class
der Aberglaube(n), (*gen.* **-ns**)   superstition
der Abfalleimer, -   garbage or trash can
der Abgänger, -/die Abgängerin, -nen   graduate
sich ab·geben° mit + *dat.*   to bother or concern o.s. with
der Abgrund, ¨e   abyss; precipice
ab·halten°   to hold (meeting, etc.)
ab·hängen° von + *dat.*   to be dependent on
das Abi (*slang*)   exam authorizing university studies
das Abitur   exam authorizing university studies; **das ~ bauen** (*coll.*)   to take the **Gymnasium** final exam
der Abiturient, -en, -en/die Abiturientin, -nen   graduate of a German **Gymnasium**
ab·kriegen   to get one's share
ab·leiten   to derive
ab·lösen   to take the place of
sich ab·quälen mit + *dat.*   to struggle (with); to worry about
ab·raten°   to advise against
die Abreise, -n   departure
der Absatz, ¨e   paragraph
ab·saufen (*aux.* **sein**)   to go down; to drown
Abschied nehmen°   to say good-bye
ab·schlagen°   to knock off; to refuse
ab·schließen°   to lock (up)
abschließend   concluding; final(ly)
ab·schneiden°   (*fig.*) to come off (well/badly)
der Abschuß, *pl.* **Abschüsse**   discharge (of a weapon)
das läßt° sich absehen   (one) can tell or (fore)see what will happen
abseits   (sports): offside
der Absolvent, -en, -en/die Absolventin, -nen   graduate
absolvieren   to complete; to graduate
der Abstand, ¨e   interval; spacing
ab·steigen°   to climb or get off (down)
ab·stellen   to turn off
das Abteil, -e   compartment; **die ~ung, -en**   department
ab·tippen   to copy on the typewriter

ab·treiben°   to drift off
etwas ab·tun als   to dismiss sth. as
abwechselnd   alternating
abwechslungsreich   varied; diversified
Ach, du liebe Zeit!   Oh, dear me!
acht·geben°   to watch out
achten   to respect
ächten   to ostracize
der Affe, -n, -n   monkey
die Ahnung, -en   hint; premonition; **Ich habe keine ~!**   I have no idea!
die Akte, -n   file
der Akteur, -e/die Akteurin, -nen   character
die Aktiengesellschaft, -en   (stock) corporation
aktuell   relevant; current
albern   silly
allgegenwärtig   omnipresent
alljährlich   yearly
der Alltag, -e   everyday life
alsbald   forthwith
der Altersgenosse, -n, -n/die Altersgenossin, -nen   peer; contemporary
der Altersjahrgang, ¨e   class from a given year
der Alterskamerad, -en, -en/die Alterskameradin, -nen   peer; contemporary
das Amtsgebäude, -   government office building
das Amulett, -e   amulet, charm
an sich   as such, in itself
andauernd   continuous
anderthalb   one and a half
die Änderung, -en   change
anderweitig   elsewhere
an·deuten   to hint or indicate
die Andeutung, -en   hint; indication
sich etwas an·eignen   to acquire sth.; to appropriate sth.
an·erkennen°   to recognize
jdn. an·fahren°   (*fig.*) to snap at sb.
an·fertigen   to make; to construct; to manufacture
an·feuern   to spurn on
sich an·freunden   to make friends
die Angabe, -n   statement; information
der Angeber, -/die Angeberin, -nen   show-off; boaster
angeblich   supposedly

das Angebot, -e   offer; bid
angebracht   appropriate
der Angehörige, -n, -n/die Angehörige, -n   dependant
angeln   to fish, angle
angesichts   in view of; in the face of
der Angestellte, -n, -n/die Angestellte, -n   (salaried) employee
angewiesen° sein auf + *acc.*   to rely on
der Angriff, -e   attack; raid
an·gucken   to look at
an·halten°   to stop
auf Anhieb   straight or right away
an·knurren   to growl at
der Anlaß, *pl.* **Anlässe**   (immediate) cause; motive
an·legen   to set up (a file)
annähernd   approximately
annoncieren   to advertise; to announce
sich an·passen   to adapt oneself
an·pöbeln   to pester; to abuse
an·putzen   to decorate
an·rühren   to touch; to eat
an·sammeln   to collect
die Anschaffung, -en   purchase, acquisition
an·schalten   to switch on
die Anschauung, -en   view; opinion; idea, notion
anscheinend   apparently
sich an·schließen° + *dat.*   to join; to attach o.s. to sb.
anschließend   following, subsequent
die Ansicht, -en   view
der Ansprechpartner, -/die Ansprechpartnerin, -nen   (dialogue or conversation) partner; advisor
anständig   decent
an·stecken   to light; to pin on
anstelle   instead of
der Anstoß, *pl.* **Anstösse**   (sports) kick-off
die Anstrengung, -en   effort
der Anteil, -e   share; portion
an·treten°   to begin; take up
der Anwalt, ⸚e/die Anwältin, -nen   lawyer; advocate
an·weisen°   to instruct; to show
an·wenden°   to apply; to use
die Anwendung, -en   application
an·werben°   to recruit
die Anzahl (*no pl.*)   number or quantity
die Anzeige, -n   advertisement; ad
der Apfelstrudel, -   apple-filled pastry
die Arbeitsbedingungen (*pl.*)   working conditions
die Arena, (*pl.*) **die Arenen**   arena; (circus)ring
ärgerlich   annoyed, irritated
sich ärgern über + *acc.*   to be or feel angry about
argwöhnisch   suspicious
sich mit jdm. arrangieren   to come to terms with sb.

der Asylant, -en, -en/die Asylantin, -nen   person seeking (political) asylum
auf·bauen   to build up; to erect; to construct
auf·bieten°   to muster; to summon (up)
auf·brechen°   to break open; to depart
auf·bringen°   to bring up; to produce; to summon up
der Aufbruch, ⸚e   departure
auf·decken   to uncover; to expose
der Aufenthalt, -e   stay, sojourn; delay
das Auffangbecken, -   (*fig.*) collecting center
auf·fangen°   to catch; to cushion (fall, shock)
die Aufforderung, -en   request; demand
sich auf·führen   to behave
aufgeschlossen   open; open-minded
auf·halten°   to delay
auf·heben°   to save (sth.); to pick up (sth.)
auf·laufen°   to run aground
aufmerksam   attentive; watchful
die Aufmerksamkeit (sg.)   attention
auf·muntern   to cheer up
die Aufnahme, -n   photo
auf·passen   to pay attention; to be careful
auf·polieren   to polish up
sich auf·rappeln   to pull o.s. together
sich aufrecht hin·setzen   to sit upright
auf·regen   to irritate; to annoy (sb.); **sich ~**   to get excited or upset
aufreibend   wearing, trying; stressful
der Aufruhr, -e   uproar
auf·schlagen°   to set up (a bed, a tent, etc.)
das Aufstellen   raising up (of sth.)
der Aufstieg, -e   ascent; advancement
auf·tauchen   to rise up, emerge
das Auftreten   appearance; occurrence
aufwärts   upwards, up; uphill
jdm. etw. auf·zwingen°   to force (sth.) on (sb.)
aus Versehen   through oversight or inadvertently; by mistake
der Ausbau   expansion
die Ausbildung   education; training; **die ~sdauer**   duration of training
aus·blasen°   to blow out
der Ausbruch, ⸚e   outburst
ausdauernd   persevering, unflagging
sich aus·denken°   to think up (sth.)
der Ausdruck, ⸚e   expression
sich auseinander·setzen mit   to talk or argue with
die Auseinandersetzung, -en   argument; discussion; clash
der Ausflug, ⸚e   excursion, outing, trip
aus·fragen   to interrogate; to question
aus·führen   to take out; to carry out (a plan, etc.)

davon aus·gehen°   to proceed on the assumption that

ausgerechnet   just, exactly

ausgeschlossen   out of the question; impossible

aus·hängen   to hang out; to post (up); to put up

aus·horchen   to draw a person out; to pump sb.

sich **aus·kennen°**   to know one's way around

die Auskunft, ⁻e   information

der Ausländer, -/die Ausländerin, -nen   foreigner

aus·leihen°   to lend (out); to loan; to borrow

aus·losen   to draw lots for

aus·machen   to turn off; **Es macht mir nichts aus.**   I don't care or mind

das Ausmaß, -e   extent

die Ausnahme, -n   exception

aus·packen   to unpack

aus·probieren   to try out

aus·reißen°   to tear (or pluck, pull) out; to run away

aus·richten + *dat.*   to tell (sb. sth.)

aus·rufen°   to proclaim; to call out

aus·ruhen   to rest

die Aussage, -n   statement

Ausschau halten° nach   watch out for

aus·schließen°   to exclude

ausschließlich   exclusive(ly); sole(ly)

aus·schmücken   to decorate

der Ausschnitt, -e   excerpt

aus·schöpfen   to empty; to bale out

der Ausschuß, *pl.* Ausschüsse   committee

außergewöhnlich   unusual

außerhalb   out of, outside; beyond

außerordentlich   extraordinary, unusual

die Äußerung, -en   remark, comment; statement

aus·setzen   to expose

die Aussicht, -en   prospect, chance

die Aussprache, -n   pronunciation

aus·stehen°   to be outstanding or overdue

aus·stoßen°   to banish; to expel

aus·strecken   to stretch out

aus·suchen   to search; to choose; to pick out

aus·teilen   to distribute, hand out

aus·üben   to perform; to exert

aus·verkaufen   to sell out

die Auswahl, -en   selection; variety

die Auswegslosigkeit   hopelessness

der Ausweis, -e   (membership/library/student) card; identification papers

aus·zahlen   to pay (out), disburse

aus·ziehen°   to take off; to move out

der Auszubildende, -n, -n/die Auszubildende, -n   trainee

der Automat, -en, -en   vending machine; robot

der Autounfall, ⁻e   auto accident

die Autowerkstatt, ⁻en   auto repair shop

avancieren   to advance

das Bankkonto, *pl.* Bankkonten   bank account

das Bankwesen, -   banking

das Bargeld   cash

die Barmherzigkeit   mercy; compassion

der Basar, -e   bazaar

basieren auf + *dat.*   to be based or founded upon

die Basis, *pl.* Basen   basis; base

basta   finished!; enough!; not another word

der Baum, ⁻e   tree; **der ~gang, ⁻e**   alley of trees; **der ~riese, -n**   giant tree

beachten   to notice

der Beamte, -n, -n /die Beamtin, -nen   official; civil servant

der Becher, -   cup, goblet

bedächtig   cautiously; slowly

der Bedarf   need; demand

bedauern   to regret

bedenklich   dubious, questionable

bedienen   to serve

die Bedienung, -en   service

die Bedingung, -en   condition

bedrohen   to threaten

das Bedürfnis, -se   need, want; necessity

sich **beeilen**   to hurry

beeinflussen   to influence

die Beendigung, -en   termination

die Beere, -n   berry

sich **befassen mit**   to occupy o.s. with

befreien   to free

sich **befreunden**   to make friends

befriedigen   to satisfy

befürchten   to fear

die Befürchtung, -en   fear; apprehension

begabt   talented

die Begabung, -en   talent

sich **begeistern (für)**   to be inspired, filled with enthusiasm (for)

begeistert (von)   enthusiastic (about)

die Begeisterung   enthusiasm; **begeisterungsfähig**   capable of enthusiasm

der Begleiter, -/die Begleiterin, -nen   companion; escort

die Begrenzung, -en   limitation

der Begriff, -e   concept; term; idea

der Begründer, -/die Begründerin, -nen   founder

begrüßen to greet

begütigen to calm, pacify

behandeln to treat; to deal with (sb.)

die Behandlung, -en treatment

beharrlich persistent

die Behauptung, -en claim; assertion

die Beherrschung einer Sache mastery or control of a situation

behindern to hinder; to hamper

die Behörde, -n (public) authority; office

bei·bringen° + *dat.* to get something across (to sb.)

beiseite aside; apart

beispielsweise for example

bei·stehen° + *dat.* to stand by (sb.)

der Beitrag, ¨e contribution

bei·tragen° to contribute

bei·treten° to join

bekämpfen to fight

der Bekannte, -n, -n/die Bekanntin, -nen acquaintance; friend

die Bekanntschaft, -en acquaintance

sich bekehren to convert

sich beklagen to complain

beklommen apprehensive

belangen to hold responsible; to sue

sich belasten mit to burden o.s. with

belegen to occupy; to enroll in a course

belehren to instruct

beleidigen to offend; to give offense to

beleuchten to illuminate

beliebig arbitrary

beliebt well-liked

bemängeln to criticize

bemerkbar noticeable

bemerkenswert remarkable

die Bemerkung, -en remark; comment

benachbart neighboring

sich benehmen° to behave

das Benehmen, - behavior

beneiden to envy

benutzen to use

bequem comfortable

beraten° to advise

die Beratung, -en advice

berechnen to calculate

berechtigen to entitle

der Bereich, -e field, sector

bereiten to cause

die Bereitschaft, -en readiness

das Bergwerk, -e mine

der Bericht, -e report; **der ~erstatter, -/die ~erstatterin, -nen** reporter

der Beruf, -e job; vocation; **die ~sausbildung, -en** job training; **der ~sberater, -/die ~sberaterin, -nen** vocational counselor; **die ~sforschung, -en** occupational research; **die ~skrankheit, -en** occupational disease; **das ~sleben, -** professional life

berufstätig employed

beruhen auf to rest (or be founded) on

berühmt famous

die Berührungsangst, ¨e fear of touching or contact

der Bescheid, -e answer, reply

bescheiden modest

die Bescherung, -en giving of (Christmas) presents

beschimpfen to scold

in Beschlag nehmen° to seize; to impound

beschließen° to decide; to resolve

beschmutzen to make dirty

die Beschränkung, -en limitation, restriction

beschützen (vor + *dat.*) to protect, shield, shelter

die Beschwerde, -n complaint

sich beschweren to complain

besetzen to occupy

besichtigen to look over; to inspect

besiegen to conquer

das Besitztum, ¨er possessions

besonnen considered, level-headed

besorgen to buy; to get; to acquire

die Besorgnis, -se concern; worry

besorgt concerned

bespitzeln to spy on

die Besprechung, -en talk; conference

der Besserwisser, -/die Besserwisserin, -nen know-all; smart aleck

bestärken to strengthen

bestätigen to confirm

das Besteck, -e cutlery; knife, fork, and spoon

besteigen° to climb

bestimmen to determine; to characterize

bestrafen to punish

bestreuen to powder; to sprinkle

betonen to emphasize

betrachten to look at, view

betragen° to amount to, total

betreuen to look after (sb.)

der Betreuer, -/die Betreuerin, -nen person in charge of looking after sb.

die Betreuung, -en care, looking after

der Betrieb, -e business, concern

der Betrug/die Bertrügereien fraud

betrügen° to deceive, cheat

die Beule, -n bump; dent

beurteilen to judge

die Bevölkerung, -en population

bevor·stehen° + *dat.* to be in store for

bewaffnen to arm

bewahren to keep; to protect

(sich) bewähren to prove oneself/itself

der Beweis, -e proof

beweisen° to prove

sich bewerben° für to apply for

der Bewohner, -/die Bewohnerin, -nen occupant

bewölkt cloudy

der Bewunderer, -/die Bewunderin, -nen admirer

bewußt conscious; known; intentional

das Bewußtsein consciousness; awareness

bezeichnen to mark; to indicate; to describe; to denote

die Beziehung, -en relationship; connection

in Bezug auf in relation to

der Bierbecher, - beer mug

bieten° to offer

die Bilanz, -en balance; end result

die Bildungsreform, -en educational reform

bindend binding

binnen within; shortly

bisher; bislang up to now

der Bissen, - bite; **bissig** biting

blasen° to blow

blödsinnig idiotic, crazy; silly

bloß·legen to uncover; to expose

die Blumenanlage, -n flower park or garden

der Blutstropfen, - drop of blood

der/das Bonbon, -s hard candy

der Börsenmakler, -/die Börsenmaklerin, -nen stockbroker

böse bad, evil, angry, wicked; **Sei mir nicht ~!** Don't be angry with me!; **Böses mit Gutem vergelten°.** (*lit.*) To repay evil with good.

der Brauch, ¨e custom; **das ~tumsfest, -e** folklore festival; **der ~tumsforscher, -/die ~tumsforscherin, -nen** folklore researcher

der Bräutigam groom

der Brei mush; porridge

der Breitwandfilm, -e large-screen movie

bremsen to brake

brodeln to bubble; to simmer

brüllen to yell; to roar

brummen to growl

der Brummlaut, -e growling sound

der Bub(e), -n, -n (*dial.*) boy

das Buch, ¨er book; **der ~handel** book trade

der Buchstabe, -n, -n letter (of the alphabet)

buchstäblich literal(ly)

die Bude, -n room; pad

büffeln (*coll.*) to cram

der Bühnenerfolg, -e success on the stage; **bühnenreif** ready for the stage

die Bundeswehr German federal army

die Bürokratie, -n bureaucracy

der Busen, - breast, bosom

der Charakter, -e character; **der ~zug, ¨e** character trait

der Chirurg, -en, -en/die Chirurgin, -nen surgeon

die Clique, -n clique

dabei·bleiben° to stay with it

der Dackel, - dachshund

das Dämmerlicht; die Dämmerung twilight

daraufhin thereupon

der Darsteller, -/die Darstellerin, -nen actor; performer

die Darstellung, -en portrayal

Das wär's dann. That's all.

das Datum, *pl.* **Daten** date (e.g., Jan 1, 2010)

die Dauer, -n duration

davon aus·gehen° (*aux.* **sein**) proceeding on the assumption (that)

die Decke, -n cloth; blanket; ceiling

dehnen to stretch

die Depression, -en depression

derzeitig at present; then; at that time

desinfiziert disinfected

deswegen therefore

das Detail, -s detail

das Dia, -s slide (for projection)

der Dialekt, -e dialect

der Dialog, -e dialogue

der Diamant, -en, -en diamond

der Dichter, -/die Dichterin, -nen poet/poetess

das Dickerchen, - (*coll.*) "fatty"

die Diensthilfe, -n servant; help

dienstlich in official capacity

die Diktatur, -en dictatorship

die Dimension, -en dimension

die Diskothek, -en disco

die Diskussion, -en discussion

die Distelblüte, -n blossom of a thistle

die Doktrin, -en doctrin

das Dokument, -e document

die Doppelqualifikation, -en double qualification

die Dose, -n can

dösen to doze; to snooze

dotieren to remunerate; to pay; to endow

der Dozent, -en, -en/die Dozentin, -nen lecturer; (assistant) professor

der Drache, -n, -n dragon

der Dramaturg -en, -en/die Dramaturgin, -nen dramatic advisor

dran·geben° to add on

der Drehorgelmann, ¨-er organ grinder

dringend; dringlich urgent

droben up there; above (there)

die Droge, -n drug

drohen to threaten

dröhnen to drone

drüben over there

drücken to press

der Dschungel, - jungle

duftend fragrant

durchaus throughout; completely; positively

jdn. mit den Augen durchbohren (*fig.*) to look piercingly at sb.

durch·brechen° to break through

durcheinander in confusion; all mixed up

die Durchfahrt, -en thoroughfare; passage

durch·führen to conduct; to implement

durch·hauen to give sb. a thrashing

durch·lassen° to let through

durch·laufen° to run through

der Durchschnitt average

durch·setzen to enforce

dürr arid; barren

durstig thirsty

der Düsenjäger, - jet plane

düster gloomy, dark

das Dutzend, -e dozen

ebenfalls likewise; also

echt genuine

egal regardless of

der Egoismus, *pl.* Egoismen selfishness; egotism

ehemalig former

das Ehrenwort, -e word of honor

das Ehrenzeichen, - medal; badge of honor

ehrgeizig ambitious

ehrlich honest

die Eiche, -n oak tree

eifrig eager; zealous

eigenartig strange; peculiar

die Eigeninitiative, -n personal initiative

die Eigenschaft,-en quality, attribute

der Eigensinn (*no pl.*) self-will; independence of mind

sich eignen to be suited

der Eignungstest, -s aptitude test

eilen to hurry

eilig fast; hasty; urgent

der Einakter, - one-act play

die Einbildung, -en illusion; fancy; imagination

ein·brechen° to break in

ein·brennen° to burn in

ein·bringen° to bring in; to contribute

sich etwas ein·brocken (*fig.*) to get o.s. into trouble

eindeutig clear; unequivocal

eindringlich emphatic; impressive

ein·engen to constrict; to confine

einfach simple

etwas ein·fallen° jdm. (*aux.* **sein**) to occur to sb.

einfältig simple, naive, simple(-minded)

der Einfluß, *pl.* Einflüsse influence

die Einführung, -en introduction

die Eingangsprüfung, -en entrance examination

sich etwas ein·gestehen° to admit, confess sth.

sich ein·haken to link arms

ein·hämmern to hammer; to pound in

ein·hängen to hook in

die Einheitspartei, -en unity party formed by consolidation of two parties in the German Democratic Republic: SED

(sich) einigen to agree

der Einkauf, ¨-e purchase; **das ~szentrum, *pl.* ~zentren** shopping center

das Einkommen, - income

ein·laden° to invite

ein·lösen to cash

ein·mischen to mix in; to intermix

ein·quartieren to take up quarters

jdm. etwas ein·reden to persuade sb. of sth.

die Einrichtung, -en furnishing(s); establishment

die Einsamkeit, -en loneliness; solitude

sich ein·schätzen to evaluate oneself

ein·schränken to limit

ein·schüchtern to intimidate

ein·sehen° (*fig.*) to see; to realize

ein·setzen to insert

ein·sperren to lock up

ein·steigen° to get into (a vehicle)

die Einstellung, -en attitude

ein·treffen° to arrive

einverstanden sein° to be in agreement

das Einverständnis, -se agreement

einwandfrei perfect; faultless

es läßt° sich nichts dagegen ein·wenden there is nothing to be said against that

ein·werfen° to throw in

der Einwohner, -/die Einwohnerin, -nen inhabitant

die Einzelgängermentalität, -en mentality of a loner

die Einzelleistung, -en individual performance

ein·ziehen° to draft, conscript

das Eisen, - iron

das Eisenbahnabteil, -e   train compartment
das Eisstadion, *pl.* **Eisstadien**   ice stadium
eklig   disgusting, revolting
die Eleganz   elegance
das Elend   misery, misfortune
der Elf, -en, -en/die Elfe, -n   elf/fairy
der Ell(en)bogen, -   elbow
die Emanze, -n   emancipated woman
empfehlen°   to recommend
(sich) empören   to anger; to grow furious
die Empörung (*no pl.*)   indignation
sich engagieren   to commit o.s. to
die Entbehrung, -en   deprivation
entfalten   to unfold; to develop
die Entfremdung, -en   estrangement; alienation
entführen   to abduct
entgegen   against
entgegnen   to reply
enthalten°   to contain
enthüllen   to uncover
entlassen°   to dismiss
die Entlassung, -en   dismissal; discharge; **der ~sschein, -e**   certificate of discharge
entmutigen   to discourage
entnehmen°   to take from
sich entpuppen   to show one's true colors
sich entscheiden°   to decide
die Entscheidung, -en   decision; **die ~shilfe, -n**   decision-making help
die Entschiedenheit, -en   decidedness; resoluteness
sich entschließen°   to make up one's mind
sich entschuldigen   to excuse; to pardon
entsetzlich   dreadful, terrible, awful
sich entsinnen°   to remember
entsprechen° + *dat.*   to correspond (to)
entstammen   to originate from, descend
entstehen°   to come into being; to spring up
die Entstehung, -en   origin
die Enttäuschung, -en   disappointment
entweder ... oder   either ... or
entwerfen°   to design; to draw up
entwerten   to devaluate; to cancel
die Entwicklung, -en   development; evolution
entzünden   to light; to inflame
entzwei   broken
erbeben (*aux.* **sein**)   to shake; to tremble
sich erbieten°   to offer or volunteer to do
die Erdenschwere, -n (fig.)   pull of gravity
das Ereignis, -se   event
die Erfahrung, -en   experience
erfassen   to seize; to comprehend
erfinden°   to invent

erfindungsreich   inventive
der Erfolg, -e   success; **erfolgreich**   successful
erfrieren° (*aux.* **sein**)   to freeze to death
erfrischen   to refresh
das Erfrischungsgetränk, -e   refreshing drink
ergänzen   to complete
ergeben°   to result; to yield
das Ergebnis, -se   result
erhaben sein°   to be above; lofty
erheblich   considerable
erhoffen   to hope (for)
die Erholung, -en   recuperation; relaxation
die Erinnerung, -en   memory; remembrance
sich erkälten   to catch a cold
sich als ... zu erkennen geben°   to reveal oneself as
erklingen° (*aux.* **sein**)   to resound
erkunden   to explore; to investigate
erlauben   to permit
die Erlaubnis, -se   permission, permit
das Erlebnis, -se   experience; adventure
erleichtern   to relieve; to facilitate
erleiden°   to suffer
erlösen   to redeem
ermahnen   to admonish; to caution
die Ermäßigung, -en   reduction
ermöglichen   to make possible
die Ermüdung, -en   fatigue
ernennen°   to nominate
das Ernennungsverfahren, -   nomination procedure
Das kann doch nicht dein Ernst sein!   You can't be serious!
das Erntedankfest, -e   Thanksgiving
erpressen   to blackmail
errechnen   to calculate
ersaufen°   to drown
erschallen (*aux.* **sein**)   to resound
erschlagen°   to kill; to strike down
die Erschöpfung, -en   exhaustion
die Erschütterung, -en   emotion, shock; disruption
sich erstaunen über + *acc.*   to be astonished; to be surprised at
jdn. bei etwas ertappen   to catch sb. doing sth.
jdm. eine Lehre erteilen   to teach sb. a lesson
erträglich   tolerable, sufferable
der Erwachsene, -n, -n/die Erwachsene, -n   adult
erwähnen   to mention
die Erwartung, -en   expectation
erwerben°   to acquire
erwischen (*coll.*)   to get or catch hold of
erziehen°   to educate; to train
der Etatgrund, ⸚e   budgetary consideration

der **Ethnologe, -n, -n/die Ethnologin, -nen** ethnologist

das **Examen, -** exam

die **Existenz, -en** existence

der **Experte, -n, -n/die Expertin, -nen** expert

die **Fabrik, -en** factory

das **Fach, ¨er** subject; **die ~hochschule, -n** specialized school of higher education; **die ~simpelei, -en** shop talk

die **Fackel, -n** torch

die **Fähigkeit, -en** ability; aptitude

die **Fahne, -n** flag; banner; **der ~nschwenker, -/die ~nschwenkerin, -nen** flag waver

der **Fahrgast, ¨e** passenger

der **Fahrkartenschalter, -** ticket window

auf alle Fälle in any case

fallen° (*aux.* **sein**) to fall; to be killed (in war)

fällig due

fallweise case by case

das **Familienmitglied, -er** family member

das **Familientreffen, -** family gathering

die **Fan Liga,** *pl.* **Fan Ligen** fan club

färben to color

der **Fasching** carnival

die **Fassade, -n** facade; front

fassungslos beside oneself; stunned

der **Fastenmonat, -e** month of fasting

faul lazy

Das paßt wie die Faust aufs Auge. That does not fit together at all. (*ironic*) That fits well.

das **Fazit, -s** *or* **-e** balance; end result

der **FC = Fußball Club** soccer club or team

das **Fechten** (sport) fencing

Mir fehlt etwas. I am missing sth.; I'm sick

der **Feierabend, -e** leisure after work

feiern to celebrate

feig(e) cowardly, timid

die **Feindlichkeit, -en; die Feindschaft, -en** hostility

feindselig hostile

der **Feinschmecker, -/die Feinschmeckerin, -nen** gourmet

der **Fels, -en, -en** rock; cliff

der **Ferienaufenthalt, -e** vacation stay

das **Ferienziel, -e** place of vacation

die **Ferne, -n** distance

der **Festbrauch, ¨e** custom for a festive occasion

der **Festkonsument, -en, -en/die Festkonsumentin, -nen** visitor at a festival

die **Festrede, -n** talk at a festive occasion

die **Feststellung, -en** observation; comment

der **Festtag, -e** holiday

die **Fete, -n** (student) party

der **Feuersturm, ¨e** fire storm

der **Feuerwerkskörper, -** firework

fies (*coll.*) nasty, horrid

die **Firma,** *pl.* **Firmen** company, firm; business

das **Fischmehl** ground fish

die **Fischverarbeitungsfabrik, -en** fish factory

der **Flachdachpavillon, -s** flat-roofed pavilion

die **Fläche, -n** surface; plane

die **Flamme, -n** flame

die **Flasche, -n** bottle

flehend pleading, imploring

fleißig industrious

fliehen° to flee

die **Flitterwoche, -n** honeymoon

flott chic, stylish; dashing

die **Flucht, -en** escape; flight

flüchten to flee

der **Flüchtling, -e** refugee

der **Flügel, -** wing (of a bird or a plane)

flügelschlagend wing-flapping

die **Flugkarte, -n** plane ticket

die **Flußaue, -n** river-meadow

die **Flut, -en** tide; flood

die **Folge, -n** order; result

die **Folgerung, -en** conclusion; deduction

fordern to demand

fördern to support; to promote

forschen to research

die **Forschung, -en** research

die **Forstwissenschaft, -en** science of forestry

fort·bringen° to carry away

der **Fortschritt, -e** progress

die **Fortsetzung, -en** continuation

das **Foto, -s** photo

das **Foul, -s** foul

frei·machen to clear (one's mind)

sich frei·nehmen° to take off from work

der **Freistoß,** *pl.* **Freistösse** free shot

die **Freizeit, -en** leisure time; **die ~aktivität, -en** leisure time activity; **das ~angebot, -e** opportunities for leisure activities

der **Fremdenhaß** xenophobia

fressen° to eat (of animals)

der **Freudenschuß,** *pl.* **Freudenschüsse** (gun) shot of joy

freudig joyful

die **Freundschaft, -en** friendship

der **Frieden** peace

friedlich peaceful

frieren° to freeze

Frohes Fest! Happy holiday(s)!

fröhlich   cheerful; merry

die Front, -en   front

der Frostaufbruch, ⁻e   breaking open of street surface due to frost; frost heave

das Frühjahr, -e   spring

die Frührente, -n   early retirement

der Frust (*no pl.*)   frustration

sich fügen   to be obedient

der Führer, -/die Führerin, -nen   leader

füllen   to fill

der Füller, -   fountain pen

der Funktionär, -e/die Funktionärin, -nen   official, functionary

die Furcht (*no pl.*)   fear

furchterregend   fearsome; alarming

furchtsam   timid; fearful

füreinander   for one another

der Fürst, -en, -en/die Fürstin, -nen   prince/wife of a prince; princess

Fuß fassen   to gain a foothold; **sich die Füße vertreten°**   "to stretch one's legs" by walking

der Fußballverein, -e   soccer club

der Fußschweiß, -e   foot perspiration

der Gabelstapler, -   forklift

die Galerie, -n   gallery

der Gartenzaun, ⁻e   fence around garden or yard

der Gastarbeiter, -/die Gastarbeiterin, -nen   foreign worker

die Gaststätte, -n   restaurant; inn

der Gaul, ⁻e   nag, horse

das Gebäude, -   building

jdm. eine Lehre geben   to teach sb. a lesson

das Gebilde, -   creation; formation

das Gebirgsdorf, ⁻er   mountain village

die Geborgenheit   security

der Gebrauchsgraphiker, -/die Gebrauchsgraphikerin, -nen   commercial artist

das Gebüsch, -e   bushes; shrubbery

die Gedenkmünze, -n   commemorative coin

das Gedicht, -e   poem

die Geduld   patience; **Mir reißt die ~!**   I am losing my patience!

geduldig   patient

gefährden   to endanger; to jeopardize

Das lasse ich mir nicht gefallen°!   I will not stand for that!

gefälligst   kindly (often used in a threatening manner)

das Gefängnis, -se   prison; jail

sich auf etwas gefaßt machen   to prepare o.s. for something

sich gegen etwas stemmen   to brace o.s. against sth.

gegeneinander   against each other

die Gegenleistung, -en   service in return; equivalent

der Gegenstand, ⁻e   object, thing

das Gegenteil, -e   opposite

der Gegner, -/die Gegnerin, -nen   opponent

das Geheimnis, -se   secret

geheimnisvoll   mysterious

gehen° (*aux.* **sein**)   to go; **Es geht dich nichts an.**   It's none of your business.; **Es geht nicht!**   It can't be done!; **Es geht schief.**   It goes amiss or wrong.

das Gehirn, -e   mind; brain

das Gehöft, -e   farmstead

der Geisteskranke, -n, -n/die Geisteskranke, -n   mentally ill person

das Gejammer   (*sl.*) belly-aching; complaints

das Gelächter, -   laughter

das Gelände, -   tract of land; site

der Geldbeutel, -   purse; money pouch

gelegen   situated

die Gelegenheit, -en   opportunity

gelegentlich   occasional(ly)

gelingen° (*aux.* **sein**) + *dat.*   to succeed

gelten°   to be valid

das Gemälde, -   painting

gemein   vulgar; coarse; mean

die Gemeindeverwaltung, -en   local administration

die Gemeinheit, -en   dirty trick, meanness

gemeinhin   generally

gemeinsam   together; in common

gemütlich   easygoing; comfortable

genauso   exactly

der Gendarm, -en, -en   (*arch.*) policeman, constable

genehmigen   to approve; to permit

die Generation, -en   generation

das Genick   (back of) neck

der Genießer, -/die Genießerin, -nen   epicure; gourmet

der Genosse, -n, -n/die Genossin, -nen   comrade; (*coll.*) chum

genügend   sufficient

genußvoll   enjoyable; with relish

das Gepäck, *pl.* **Gepäckstücke**   luggage; **das ~netz, -e**   luggage rack (net)

das Gepräge, -   character

geradezu   almost

das Gerät, -e   implement; tool

in Streit geraten°   to get into an argument or fight

das Geräusch, -e   sound; noise

geräuschmäßig   true sound(s)

jdm. gerecht werden° + *dat.*   to do justice to (sb./sth.)

die Gerechtigkeit   justice

das Gericht, -e   (food) dish; course (meal); court

gerichtlich   judicial; in court
nicht im geringsten   not in the least
gesamt   entire; whole
geschäftig   busy
die Geschäftswelt, -en   business world
gescheit   clever, bright
das Geschenk, -e   present
geschichtlich   historical(ly)
geschickt   clever; skilful
geschieden   divorced
das Geschlecht, -er   sex; gender
der Geschmack, *pl.* **Geschmäcker** (*coll.*)   taste; flavor
geschwind   quickly
die Geschwindigkeit, -en   speed
die Geschwister (*pl.*)   brother(s) and sister(s); siblings
der Gesellenbrief, -e   journeyman's certification
gesellig   sociable
gesellschaftlich   social
das Gespann, -e   horse or ox team
das Gespenst, -er   ghost, specter
die Gesprächsbereitschaft, -en   willingness to enter into conversation
gestehen°   to admit, confess
das Gestolper   stumbling
das Getrabe   trotting
gewaltig   enormous; powerful
die Gewalttätigkeit, -en   violence
das Gewebe, -   (*biol.*) tissue
die Gewerkschaft, -en   labor union; **der ~sbund, ⸚e** federation of trade unions
gewichtslos   weightless
gewissermaßen   so to speak, in a way
das Gewittergrollen   rumbling of a thunderstorm
die Gewitterwolke, -n   thunderstorm cloud
gierig   greedily
das Gläserklirren   clinking of (wine) glasses
Gleichfalls!   Same to you!
das Gleichgewicht, -e   balance
gleichmäßig   proportionate; even; uniform; steady
gleiten°   to glide; to slide
das Glied, -er; das Gliedmaß, -e   limb, member (of [human] body)
glitschig   slippery
die Glocke, -n   bell
der Glückwunsch, ⸚e   congratulations
die Glut, -en   glow; embers
gönnen + *dat.*   to allow or grant (sb. sth.)
um Gotteswillen   for God's sake
der Graf, -en, -en/die Gräfin, -nen   count/countess
gratulieren   to congratulate
das Grauen, -   horror; day-break
grausam   cruel

die Grausamkeit, -en   cruelty, atrocity
grinsen   to grin
grölen   to bawl; to shout
groß: im großen und ganzen   by and large
großartig   great; fantastic
der Großgastronom, -en, -en/die Großgastronomin, -nen   restaurateur with many restaurants
grübeln über etwas   to brood about sth.
gründlich   thorough(ly)
die Grundschule, -n   elementary or primary school
gucken   (*dial.*) to look
gültig   valid
die Gültigkeit   validity; legal force
günstig   reasonable; good; convenient
das Gut, ⸚er; der Gutshof, ⸚e   estate
gutgelaunt   in a good mood
gütig   generous, gracious
der Gymnasiast, -en, -en/die Gymnasiastin, -nen   student at a Gymnasium
das Gymnasium, *pl.* **Gymnasien**   college preparatory secondary school

die Habgier   greed
der Haken, -   hook
der Halbmond, -e   crescent
die Halbwaise, -n   fatherless or motherless child
der Hallensport, *pl.* **~arten**   indoor sport
zu jdm. halten°   to stand by someone
die Haltung, -en   attitude; posture
der Handkoffer, -   suitcase
die Handlung, -en   action; story; plot
die Handwerkerschaft, -en   craftsmen; guild
das Haschisch   hashish
der Hase, -n   hare; rabbit
häßlich   ugly
hastig   hasty
der Hauch, -e   breath; puff; whiff; tinge; touch
hauen (coll.)   to hit
der Haufen, -   crowd, bunch
häufig   frequent
das Haupt, ⸚er   head; **der ~beruf, -e** chief or regular occupation; **das ~fach, ⸚er** major (course of studies); **das ~hindernis, -se** main obstacle; **die ~idee, -n** main idea; **die ~sache, -n** main thing
hausen   to dwell
der Haushalt, -e   household
der Hausmeister, -/die Hausmeisterin, -nen   janitor/janitress; superintendant
die Hebamme, -n   midwife
der Hebel, -   lever
heidnisch   heathen; pagan
das Heiligtum, ⸚er   sanctuary; sth. sacred

heil·machen to repair

die Heimat, -en native land, homeland; **die ~stadt,
¨e** hometown

heimlich secretly

heiraten to marry

die Heizung, -en heating; furnace

der Held, -en, -en/die Heldin, -nen hero/heroine

hellwach wide awake

der Hemdkragen, - shirt collar

der Hemdsärmel, - shirt-sleeve

heran·drängen to press forward; to approach

heran·nahen to approach

heran·wachsen° to grow up

heran·ziehen° to draw upon

heraus·bringen° to find out

heraus·finden° to find out

der Herausgeber, -/die Herausgeberin, -nen pub-
lisher; editor

heraus·gehen° to leave

heraus·hängen° to bulge out

heraus·lesen° to interpret

herausragend outstanding

heraußen outside

heraus·stellen to turn out or emerge

herbei here; hither

herein·dringen° (*aux.* **sein**) to come in

her·geben° to give (away); to give up

für etwas her·halten° to suffer for sth.; to bear brunt
for

herinnen inside

her·kommen° to come (or draw) near, approach

die Herkunft, ¨e origin

her·leiten to derive from

hernach afterwards; thereafter

hernieder plumpsen to flop down

Herrgottsakrament! indicating impatience

herrlich magnificent; wonderful; **Das ist etwas Herrliches!** That is something marvellous!

die Herrlichkeit, -en magnificence; splendor

die Herrschaften (*pl.*) ladies and gentlemen (in society)

herrschen über + *acc.* to rule over

her·rühren to stem from

die Herstellung, -en manufacture, production

jdn. herum·führen to lead sb. around

herum·liegen° to lie around

hervor·rufen° to cause

das Herz heart; **sich ein ~ fassen** to take heart; **sich
etwas zu ~en nehmen°** to take sth. to heart

das Herzklopfen beating (or throbbing) of the heart

Herzlichen Glückwunsch! (I sincerely wish you)
good luck!

hetzen to chase; to hurry

heulen to howl; to cry

heutzutage nowadays, in our time

hierfür for this (or it)

die Hilfeleistung, -en assistance; relief

der Hilfeschrei, -e cry for help

himmlisch heavenly; divine

vor sich hin pfeifen° to whistle to o.s.

hinauf·kommen° to come up

hin·deuten auf + *acc.* to point to

hinein·laufen° to run into

hinein·leben to settle down (in a place)

hinein·stenographieren to write in (in shorthand)

hin·schmeißen° to throw down

hin·stellen to place somewhere

hinterher behind; afterwards

hinterlegen to deposit; to give in trust

der Hinweis, -e clue

im Scherz hinzu setzen to add as a joke or in jest

das Hirn, -e; das Gehirn, -e brain; brains, intellect

der Hirsch, -e deer; stag

das Historienspiel, -e historical play

historisch historical

die Hitze hot weather; heat

der Hochbetrieb, -e intense (or feverish) activity

das Hochdeutsch High (standard German)

hochqualifiziert highly qualified

die Hochschule, -n university; college; institute (of
technology)

die Hochschulreife matriculation standard

der Hochschulverband, ¨e association of institutions
of higher learning

die Hochschulzugangsberechtigung, -en permit to
enter a university, etc.

die Hochzeit, -en wedding; marriage

hoffentlich hopefully

die Höhlenmalerei, -en cave-painting

höhnisch scornful; sarcastic

holprig stumbling; halting; rough; bumpy

das Hörverständnis, -se listening comprehension

die Hotelunterkunft, ¨e hotel accommodation

der Hufschlag, ¨e hoofbeat

die Hüfte, -n waist

das Huhn, ¨er chicken; hen

hupen to beep, honk

hurtig quickly

hüten to guard; to take care of

auf eine gute Idee kommen° (*aux.* **sein**) to have a
good idea

die Identität, -en identity

die Ideologie, -n idiology

das Idiom, -e idiom; language
imponieren to impress
improvisieren to improvise
indessen meanwhile
der Indikativ, -e indicative (mood)
der Industriestandort, -e position of the industry
infam infamous; shameful
infernalisch infernal
der Ingenieur, -e/die Ingenieurin, -nen engineer
die Initiative, -n initiative; enterprise
inmitten amid
innerlich internally; on the inside
inoffiziell unofficially
insbesondere in particular, especially
das Inserat, -e ad; advertisement
insgesamt altogether
die Inspiration, -en inspiration
das Institut, -e institute
inwieweit to what extent, how far
irgendetwas something; anything
irgendwann sometime
irgendwie somehow
ironisch ironic

die Jagd hunt; **der ~freund, -e** hunting companion or buddy; **das ~glück** hunter's luck; **der ~hund, -e** hunter's hound; hunting dog
jagen to hunt
der Jäger, -/die Jägerin, -nen hunter; **der Jägersmann, ¨er** hunter
der Jahreswechsel, - turn of the year; New Year
die Jahreszeit, -en season, time of the year
der Jahrgang, ¨e class; age group
das Jahrhundert, -e century
über etwas jammern to complain; to lament; to moan about sth.
jedenfalls in any case
jenseits on the other side of
jeweilig in each case, respectively
der Jogginganzug, ¨e jogging suit
die Jolle, -n dinghy
der Journalist, -en, -en/die Journalistin, -nen journalist
das Jugendamt, ¨er youth welfare office; **der ~sleiter, -/die ~sleiterin, -nen** director of a youth welfare office
die Jugendarbeit, -en youth guidance work
die Jugendberatungsstelle, -n youth counseling center
der Jugendbericht, -e report about youth
die Jugendclique, -n youth clique or group
die Jugendherberge, -n youth hostel

der Jugendherbergsplatz, ¨e place or space in a youth hostel
die Jugendszene, -n youth scene
das Jugendzentrum, *pl.* **Jugendzentren** youth center
die Jungfrau, -en virgin; maiden
Jura (*pl.*) law
juristisch legal

der Kahn, ¨e (small) boat
der Kakao, -s cocoa
der Kalender, - calendar
der Kanal, ¨e canal; channel
die Kanone, -n canon
das Kanu, -s canoe
der Karneval carnival
die Karriere, -n career
der Karton, -s carton
die Kassette, -n cassette; **der ~nspieler, -** cassette player
das Kästchen small box
der Kasten, - box; chest; crate
der Katzenjammer (*coll.*) depression
kauen to chew
das Kaufhaus, ¨er department store
kaufmännisch businesslike
die Kenntnis, -se knowledge
das Kernfach, ¨er core subject
der Kescher, - hand net
der Kessel, - kettle
keuchen to pant, gasp
kichern to giggle
das Kinn, -e chin
der Kinokettenbesitzer, -/die Kinokettenbesitzerin, -nen movie chain owner
kippen to tilt; to tip over
kitzeln to tickle
klaffen to gape; to yawn
klagen to complain
kläglich pitiful; wretched
die Klammer, -n parenthesis
der Klang, ¨e sound; tone
klappen (*fig.*) to work; to go smoothly
klar·machen to make clear
der Klassenkamerad, -en, -en/die Klassenkameradin, -nen classmate
der Klassenverband, ¨e association of a class (in school, etc.)
klatschen to applaud
die Klaue, -n claw
klettern to climb
das Klima, -s climate

die Klinke, -n   door handle

klirren   to rattle

das Klo, -s   (*coll.*) toilet

knabbern   to snack; to nibble

der Knall   bang, pop, crack; a shot

knapp   short (of time, etc.)

die Kneipe, -n   tavern; pub; saloon

der Knirps, -e   [little] squirt

der Knoblauch   garlic

der Knöchel, -   knuckle; ankle

das Knochenstück, -e   piece of bone

knurren   to growl

die Kochnische, -n   kitchenette

der Kofferraum, ⁻e   trunk (of a car, etc.)

der Kommentar, -e   commentary

der Kommunalpolitiker, -/die Kommunalpolitikerin, -nen   local politician

kompliziert   complicated

der Kompromiß, *pl.* **Kompromisse**   compromise

kompromittieren   to insult or embarrass sb.

kondensieren   to condense

die Konferenz, -en   conference, meeting

Konfetti (*pl.*)   confetti

der Konflikt, -e   conflict

der Konkurrent, -en, -en/die Konkurrentin, -nen   rival; competitor

Etwas könnte dran sein.   There may be some truth to it.

konsequent   consistent

die Konsequenz, -en   consistency; consequence

die Konservendose, -n   can

das Konservenzeug, -e   (*coll.*) stuff

konstatieren   to acknowledge; to make a point

konsumorientiert   consumer-oriented

der Kontakt, -e   contact; **die ~linse, -n**   contact lens; **die ~sperre, -n**   barrier to (personal) contact

das Konto, *pl.* **Konten**   account; bank account; **das ~über·ziehen**   to overdraw the account

die Kontrolle, -n   control

die Konzentration, -en   concentration

das Konzert, -e   concert

koordinierend   coordinating

der Kopf   head; **jdm. den ~ verdrehen°**   to turn sb.'s head, make sb. take notice; **sich den ~ zerbrechen°**   to wrack one's brains

das Kopfkissen, -   pillow

die Kopfschmerzen (*pl.*)   headache

der Korbball, ⁻e   basketball

korrigieren   to correct

kostbar   valuable, precious

köstlich   exquisite; delightful

das Kostümfest, -e   costume ball

die Krabbe, -n   shrimp

der Krach, -e   noise, crash, bang

der Kragen, -   collar

der Kram   junk; things

kramen   to rummage

kraß   crass

kratzen   to scratch

der Kratzer, -   scratch

der Krebs, -e   Cancer (zodiac sign)

kreischen   to scream; to shriek

der Kreislauf, ⁻e   circulation

die Kreisstadt, ⁻e   district town

das Kreuz, -e   cross; **das ~worträtsel**   crossword puzzle

der Kriegsdienst, -e   war service; **der ~verweigerer**   conscientious objector

der Kriegsgefangene, -n, -n/die Kriegsgefangene, -n   prisoner of war

das Kriegsjahr, -e   war year

die Kriegszone, -n   war zone

das Kriterium, *pl.* **Kriterien**   criterion; test

die Kritik, -en   criticism

die Krücke, -n   crutch

kubanisch   Cuban

der Kuchen, -   cake

die Kultur, -en   culture; **der ~betrieb, -e**   cultural life or affairs

kulturell   cultural

das Kultusministerium, *pl.* **Kultusministerien**   department of education

sich kümmern um   to take care of

der Kunde, -n, -n/die Kundin, -nen   customer

die Kunstgewerbeschule, -n   school of arts and crafts

der Künstler, -/die Künstlerin, -nen   artist; **künstlerisch**   artistic

der Kurs, -e   course

die Kurve, -n   curve

der Kurzurlaub, -e   short vacation

der Kuß, *pl.* **Küsse**   kiss

die Küste, -n   coast; **der ~nfrachter, -**   coastal freighter; **die~ nwacht**   coast guard

lächerlich   ridiculous

der Laderaum, ⁻e   storage room

die Lage, -n   situation, position; outlook

das Lager, -   camp

lahm   lame; crippled

das Lametta   lametta, tinsel

das Länderspiel, -e   international match

der Landesjugendbericht, -e   report concerning the youth of a (German) state

die Landkarte, -n   map

landläufig popular, common

die Landschaft, -en landscape

die Landsleute (*pl.*) (fellow-)countrymen

die Landstraße, -n (paved) country road

langen nach to reach for

langweilig boring

die Lanze, -n lance

der Lärm noise

der Lastwagen, - truck

im Laufe der Jahrhunderte in the course of centuries

das Lauftreff(en), - get-together for running

die Lausbubengeschichte, -n story of a young prankster

läuten to ring

lauter intense

sein Leben lassen° to die

das Leben, - life; **die ~sauffassung, -en** view or philosophy of life; **die ~sbedingungen** (*pl.*) living conditions; **der ~sbereich, -e** domain or area of life (e.g., children, home); **die ~schance, -n** chance for living; **die ~serfahrung, -en** life experience; **die ~sgefahr, -en** mortal danger; **das ~sjahr, -e** year of one's life; **das ~slicht, -er** candle of life; **die ~smittel** (*pl.*) food, provisions; **die ~sumstände** (*pl.*) living conditions, circumstances

lebensgefährlich perilous

lebenstüchtig able to cope with life

der Lebkuchen, - gingerbread

leck leaky

lecker tasty, delicious

das Leder, - leather

lediglich merely, simply

leer empty

die Legende, -n legend

sich lehnen an + *acc.* to lean (against)

die Lehranstalt, -en educational establishment

die Lehre absolvieren to finish an apprenticeship

der Leib, -er body

die Leibesübung, -en physical exercise; gymnastics

der Leichtathlet, -en, -en/die Leichtathletin, -nen (track and field) athlete

jdn./etwas nicht leiden können not to be able to stand sb./sth.

das Leiden, - suffering; affliction

der Leierkastenonkel, - organ grinder (coll.)

der Leistungskurs, -e an advanced course (in secondary school); major subject

der Leistungssport, *pl.* **~arten** competitive sport

leiten to lead

der Leiter, -/die Leiterin, -nen head (of a department, etc.)

die Lektüre, -n reading matter

das Lenkrad, ˝er steering wheel

das Liebesgedicht, -e love poem

das Liebesverhältnis, -se amorous or love relationship

der Liebling, -e darling, sweetheart

Es liegt mir nichts daran. It does not matter to me.

loben to praise

das Loch, ˝er hole

locker loose; limber

logisch logical

der Lohn, ˝e wage(s); pay

das Lokal, -e restaurant; pub

die Lokomotive, -n locomotive

lösbar solvable; soluble

lose loose

die Lösung, -en solution

die Lottozahl, -en lottery number

die Lücke, -n blank, gap, opening

die Lüge, -n lie, falsehood

lügen° to lie; to tell a lie

lukrativ lucrative

der Lümmel, - rascal

Lust haben (auf etwas) to be disposed, feel like doing sth.

sich lustig machen über + *acc.* to make fun of

lustlos listless, unenthusiastic

die Lustlosigkeit, -en listlessness; dullness

lutschen to suck

das Mädel, - (*coll.*) girl

das Magenleiden, - stomach disorder or complaint

magisch magical

das Mahl, -e *or* ˝er/ **die Mahlzeit, -en** meal

mahlen to grind; to crush

mahnen to warn, admonish

der Maibaum, ˝e maypole

die Maifeier, -n (celebration of) May Day

der Maikäfer, - cockchafer; Maybug

der Mais corn

der Mammischoß, ˝e mommy's lap (coll.)

mangelnd lacking

die Mannschaft, -en team

das Märchen, - fairy-tale

der Marktplatz, ˝e market place

das Maß, -e measure; proportion; dimension

maßvoll moderate, temperate

die Maske, -n mask

die Masse, -n mass; **der ~nandrang, ˝e** pushing crowd; **der ~nbetrieb, -e** very crowded area; **das ~nquartier, -e** sleeping quarters for a large number of people

die **Matratze, -n** mattress
matriarchalisch matriarchal
matschen to splash (around or about)
matt exhausted
das **Maul, ̈er** mouth (of an animal), snout
die **Maus, ̈e** mouse
die **Medaille, -n** medal
das **Medium,** *pl.* **Medien** medium
der **Mediziner, -/die Medizinerin, -nen** doctor
das **Meer, -e** sea, ocean; **das ~estier, -e** creature or
 animal from the sea or ocean
mehrfach multiple
die **Mehrzahl, -en** plural, majority
meiden° to avoid
die **Meinung, -en** opinion; **die ~sumfrage, -n** opinion poll
der **Meister, -/die Meisterin, -nen** master
sich melden to volunteer
die **Menge, -n** quantity
die **Menschenbildung** education of mankind
die **Menschengeneration, -en** generation of humans
das **Menschengeschlecht** human race
die **Menschenhand, ̈e** (by) human hand
die **Menschenmenge, -n** mass of people
meridional meridional; southern
die **Methode, -n** method
meutern (*dial.*) to moan; to grouch
mies (*coll.*) rotten, lousy, crummy
die **Miete, -n** rent
mieten to rent
das **Militär** military; **der ~dienst, -e** military service
die **Minderheit, -en** minority
mindestens at least
das **Minidrama,** *pl.* **Minidramen** mini-drama
das **Minimum,** *pl.* **Minima** minimum
das **Minireferat, -e** short (oral) report
mischen to mix
die **Mischung, -en** mixture
mißbilligen to disapprove (of)
der **Mißerfolg, -e** failure, flop
das **Mißverständnis,** *pl.* **Mißverständnisse** misun-
 derstanding
der **Mitarbeiter, -/die Mitarbeiterin, -nen** co-
 worker; colleague
mit·bekommen° to get or receive when leaving
miteinander with one another; together
mit·erleben to witness; to experience firsthand
die **Mitgift, -en** dowry
das **Mitglied, -er** member; **die ~schaft, -en** mem-
 bership
das **Mitleid** pity

der **Mitmensch, -en, -en** fellow human being
der **Mitreisende, -n, -n/die Mitreisende, -n** fellow
 traveler
der **Mittag, -e** noon
die **Mittagspause, -n** lunch hour
jdm. etw. mit·teilen to inform (sb. of sth.)
das **Mittelmeer** Mediterranean (Sea)
die **Mitternacht, ̈e** midnight
mittlerweile meanwhile
das **Mobiliar** furniture
möglich/möglichst possible/as much as possible
die **Mole, -n** (*naut.*) mole, pier
der **Monolog, -e** monolog
das **Monstrum,** *pl.* **Monstren** monster
das **Moor, -e** moor, swamp
die **Moral** moral
der **Moralist, -en, -en/die Moralistin, -nen** moralist
der **Mordskampf, ̈e** terrible fight
das **Morgenlicht, -er** morning light
das **Motorrad, ̈er** motorcycle
das **Motto, -s** motto
die **Mühe, -n** effort, trouble
der **Mühlstein, -e** millstone; **zwischen die ~e ge-
 raten°** to get between a rock and a hard place
mühsam with difficulty
der **Müller, -/die Müllerin, -nen** miller
das **Muster, -** model; pattern
die **Muttergottheit, -en** mother goddess
die **Mütze, -n** cap
die **Mythe, -n** myth, fable

die **Nachforschung, -en** investigation, inquiry
nach·geben° to give in
nachgiebig elastic, flexible; yielding, compliant
das **Nachkriegsjahr, -e** year after a war
die **Nachricht, -en** news
nach·schenken to re-fill (a glass, etc.)
nach·schleichen° + *dat.* to sneak (or steal) after
die **Nachsicht** leniency, clemency
die **Nachspeise, -n** dessert
nach·spielen to play or perform again
der **Nachteil, -e** disadvantage
nachträglich subsequent(ly)
der **Nachtzug, ̈e** night train
nach·weisen° to prove
die **Nadelfabrik, -en** needle factory
das **Nadelgewächs, -e** conifer
der **Nagel, ̈** nail
nahen to approach
nähen to sew
nähren to nourish; to feed
die **Nahrung** food, nourishment

der Narr, -en, -en/die Närrin, -nen fool

närrisch foolish

auf die Nase fallen° (*aux.* **sein**) to fall on one's face

die Nationalität, -en nationality

der Natureinfluß, *pl.* **Natureinflüsse** influence of nature

der Naturwissenschaftler, -/die Naturwissenschaftlerin, -nen (natural) scientist

das Nebenhaus, ̈er adjoining (or next-door) house

der Nebensatz, ̈e subordinate clause

die Nebenstraße, -n side-street

das Nebenzimmer, - adjoining room

die Neonröhre, -n neon tube or strip

der Nerv, -en nerve

das Netz, -e net

neuerdings recently

die Neugier curiosity, inquisitiveness

der Neuigkeitswert, -e newsworthiness

neulich recently

das Nichtraucherabteil, -e non-smoker compartment

niedergeschlagen (to be) depressed

die Niedergeschlagenheit, -en depression

niesen to sneeze

das Nimmerwiedersehen never to meet again; **auf ~** final farewell

nirgends; nirgendwo nowhere

nix (*coll.*) nothing

nochmals once more

nörgeln to grumble; to nag

normalerweise normally

die Not, ̈e need(iness), poverty; **die ~bremse, -n** [current usage] emergency brake; **die ~leine, -n** [old-fashioned] emergency cord; **die ~lüge, - n** white lie

nötig necessary

notwendig necessary; essential

der Numerus clausus (NC) restricted admission

die Nuß, *pl.* **Nüsse** nut

die Nüstern, (*pl.*) nostrils (of an animal)

nützen to use

der Ober, - waiter

der Oberprimaner, -/die Oberprimanerin, -nen student in his/her last year of the **Gymnasium**

die Oberschule, -n secondary school

der Oberschüler, -/die Oberschülerin, -nen secondary-school student

der Oberstudiendirektor, -en/die Oberstudiendirektorin, -nen principal of a secondary school

das Obst, *pl.* **Obstarten** fruit

öffentlich public

die Öffentlichkeit the general public; public opinion

die Öffnung, -en opening

oll (*dial.*) old

die Olympiade, -n Olympic Games

der Omnibus, -se bus

die Operation, -en operation

das Opfer, - sacrifice; victim

der Optiker, -/die Optikerin, -nen optician

der Optimismus optimism

der Orangensaft, ̈e orange juice

der Orden, - medal, decoration

ordentlich tidy; respectable

der Ordner, - monitor; supervisor

In Ordnung! Okay! Correct! Right! Settled!

die Ordnungsmacht, ̈e authority; (police) power

die Orientierung, -en orientation

die Originalität, -en originality

örtlich local

Ostfriesland East Frisia

ostpreußisch East Prussian

die Pädagogik pedagogy, educational theory

der Pantoffelheld, -en, -en henpecked husband

der Panzer, - tank

die Papierschlange, -n paper chain; streamer

die Parade, -n parade

das Parfüm, -e perfume

die Partnerschaft, -en partnership; **die ~sbeziehung, -en** relationship between partners

der Paß, *pl.* **Pässe** passport

zu jdm. gut passen to be well matched (with), go well

das Passionsspiel, -e Passion play

das Passiv passive (voice)

pauken to cram; to drum

eine Pause machen to take a break

peinlich embarrassing

die Pelzdecke, -n blanket made of furs or skins

die Pension, -en guest-house; retirement benefit

die Perfektion perfection

die Personalausgabe, -n expense for personnel

die Persönlichkeit, -en personality; personage

die Perspektive, -n perspective

der Pfarrer, -/die Pfarrerin, -nen minister; parson

der Pfennig, -e German coin = 1/100 Mark

die Pflanze, -n plant

pflegeleicht easy-care

pflegen to care for

der Pfleger, -/die Pflegerin, -nen nurse; guardian

die Pflicht, -en duty

das Pfund, -e pound [Europe: 500 Grams]

die Pfütze, -n puddle

die Phantasie, -n fantasy

phantastisch fantastic

die Phase, -n phase

der Philologenverband, ¨e philologist association

die Philosophie, -n philosophy

planschen to splash around

plärren to cry; to bawl

platschen to splash

der Plattfisch, -e flatfish: flounder

einen Platz ein·nehmen° to take a place or seat

plündern to plunder

der Pokal, -e cup (sports)

die Politikwissenschaft, -en political science

der Polizeieinsatz, ¨e police action

die Polizeistreitmacht, ¨e police force (*fig.*)

der Polizist, -en, -en/die Polizistin, -nen policeman/policewoman

Pommern Pomerania (annexed in part by Poland after World War II)

das Portemonnaie, -s purse; money pouch

der Postangestellte, -n, -n/die Postangestellte, -n postal employee

das Postfach, ¨er postal box

sich postieren° to station o.s.

die Postkarte, -n (picture) postcard

prächtig splendid

die Präposition, -en preposition

die Praxis practice; experience

die Predigt, -en sermon

der Preis, -e price; prize

preiswert worth the money; low-priced

Preußen Prussia

der Primaner, -/die Primanerin, -nen 12th (**Unterprimaner**) or 13th (**Oberprimaner**) grade pupil in the **Gymnasium**

das Privatleben, - private life

die Privatsache, -n private matter

die Privatwohnung, -en private residence

proben to practice

probieren (*coll.*) to attempt, try

das Projekt, -e project

proklamieren to proclaim

die Propaganda propaganda; publicity

Prost! Cheers!

der Proviant, -e (*rare*) provisions, supplies

das Provinzstädtchen, - provincial city

der Prozentsatz, ¨e percentage

das Prüfungsverfahren, - testing method

das Prunkstück, -e showpiece

das Pseudonym, -e pseudonym

der Psychiater, -/die Psychiaterin, -nen psychiatrist

die Psychoanalyse, -n psychoanalysis

der Psychologe, -n, -n/die Psychologin, -nen psychologist

psychosomatisch psychosomatic

der Puls, -e pulse

der Punkt, -e point; subject

sich putzen to dress up; to clean up

die Putzfrau, -en cleaning lady

die Pyrotechnik pyrotechnics

quälen to torment; to torture

qualifizieren to qualify

der Quark (*coll.*) nonsense

das Quartier, -e accommodation; quarters

der Rachen, - throat

rächen to avenge; **sich ~** to take revenge

das Rad, ¨er wheel; **das Räderrollen** rolling of wheels

die Radioansage, -n radio announcement

das Radiospiel, -e radio game

der Ramadan holy month for Islam

ramponieren to ruin; to bash about

rasseln to rattle

der Rat, *pl.* ~schläge; der Ratschlag, ¨e advice

sich etwas auf Raten an·schaffen° to buy sth. on credit for o.s.

jdm. etwas raten to advise sb. to do sth.

die Ratlosigkeit helplessness

das Rätsel, - puzzle

rätselhaft mysterious

der Rattenfänger rat catcher (Pied Piper)

sich raufen to fight; to scuffle

die Rauferei, -en fight; scuffle

räumen to clear; to evacuate

sich räuspern to clear one's throat

die Reaktion, -en reaction

die Rechnung, -en bill, amount

die Rechtfertigung, -en justification

der Rechtsanspruch, ¨e legal claim

der Rechtsanwalt, ¨e/die Rechtsanwältin, -nen lawyer

rechtzeitig timely, opportune

recken to stretch

jdn. zur Rede stellen to take sb. to task

die Redensart, -en expression, idiom

die Redewendung, -en idiom, idiomatic expression

das Referat, -e report

der Reflex, -e reflex

das Regal, -e shelf, shelves

die Regel, -n rule

regelmäßig regular; periodical

regieren to govern

die **Regierung, -en** government

das **Regime, -s** regime, government

reiben° to rub

reichen + *dat.* to suffice; to last

reichlich plentiful; ample

reif ripe

der **Reifen, -** tire

die **Reifeprüfung, -en** matriculation (examination)

das **Reifezeugnis, -se** (school)-leaving or matriculation certificate

die **Reihenfolge, -n** order, sequence

rein pure

rein·laufen° to run into (sth.)

das **Reisebüro, -s** travel agency

der **Reisegenosse, -n, -n/die Reisegenossin, -nen** fellow traveler

der **Reisescheck, -s** traveler's check

der **Reißverschluß,** *pl.* **Reißverschlüsse** zipper

der **Reitkurs, -e** horse-riding course

der **Rektor, -en/die Rektorin, -nen** principal; president (of a university)

der **Religionsunterricht, -e** instruction in religion

religiös religious

die **Reling, -s** rail (naut.)

die **Rennerei, -en** running around; rushing about

die **Rente, -n** pension

das **Reserverad, ̈er** spare (tire)

das **Ressentiment, -s** resentment; grudge

das **Resultat, -e** result

die **Rettung, -en** rescue, deliverance; **der ~sring, -e** life-preserver

das **Rezept, -e** recipe

die **Riesenbeule, -n** giant lump or bump

die **Riesenpfütze, -n** giant puddle

das **Ringen** wrestling

der **Ritter, -** knight

der **Ruck, -e** yank; jolt

die **Rückfahrt, -en** return trip

die **Rückkehr** return

das **Ruder, -** oar; **die ~bank, ̈e** rower's seat

rudern to row

der **Ruf, -e** call

rülpsen to burp

der **Rumpf, ̈e** trunk, torso

eine Runde schmeißen° für (*sl.*) to buy a round of drinks for (several people)

der **Rundfunk** radio

der **Rundumschlag, ̈e** attack

rundweg plainly, flatly

der **Russe, -n, -n/die Russin, -nen** Russian

rutschen to slide

der **Säbel, -** broad sword, sabre

die **Sabotage, -n** sabotage

einer Sache gerecht werden° to do justice to sth.

sachlich matter-of-factly

Sachsen Saxony

der **Sack, ̈e** sack

der **Saft, ̈e** juice

die **Sage, -n** legend, myth, fable

jdm. Bescheid sagen to let someone know

das **Sahneschnittchen, -** special kind of cake with whipped cream

die **Saison, -s** season

der **Salat, -e** salad

das **Salzbergwerk, -e** salt mine

das **Salzfaß,** *pl.* **Salzfässer** salt shaker

der **Salzhandel** salt trade

die **Salzstange, -n** salt stick or rod

die **Salzstelle, -n** place where salt is found

sammeln to collect; to gather

sämtlich all (together); complete

satirisch satiric

sich satt·essen° to eat one's fill

die **Sauerei, -en** (*sl.*) mess

das **Sauerkraut** (*no pl.*) sauerkraut

säumen to line; to hem

die **Schachtel, -n** box

schaden to damage

schaffen to create; to complete

der **Schaffner, -/die Schaffnerin, -nen** conductor

der **Schafskäse, -** cheese made from goat's milk

der **Schal** scarf

schallend resounding

der **Schatz, ̈e** treasure; sweetheart, darling

die **Schätzung, -en** estimate; appraisal

schaufeln to shovel

die **Schaufensterscheibe, -n** store window pane

schaukeln to rock

das **Schauspiel, -e** (stage-)play; drama

die **Scheidung, -en** separation; divorce

scheinbar apparently

scheitern (an + *dat.* + *aux.* **sein)** to fail

schelten° to scold

die **Schere, -n** scissors

der **Scherz, -e** joke, jest

scheu shy, bashful

die **Schicht, -en** class (in society, etc.)

schieben° to push, shove

der **Schiedsrichter, -/die Schiedsrichterin, -nen** referee, umpire

es geht schief; schief·laufen° (*aux.* **sein**) to go amiss or wrong

schier nearly, almost

schildern to describe; to portray

schimmern to shine; to shimmer

schimpfen to scold

das Schimpfwort, ¨er abusive word; cuss-word

der Schinken, - ham

die Schlacht, -en battle; **der ~ruf, -e** battle cry

der Schlaftrunk, ¨e sleeping potion

der Schlafwagen, - sleeping car

das Schlafzimmer, - bedroom

die Schlägerei, -en fight, scuffle

die Schlagzeile, -n headline

schlank slim, slender

schlecht ab·schneiden° to do poorly

schleichen° (*aux.* **sein**) to creep; to sneak

schlendern to stroll (about); saunter

schleppen to haul; to tow

schlichtweg simply

schlichten to settle (a disagreement, etc.)

schließlich finally; after all

schlimmstenfalls in the worst case

schlottern to dangle; to wobble; to tremble

der Schluck, -e sip; gulp

schlucken to swallow; to gulp

der Schlüssel, - key

schmackhaft palatable, tasty; appetizing

schmecken to taste

schmeißen° to throw; to fling

schmelzen° to melt

schmettern to smash; to slam; to dash

schmieden to forge

der Schmuck, *pl.* **Schmuckstücke** jewelry, decoration

schmücken to decorate

schmusen (*coll.*) to neck; to caress

der Schmutz dirt

schnallen to strap

schnarchen to snore

das Schnaufen heavy breathing; panting

schneiden° to cut

die Schneiderlehre, -n tailor apprenticeship

schnippisch impertinent, flippant

der Schnitt, -e cut, slice; **im ~ (im Durchschnitt)** on the average

schnüren to tie up

die Schokolade, -n chocolate

schön auf·passen (auf + *acc.*) to keep a careful eye (on sb./sth.); **schön kalt** quite cold

schöpfen to bail

der Schrank, ¨e closet; wardrobe

der Schreck, -en fright, terror; **der ~ensbericht, -e** report of terror; **der ~enslaut, -e** sound of terror

schrecklich terrible

die Schreibkraft, ¨e (clerk) secretary

die Schreibmaschine, -n typewriter

der Schriftsteller, -/die Schriftstellerin, -nen author, writer

der Schritt, -e step

schüchtern shy, timid

der Schuft, -e rogue, scoundrel; **die ~erei, -en** drudgery

der Schulabschluß, *pl.* **Schulabschlüsse** graduation from school

die Schulausbildung, -en education

der Schulbeginn, -e start of school

die Schuld, -en guilt; fault; debt

der Schuldirektor, -en/die Schuldirektorin, -nen principal

der Schülerjahrgang, ¨e class

der Schulfreund, -e/die Schulfreundin, -nen school friend

die Schulkarriere, -n school career

der Schulsenator, -en/die Schulsenatorin, -nen senator for education

das Schulsystem, -e school system

der Schultag, -e school day

die Schultasche, -n school satchel or case

die Schulzeit, -en school days

schunkeln to rock (with arms linked)

der Schuß, *pl.* **Schüsse** shot

der Schuster, -/die Schusterin, -nen shoemaker

der Schutt ruins; rubble

schütteln to shake

der Schutz (*no pl.*) protection; shelter

schützen to protect

das Schützenfest, -e shooting match (festival)

der Schwache, -n, -n/die Schwache, -n weak person

die Schwäche, -n weakness, failing

der Schwager, ¨/die Schwägerin, -nen brother-in-law/sister-in-law

der Schwamm, ¨e sponge

schwanger pregnant

die Schwärmerei, -en enthusiasm; ecstasy

das Schwarzbrot, -e brown bread; (black) rye-bread

das Schweigen silence

das Schweinefleisch pork

der Schweiß sweat

schwer·fallen° (*dat.* + *aux.* **sein**) to be difficult for sb.

das Schwergewicht, -e heavy weight

sich schwer·tun° to find (it) difficult

die Schwiegereltern (*pl.*) parents-in-law

die Schwiegermutter, ¨ mother-in-law

der Schwiegervater, ¨ father-in-law

schwierig difficult

die **Schwierigkeit, -en** difficulty

die **Seele, -n** soul

die **Seenot** (*no pl.*) distress at sea

segeln to sail

der **Segen, -** blessing

der **Segler, -/die Seglerin, -nen** sailor; yachts (wo)man

sich **sehnen nach** to yearn for (sth./sb.)

die **Seide, -n** silk

der **Sekt** champagne

die **Sekte, -n** sect

selbständig self-supporting, self-reliant

der **Selbstbehauptungswille, -n** will to self-assertion

das **Selbstbewußtsein** self-confidence

das **Selbstbildnis, -se** self-image

selbstgebacken home-baked

selbstgebastelt put together by oneself

selbstgefällig self-satisfied, complacent, smug

selbstverwalten to self-govern

das **Selterswasser, ⁚** seltzer(-water); soda-water

das **Semester, -** semester; der **~abschluß,** *pl.* **~abschlüsse** close of term; die **~ferien** (*pl.*) semester break or vacation

die **Sendung, -en** shipment

senkrecht vertical

seufzen to sigh

die **Sicherheit, -en** security

sichern to secure

sichtbar visible

der **Sieg, -e** victory

siegen to be victorious

das **Silbenrätsel, -** "syllable" puzzle

der/das **Silvester, -** New Year's Eve; die **~fete, -n** New Year's Eve party

das **Sinnbild, -er** symbol

sinnvoll meaningful

die **Sirene, -n** siren

die **Sitte, -n** custom; practice

sogenannt so-called

die **Sohle, -n** sole

die **Sonderausgabe, -n** special edition; special expenditure

die **Sonderschule, -n** special school (for handicapped)

die **Sorge, -n** worry

sorgen für to care for

sparen to save

die **Sparte, -n** branch, field

der **Spaß, ⁚e** fun; joke; prank; der **~vogel, ⁚** joker; **keinen Spaß verstehen** to not understand or not be able to take a joke

speien° to belch (fire); to spit

die **Speise, -n** food, meal

spektakulär spectacular

die **Sperre, -n** barrier; roadblock

die **Spezialisierung, -en** specialization

der **Spezialist, -en, -en/die Spezialistin, -nen** specialist

die **Spielsache, -n; das Spielzeug, -e** toy

der **Spion, -e/die Spionin, -nen** spy

der **Spitzel, -n** spy

das **Spitzelsystem, -e** spy system

das **Spitzenteam, -s** top team

spitzig pointed (dial.)

der **Sporn,** *pl.* **Sporen** spur

Sport treiben° to participate in (a) sport

die **Sportart, -en** type of sport

der **Sportplatz, ⁚e** athletic ground(s)

die **Sportskanone, -n** sb. who excels in (a) sport(s)

der **Spott zieht° nicht** the mockery or ridicule doesn't hurt

die **Sprachwissenschaft, -en** linguistics

der **Sprechchor, ⁚e** speaking chorus

das **Sprichwort, ⁚er** proverb

der **Sprößling, -e** offspring

der **Spruch, ⁚e** saying; maxim

das **Sprungbrett, -er** springboard; diving-board

spucken to spit

die **Spur, -en** track; print

spurlos without trace

der **Staatsapparat, -e** state apparatus

die **Staatsgrenze, -n** international boundary

der **Staatspräsident, -en, -en/die Staatspräsidentin, -nen** President of a country

das **Staatsrecht, -e** constitutional or national law

der **Stab, ⁚e** bar (of steel, etc.)

das **Stadion,** *pl.* **Stadien** stadium

der **Stadtmusikant, -en, -en/die Stadtmusikantin, -nen** town-musician

das **Stadtzentrum,** *pl.* **Stadtzentren** city center

der **Stahl** steel

der **Stamm, ⁚e** stem; trunk (of a tree); tribe; der **~tisch, -e** table reserved for the regular patrons

stammeln to stammer

stammen aus to originate from

ständig constant, continual, permanent

der **Standort, -e** (*fig.*) position; one's location

der **Standpunkt, -e** viewpoint

die/der **Stasi** state security service (in former GDR)

die **Statik** (*sg. and pl.*) statics

der **Stau, -s** traffic jam

staunen to be astonished

stechen° to sting

der **Steg, -e** landing pier

der **Stehplatz, ⁚e** standing-room

steigern to increase

der Stellvertreter, -/die Stellvertreterin, -nen deputy; representative

sich stemmen gegen to press against

das Sternbild, -er sign of the zodiac

die Sternkarte, -n celestial map

das Sternzeichen, - sign of the zodiac

die Steuer, -n tax

steuern to steer

der Stich, -e pain, sting

das Stichwort, ̈er key word; cue

der Stiefel, - boot

die Stiege,-n flight of steps or staircase

der Stier, -e bull; Taurus (zodiac sign)

der Stift, -e pencil

Stillschweigen bewahren über + *acc.* to observe or maintain silence about

stimmen to be correct

das Stimmengewirr babble of voices

die Stimmung ist umgeschlagen the mood has changed

stocken to come to (or be at) a standstill

die Stoffbespannung, -en fabric covering

stöhnen to groan; to moan

stolpern to stumble; to trip

stolz sein° auf + *acc.°* to be proud of

die Strafe, -n punishment, penalty, fine

die Strahlung, -en radiation

strampeln to kick

der Strand, ̈e (sea-)shore; beach

die Strapaze, -n hardship; strain

die Straßenbahn, -en streetcar

der Straßenrand, ̈er curb; edge of the street

der Streit, -e dispute; altercation; **die ~erei, -en** argument, dispute, quarrel

streiten° to fight

streng strict; severe

der Streß stress

der Strich, -e line

der Strick, -e rope

die Strickjacke, -n cardigan (jacket)

das Stroh straw

der Strom, ̈e current; electricity; broad river

strömen to stream; to gush

die Strömung, -en flow

der Studentenausweis, -e student ID

die Studentenermäßigung, -en student discount

das Studentenwerk, -e a foundation that houses and feeds students

das Studentenwohnheim, -e dormitory

die Studentenwohnung, -en student apartment

die Studentenzeitung, -en student newspaper

der Studienaufenthalt, -e educational stay

der Studienberater, -/die Studienberaterin, -nen academic advisor

der Studienplatz, ̈e place in a program of study

der Studienrat, ̈e/die Studienrätin, -nen title held by most teachers at a **Gymnasium**

die Studierfähigkeit, -en capability to study

das Studium, *pl.* **Studien** course of study; attendance at a university

stumpfsinnig dull

der Stundenlohn, ̈e hourly wage

der Stundenplan, ̈e schedule

der Stundenschlag, ̈e striking of the hour

süchtig addicted

der Sumpf, ̈e swamp; [here:] squalor and corruption of the big city

der Sündenbock, ̈e scapegoat

die Süßigkeit (*no pl.*) sweetness; **die ~en** sweets

das Symbol, -e symbol; sign

sympathisch likeable; congenial

die Szene, -n scene

die Tabelle, -n schedule

der Tagesmarsch, ̈e day's march

die Tagesreise, -n day trip

täglich daily

tagsüber during the day

der Takt cadence; beat; rhythm

der Talisman, -e (lucky) charm

die Tapete, -n wallpaper

tapfer brave

tarnen to camouflage; to disguise

die Taschenlampe, -n flashlight

tätig active; busy; hard at work

die Tatsache, -n fact

tatsächlich real(ly), actual(ly)

der Tau dew; **das ~wetter** thaw (weather)

täuschen to deceive

die Täuschung, -en deception; delusion

der Teamgeist (*no pl.*) team spirit

der Teamsport, *pl.* **Teamsportarten** team sport

der Teich, -e pond

die Teilnahme, -n sympathy; participation

der Teilnehmer, -/die Teilnehmerin, -nen participant

teilweise partially

der Telefonanruf, -e phone call

das Telefonhäuschen, - phone booth

der Teller, - plate

das Tempo, -s time, measure; tempo, pace

der Teppich, -e carpet; **der ~boden, -̈** carpet-floor

die Testauswertung, -en test evaluation

der Teufel, -/die Teufelin, -nen devil

das Theaterstück, -e (stage-)play
die Theke, -n bar; counter
das Thema, *pl.* **Themen** topic
die Thermosflasche, -n thermos (flask or bottle)
die Tinte, -n ink; **die ~npatrone, -n** ink cartridge
das Tischfußballspiel, -e "football" game
der Tischler, -/die Tischlerin, -nen cabinetmaker
das Tischtennis table tennis
das Todesdatum, *pl.* **Todesdaten** date of death
toll (*coll.*) terrific; fantastic
die Tollheit, -en (*fig.*) madness
das Tonband, ¨er (recording) tape
die Torheit, -en foolishness, stupidity
töricht foolish, stupid
die Torte, -n cake
traben (*aux.* **sein**) to trot
trachten nach to strive for or after
die Trainingsübung, -en training exercise
die Träne, -n tear
sich trauen to be so bold as (to do); to dare
das Traumbuch, ¨er dream book
die Traumdeuterei, -en; die Traumdeutung, -en interpretation of dreams
das Traumfach, ¨er dream subject
traumhaft dreamlike
trennen to separate
die Trennung, -en separation
die Tribüne, -n (grand)stand
der Trichter, - funnel
das Trinkgeld, -er tip
trippeln to make quick, short steps
der Tropfen, - drop
der Trost consolation
trösten to console
trotzig defiant
trügen to deceive
die Trümmer (*pl.*) rubble; ruins
die Truppe, -n troop
der Truthahn, ¨e turkey
tschechisch Czech
tüchtig competent
die Tugend, -en virtue
der Türgriff, -e door handle
sich türmen to pile up
die Türschwelle, -n threshhold

überdauern to outlast
überein·stimmen to agree
überfahren° to drive over
überfallen° to attack; to assault
überfliegen° to fly over; to skim (a book, etc.)
überflüssig superfluous

überfüllen to overfill
überheblich arrogant
das Überholen passing, overtaking
überladen (*adj.*) ornate, flamboyant
überlassen° to leave to chance
die Überlegenheit superiority
die Überlieferung, -en tradition, custom
übermächtig overpowering
der Übermut high spirits; boisterousness; cockyness
übernachten to stay overnight
die Übernachtung, -en overnight accommodation
überprüfen to examine; to study
überqueren to cross over
überraschen to surprise
die Überraschung, -en surprise; **der ~sangriff, -e** sneak attack
überreden to persuade
die Überredung, -en persuasion
überrollen to run over
überschütten to cover
übersetzen to translate
die Übersetzung, -en translation
überstehen° to endure; to ride out (a crisis)
über·strömen to overflow
die Überstunde, -n overtime (working hour)
übertreiben° to exaggerate
überwinden° to overcome
überzeugen to convince
die Überzeugung, -en conviction
überziehen° to overdraw
übrig left over; remaining
um·bringen° to kill
die Umfrage, -n (opinion) poll
umgeben° to surround
die Umgebung, -en surroundings; environment
um·hängen to put on (a scarf, etc.)
umher·irren (*aux.* **sein**) to wander around or about
um·kehren to turn around
um·kreisen to encircle
sich um·schauen to look around or back
umsonst free (of charge); in vain
der Umstand, ¨e circumstance
umständlich awkward, tedious; ceremonious
um·stoßen° to knock over
um·tauschen to exchange
die Umwelt environment; **der ~schutz** environmental protection
der Umzug, ¨e pageant; procession
unabhängig independent
der Unabhängigkeitstag, -e Independence Day
unangenehm unpleasant
unbedingt absolutely

unbekümmert carefree
unberechenbar unpredictable
unbewußt unconscious
die Unempfindlichkeit insensitivity
unentbehrlich indispensable; essential
unerfreulich unpleasant
unerschrocken fearless
unerträglich unbearable
unerwartet unexpected
unerwünscht unwanted
der Unfall, -̈e accident
der Unfug nonsense
ungeduldig impatient
ungefähr approximate(ly)
ungereimt (*adj.*) absurd; mysterious
ungern reluctantly
ungewöhnlich unusual
das Unglück, -e misfortune
unglücklich unhappy
das Unheil disaster
unheimlich frightening, eerie, sinister
unhöflich impolite
unkonventionell unconventional
unmöglich impossible
unordentlich disorderly
unpersönlich impersonal
die Unruhe, -n unrest
sich unschuldig stellen to pretend to be innocent
unsicher uncertain
unsichtbar invisible
der Unsinn (*no pl.*) nonsense
unterm Strich "below the bottom line"
unterbrechen° to interrupt
unter·bringen° to accommodate; to house
unterdrücken to suppress
der Unterhalt (*no pl.*) keep, maintenance; **seinen ~ verdienen** to earn one's living
sich unterhalten to converse; to amuse o.s.
die Unterhaltung, -en conversation; **die ~ sliteratur, -en** light reading; fiction; **das ~ smaterial, -ien** material for entertainment
unterirdisch subterranean
die Unterkunft, -̈e accommodation
unterlassen° to refrain from
unternehmen° to undertake
der Unterricht instruction; classes
unterscheiden° to distinguish
der Unterschied, -e difference
unterschiedlich differing
unterstreichen° to underline
unterstützen to support

der Untertan, -en/die Untertanin, -nen subject (of a sovereign)
unterwegs on the way
der Unterworfene, -n, -n/die Unterworfene, -n subjugated person
unterzeichnen to sign (one's name)
unüberwindbar invincible
unvergeßlich unforgettable
unvermindert undiminished
unvermutet unexpected
unvernünftig stupid; unreasonable
unverschämt outrageous; impudent
unverschuldet undeserved
unvorbereitet unprepared
unvorsichtig careless
das Unwetter, - stormy weather
unwichtig unimportant
unwiderstehlich irresistible
unwillkürlich involuntary
unzufrieden dissatisfied
unzweideutig unambiguous
der Urlaub, -e vacation; **im ~** during vacation; on vacation
die Ursache, -n cause; reason; motive
der Ursprung, -̈e origin
das Urteil, -e judgment; decision; opinion
urteilen to judge

verabreden to agree upon
verächtlich contemptible; despicable
die Verachtung contempt
veralten to become antiquated
verändern to change
die Veränderung, -en change
veranlagt talented, predisposed
veranstalten to arrange; to organize
die Veranstaltung, -en event; function
verantwortlich responsible
verärgern to anger
verausgaben to overspend; to wear o.s. out
das Verb, -en verb
der Verband, -̈e association; bandage
verbannen to ban
verbieten° to prohibit
verbinden° to associate
die Verbindung, -en connection; association
verbissen (*adj.*) grim
verbittert filled with bitterness
sich verblüffen lassen° to let o.s. be perplexed, stunned or bewildered
das Verbrechen, - crime
verbrennen° to burn

der Verdacht, -e *or* **⸚e** suspicion

verdächtig suspicious

verdrehen to distort

verehren to worship

der Verein, -e club; association; **die ~sfarbe, -n** club colors

vereinen to unify

die Vereinigung, -en union

verfeinden to make enemies of

verflechten° to interconnect; to interweave

der Verfolgungswahn persecution mania

verfügbar available

verfügen über + *acc.* to have at one's disposal

etwas zur Verfügung haben to have sth. at one's disposal; **das ~srecht, -e** right of disposition

die Vergangenheit, -en past

vergeblich in vain

die Vergessenheit, -en oblivion

jdn. vergewaltigen to rape sb.

die Vergiftung, -en poisoning

der Vergleich, -e comparison; **die ~smöglichkeit, -en** possiblity of comparison

das Vergnügen, - pleasure; **vor ~ (Wonne) kreischen** to shriek or scream for joy

sich verhalten° to conduct oneself

die Verhaltensweise, -n behavior

das Verhältnis, -se proportion; relationship

verhältnismäßig proportionately

verhexen to bewitch

verhindern to prevent; to foil; to stop

der Verkehr traffic; **der ~sbericht, -e** traffic report; **das ~smittel, -** means of transportation

verkehren in + *dat.* to frequent (a restaurant, etc.)

verkleiden to disguise

verklemmen to inhibit; to repress

verknicken to crease or crumple

sich verkrachen mit to fall out with (sb.)

verkraften to bear or handle, cope or deal with

verkünden to announce

verkürzen to shorten

verladen° to load; to ship

verlängern to lengthen

der Verlaß reliance; **darauf ist ~** depend on it

die Verlassenheit, - abandonment; loneliness

verlegen embarrassed

der Verletzte, -n, -n/die Verletzte, -n injured person

die Verletzung, -en injury

sich verleugnen° to deny one's own self

der Verlust, -e loss

vermeiden° to avoid; to evade

vermeintlich supposed

vermieten to rent (out)

vermindern to lessen

vermissen to miss; to fail to see

vermitteln to arrange; to mediate

vermuten to suspect

vernichten to destroy

vernünftig reasonable; rational

veröden to go to waste

veröffentlichen to publish

die Veröffentlichung, -en publication

verordnen to prescribe, order

verpflichten to oblige; to pledge

verraten° to betray; to give away; to tell

verrecken (*aux.* **sein**) to die; (*sl.*) to croak

verreisen to travel

verrenken to sprain

verriegeln to bolt

der Verrückte, -n, -n/die Verrückte, -n crazy person, lunatic

verrutschen to slip

versammeln to assemble; to convene

versauen (*sl.*) to mess up

versauern to become sour

versäumen to fail to do sth.

verschandeln to spoil; to ruin; to disfigure

verschärfen to intensify

die Verschärfung, -en tightening up; intensification

verschieben° to put off

verschieden different

verschließen° to lock up

verschmutzen to soil; to pollute

verschrecken to frighten, scare off

verschütten to spill

versenken to sink (a boat, etc.)

sich versetzen in + *acc.* to put (or place) o.s. in sb.'s position

versorgen to provide; to take care of

sich verspäten to be (or come) too late

die Verspätung, -en lateness; delay

verspotten to mock

versprechen to promise

die Versprechung, -en promise

der Verstand reason; mind; intellect

verständlich comprehensible

das Verständnis, -se understanding; sympathy

verstauchen to sprain

das Versteck, -e hiding-place

verstecken to hide

verstricken to entangle; to ensnare

vertanzen to spoil by dancing (arch.)

(sich) verteidigen to defend (o.s.)

die Verteidigung, -en defense

verteilen to distribute

das Verteilungsverfahren, - method of distribution

sich vertragen mit to get along with (sb.)

das Vertrauen trust; **die ~sleute** (*pl.*) confidential agents; informants; **das ~sverhältnis, -se** relationship of trust

vertraulich confidential

vertreiben° to drive away, expel

sich die Beine vertreten° to stretch one's legs

der Vertreterjob, -s substitute job(s)

verwandeln to transform

verwandt related

der Verwandte, -n, -n/die Verwandte, -n relative

verweisen° to relegate

verwenden° (*also reg.*) to use

verwirken to forfeit

verwirklichen to realize; to translate into reality

verwirrend bewildering, confusing

verwöhnen to spoil

verwünschen to enchant; to bewitch

verzehren to consume

verzeihen° to forgive

die Verzeihung, -en pardon

verzerren to distort; to contort

verzweifeln (*aux.* **sein**) to despair

das Vieh cattle; livestock

vielbegabt multi-talented

vielbeschworen often cited, regularly called to mind

vielfältig manifold

vielseitig versatile

die Vielzahl (*no pl.*) multitude

die Vitalität, -en vitality

den Vogel abschießen° to surpass everyone

vogelfrei outlawed

die Völkerverständigung, -en understanding among nations

das Volksfest, -e folk festival

die Volkshochschule, -n adult college (or education classes)

der Volkskundler, -/die Volkskundlerin, -nen folklorist

im Volksmund in the vernacular

die Volkssage, -n folk-tale

das Volksschauspiel, -e folk (stage) play

der Volksstamm, ⸚e tribe, race

das Volksvergnügen, - public pastime, entertainment

der Vollbauchträger, - someone who has a big stomach (ironic)

vollends entirely

volljährig age of majority; to be of age

voraus·sagen to foretell; to prophesize

voraussichtlich presumable, presumably

vorbei·traben to run or trot by

vor·beugen to prevent

das Vorbild, -er model; example; ideal

der Vorfahr, -en, -en/die Vorfahrin, -nen ancestor

der Vorfall, ⸚e incident, occurrence

vor·fliegen° to fly (to the front)

vor·gehen° to pass by (another person)

das Vorgehen action, course of action; procedure

vorgestern the day before yesterday

vorhanden available

der Vorhang, ⸚e curtain

vor·kommen° (*aux.* **sein**) to happen; to occur

vorig previous

die Vorlesung, -en lecture

die Vorliebe, -n predilection, preference

vorliegend present, at issue, in hand

vormittags in the morning

vornehin in front; to the front

von vornherein from the beginning

den Vorrang haben to have precedence

der Vorrat, ⸚e stock, supply

zum Vorschein bringen° to bring to light; **zum Vorschein kommen** to appear, show up

der Vorschlag, ⸚e suggestion, proposal

vor·schlagen° to propose; to suggest

der Vorsitzende, -n, -n/die Vorsitzende, -n chair (-person), president

die Vorsorge (*no pl.*) precautions; foresight

vorstellbar conceivable

sich etwas vor·stellen° to imagine sth.

der Vortrag, ⸚e lecture; talk

vor·tragen° to perform

der Vorteil, -e advantage

vorüber·gehen° to pass (or go) by

das Vorurteil, -e prejudice

der Vorwurf, ⸚e reproach; blame

das Vorzimmer, - anteroom, antechamber

waagerecht horizontal

das Wabbelbein, -e flabby leg

wach awake

wachsen° to grow; to increase

die Waffe, -n weapon

wagen to dare; to risk

das Wagestück, -e daring deed

das Wagnis, -se hazardous undertaking; risk

die Wahl, -en choice; election

wählen to choose; to elect

wahnsinnig mad, crazy, terrible, awful

wahnwitzig lunatic, crazy

die Wahrheitsfälschung, -en falsification of the truth

wahr·nehmen° to notice; to observe

das Wahrzeichen, - emblem, symbol

die Waise, -n; das Waisenkind, -er orphan

sich wälzen to roll; to toss and turn

der Wandervogel, ⸚ (*fig.*) rambler, hiker

die Wange, -n cheek

sich über Wasser halten° (*fig.*) to keep one's head above water

die Wasserfahrt, -en boating (poetic)

der Wassermann, ⸚er Aquarius (zodiac)

das Wasserschöpfen bailing water

der Wasserski, -er *or* **-** water ski

der Wassersport, *pl.* **Wassersportarten** water sport

das Weckglas, ⸚er jar for canning

weg·laufen° to run away

weg·räumen to clear away, remove

weg·schubsen to shove away

weg·werfen° to throw away

weg·zerren to drag off

wehleidig self-pitying

der Wehrmachttransport, -e army transport

weh·tun° to hurt

weichen° to avoid

weihen to ordain

(das) Weihnachten, - Christmas

der Weihnachtsabend, -e Christmas Eve

der Weihnachtsbaum, ⸚e Christmas tree

das Weihnachtsfest, -e Christmas

die Weihnachtsgeschichte, -n the Christmas story

das Weihnachtslied, -er Christmas song

der Weihnachtsmann, ⸚er Santa Claus, Father Christmas

die Weihnachtszeit, -en Yuletide

das Weilchen, - a little while

die Weise, -n manner; style

die Weisheit, -en wisdom

die Weiterbildung, -en continued education

weiter·drücken to continue pressing or pushing (dial.)

das Weitere (*no pl.*) what follows; further details

weiterführend continuous

weiterhin further on; moreover

weiter·kratzen to continue scratching

weiter·raufen to continue fighting

weiter·reißen° to continue pulling

weiter·schieben° to continue shoving

weiter·schlagen° to continue hitting

weiter·spucken to continue spitting

der Weitsprung, ⸚e long jump or broad jump

die Weltanschauung, -en ideology, philosophy of life

der Weltkrieg, -e world war

die Weltsicht, -en view of the world

die Wende, -n turning point; breakdown of East German Regime in 1989

das Werk, -e work (of an author)

die Werkschutzpraktik, -en industrial safety practice(s)

der Wert, -e value

wertvoll valuable

weshalb why, wherefore, for what reason

eine reine Weste haben to have a clean slate (to be innocent)

die Westverwandtschaft, -en West(-German) relatives

der Wettbewerb, -e competition

das Wetter, - weather

der Wettkampf, ⸚e competition; match

der Wettstreit, -e contest, match

der Widder, - Ram, Aries (zodiac)

widerfahren° (*dat.* + *aux.* **sein**) to happen; to befall

widerlegen to refute; to disprove

die Widerrede, -n argument, contradiction

der Widerschein, -e reflection

widerspenstig stubborn, obstinate

Wie kommt das? How is that possible?

wieder·erzählen to retell, repeat

die Wiedervereinigung, -en reunification

wiegen° to weigh

wimmern to whimper; to whine

der Wimpel, - pennant, streamer

winseln to whine; to whimper

wirken auf + *dat.* to have an effect on

die Wirklichkeit, -en reality

der Wirt, -e/die Wirtin, -nen host(ess); landlord

die Wirtschaft, -en economy; **das ~swunder, -** economic miracle

das Wirtshaus, ⸚e tavern, inn

wissentlich knowingly

das Wohlergehen prosperity; well-being

wohlriechend fragrant, sweet-scented

das Wohlstandsgefälle, - difference in living standard

der Wohltäter, -/die Wohltäterin, -nen benefactor/benefactress

die Wohnmöglichkeit, -en any sort of accommodation

die Wohnungseinrichtung, -en apartment furnishings

die Wolldecke, -n (wool) blanket

womöglich if possible

die Wonne, -n delight, bliss; **der ~monat, -e** month of delight (or May); **vor ~ (Vergnügen) kreischen** to shriek or scream for joy

das Wort verdrehen to twist (one's) words

die Wortschatzanwendung, -en vocabulary application (exercise)

das Wortspiel, -e play on words

das Wunder, - miracle; marvel; **das ~werk, -e** miracle; phenomenal achievement

German–English Vocabulary   **237**

wunderlich odd, strange; peculiar
wunderprächtig of breathtaking beauty (dial.)
wundersam wondrous, wonderful
wünschenswert desirable
die Wunschvorstellung, -en a mental image of a wish
der Wurm, ̈er worm
Es wurmt mich. I am vexed at it
Es ist mir wurscht! I don't care!
das Würstchen, - little sausage; hot dog
die Wurzel, -n root
der Wuschelkopf, ̈e mop of curly hair
die Wüste, -n desert
die Wut rage, fury
wütend furious

die Zahl, -en number
der Zahnarzt, ̈e/die Zahnärztin, -nen dentist
die Zahnbürste, -n tooth brush
zähneknirschend gnashing one's teeth
der Zank squabble, quarrel
zappeln to wriggle; to flounder
der Zauber, - magic
zaudern to hesitate; to vacillate
die Zehenspitze, -n point or tip of the toe
zeichnen to draw; to sketch
die Zeichnung, -en drawing; sketch
der Zeitmangel lack of time
der Zeitpunkt, -e moment; juncture
die Zeitschrift, -en journal, periodical
die Zeittabelle, -n timetable
der Zeitungsartikel, - newspaper article
die Zensur, -en grade, mark (at school)
der Zentimeter, - centimeter
das Zentrum, *pl.* **Zentren** center
zerkratzen to scratch up or to pieces
zerreißen° to tear up
zerschlagen° to knock or break or smash (to pieces)
zerstören to destroy
zertanzen to dance to pieces
zertrümmern to demolish
der Zettel, - slip (of paper)
das Zeug thing, stuff; nonsense
zickig obstinate (girlish)
die Ziege, -n goat
das Ziel, -e destination; goal, aim
zielstrebig goal-oriented
ziemlich considerable

der Zigarettenqualm, -e (dense) cigarette smoke
die Zitrone, -n lemon
der Zivildienst civil service
zögern to hesitate; to waver
der Zoowärter, -/die Zoowärterin, -nen zookeeper
der Zopf, ̈e pigtail, plait of hair
der Zorn anger, rage, wrath
zornig angry
der Zufall, ̈e chance
zufrieden satisfied
der Zug, ̈e train; draft; draught; feature; characteristic; **das ~abteil, -e** (passenger) compartment in a train
der Zugang, ̈e entrance; access; **die ~sberechtigung, -en** entrance entitlement
zugesichert promised
die Zukunft, ̈e future
die Zulassungsbeschränkung, -en admission restriction
zunächst first (of all)
zurückhaltend reserved
zurück·stellen to place (or set) back; to defer
zurück·ziehen° to retreat; to withdraw
der Zusammenbruch, ̈e collapse
die Zusammenfassung, -en summary
der Zusammenhang, ̈e context
das Zusammenleben (*no pl.*) living together
das Zusammenzucken (*no pl.*) start; startled twitching
die Zusatzzahl, -en additional number
der Zuschauer, -/die Zuschauerin, -nen spectator
jdm. etwas zu·schreiben° to attribute sth. to sb.
die Zuschrift, -en letter; official communication
sich zu·spitzen° to intensify
Zuspruch finden° to be in demand; to meet with acclaim
der Zustand, ̈e state of affairs, situation
zuständig responsible
sich zu·tragen° to happen
das Zutrauen confidence
zu·treffen° to be right or true; to apply to
der Zutritt admission, admittance, entry
der Zweck, -e purpose; point
der Zwilling, -e twin
zwischendurch occasionally, in the midst of, at times/intervals
der Zwischenfall, ̈e incident

Permissions and Credits